本书受教育部社科一般项目"60后婴儿潮退出劳动市
模拟与应对策略研究"的资助

经济管理学术文库·经济类

生育的影响因素与支持性政策研究

Research on the Influencing Factors and Supportive Policies of Fertility

李志云／著

经济管理出版社
ECONOMY & MANAGEMENT PUBLISHING HOUSE

图书在版编目（CIP）数据

生育的影响因素与支持性政策研究/ 李志云著．—北京：经济管理出版社，2019. 10
ISBN 978 - 7 - 5096 - 6875 - 7

Ⅰ.①生…　Ⅱ.①李…　Ⅲ.①生育—影响因素—研究　②人口政策—研究　Ⅳ.①C92

中国版本图书馆 CIP 数据核字（2019）第 192307 号

组稿编辑：杨国强
责任编辑：杨国强　张瑞军
责任印制：梁植睿
责任校对：陈　颖

出版发行：经济管理出版社
　　　　　（北京市海淀区北蜂窝 8 号中雅大厦 A 座 11 层 100038）
网　　址：www. E － mp. com. cn
电　　话：（010）51915602
印　　刷：北京晨旭印刷厂
经　　销：新华书店
开　　本：720mm×1000mm/16
印　　张：13. 75
字　　数：211 千字
版　　次：2019 年 11 月第 1 版　2019 年 11 月第 1 次印刷
书　　号：ISBN 978 - 7 - 5096 - 6875 - 7
定　　价：78. 00 元

序

近年来，随着老龄化、养老保障以及劳动力短缺困境层出不穷，低生育问题成为热点话题。据 2019 年最新发布的《世界人口报告》（World Population Review）测算，当前我国总和生育率（平均每对育龄夫妇生育孩子数量）为 1.632，接近人口学家提出需要警惕的低生育陷阱线（1.5 个）。更为严峻的是，一些调查资料显示我国减乡居民生育意愿数量长期低于 2 个，这将是陷入低生育陷阱的强烈信号。比外，自"单独二孩""全面二孩"相继实施以来，未出现如政策预期的生育堆积现象，表明我国居民生育二孩的意愿并不积极，由此引发对未来人口生育趋势是否能恢复到更替水平线（2.1 个）的担忧。基于此，本书主要从生育的影响因素与支持性政策研究两方面入手，深入探讨制约我国居民生育意愿与行为的影响因素，在此基础上借鉴发达国家鼓励生育的有益经验，提出契合我国经济发展阶段与社会文化特征的生育支持政策体系，以期实现鼓励生育的目的。全书分为两部分共十章。

第一部分共五章，关于生育的影响因素分析。第一章基于计划生育 30 年的历史背景，从宏观经济与微观人口效应两方面，形成对计划生育的历史功效、社会经济后果及其当下调整必要性的新认识。第二章结合当下生育率与生育意愿均处于历史低位的现实状况，通过整理归纳全面二孩政策实施后相关二孩意愿调查资料，研判当下与未来我国人口趋势及其制约因素，并理论推演低生育模式源于生育决策中家庭目标与社会目标的不一致所造成的外部性困境。在此基础上，第三至五章分别采用宏观统计指标与全国普查资料（如中国综合社会调查、中国家庭追踪调查等），依据新家庭经济学、性别平等转型等理论框架，从生育收益与成本角度切入，实证分析养老收益、教育支出、家庭内外性别平等对我国城乡居民生育意愿与决策的影响机制，厘清当下民众生育意愿与水平下降的内在机理，并分析可能推动生育回潮的核心因素所在。

第二部分共五章，关于支持性政策研究，归纳国外生育政策实践中的经验与教训，以期为当前与未来我国生育政策制定与调整提供系统性思考与借鉴。第六章在分析欧美发达国家间生育模式差异基础上，比较生育回潮与生育低迷两类国家间不同的政策逻辑与工具特征，发现意在保障女性就业权益与强化性别平等的政策导向，可以有效鼓励多生多育，对此结合宏观统计资料加以实证检验。第七章考虑到东亚地区文化传统上"同根同源"，着重介绍日本、韩国与新加坡生育政策变革轨迹，结合当下东亚地区生育率居于世界倒数的现实，在与欧美发达地区的比较视角下解析东亚地区鼓励生育所需面临的特有文化"障碍"："教育狂热"现象与社会文化心态上"两性不平等"。第八章基于现有生育政策效果的实证研究，比较不同类型政策工具对生育的鼓励效果差异，指出调动民众生育积极性需要一套工具彼此兼容互补的家庭支持政策组合。第九章结合发达国家有益政策经验与我国社会文化特征，分别从现金津贴、假期政策与儿童照料等多方面，针对我国现阶段生育支持政策，提出契合发展阶段与民情基础的导向调整与优化建议。第十章作为总结，重申应将生育政策作为家庭支持政策体系的一个维度，以营造有利于生育的家庭友好型环境，家庭友好型环境是一项需要包含各级政府、企业单位、社会组织与家庭共同参与努力的系统工程。

本书主要特色在于，除了沿袭新家庭经济学的成本与收益逻辑，探究养老收益、教育支出对生育的影响之外，在第五章采用了近年来国外学者颇为关注的性别平等理论框架，分析家庭内外性别平等（性别平等态度与家务公平分配感知）对我国居民生育意愿的影响，并研判我国未来生育趋势有回潮的可能性，而强化性别平等的制度保障与观念基础则是推动生育回潮的有效途径。这一建立在实证分析基础上的机理判断，与本书第二部分所提炼的有益于生育的政策逻辑相互契合。在此基础上，结合实证机理支撑与有益政策经验，提出正处在生育政策调整窗口期的我国社会，应从现金支持、假期政策以及儿童照料服务等多方面，以顶层设计的视角构建以保障女性就业权益与强化性别平等为导向的全方位生育支持政策体系，充分调动各级地方政府、企业单位、社会组织以及家庭的积极性，营造一种包含物质与情感的家庭友好型社会环境，从而实现鼓励生育的目的与保持人口规模的可持续发展。

在本书出版之际，感谢教育部社会科学一般项目"60后婴儿潮退出劳动市场对经济增长的冲击效应模拟与应对策略研究"（19YTC700167）的资助；感谢亦师亦友的中南财经政法大学杨华磊老师给予的热忱指导；此外，生育研究得益于与妻子王婷女士的交流讨论及其在行文润色上的付出。由于作者水平有限，写作时间仓促，所以书中错误与不足之处在所难免，恳请广大读者批评指正。

李志云

2019 年 6 月

目录

第一部分

生育的影响因素分析

第一章　对计划生育政策的再认识

　　随着人口世代的更迭，中国最大的"婴儿潮"世代"60后"的退休，小皇帝一代的"90后"和"00后"出生低谷陆续进入劳动力市场，适龄劳动人口数量开始出现减少，老龄化进程开始加速。随着少子化的继续演绎，中国的生育水平持续低于更替水平，如果中国还继续实行严格的一胎半政策，随着人口红利的消失以及老龄化社会中资本红利的消失，中国经济很有可能因为过重的养老负担，制约全要素生产率的提升和产业结构的升级，且生育意愿持续地降低，呈现类似日本的情景，跌入人口悬崖。为了国家的安全，为了人口的均衡发展，为了把生育权归还给民众，为了维持传统家庭的完整性和社会的稳定性，全面放开二孩的呼声在社会各界和学界中越来越高。最近几年生育政策逐渐从严格一孩政策过渡到双独二孩政策，再从双独二孩政策过渡到单独二孩政策，直到2015年7月，计生委透露心声，有全面放开二孩意愿，故全面二孩在政策层面也越发成熟。

　　但同时，我们依然面临着环境条件的持续恶化，生态资源的压力不断增大，人口、资源以及环境矛盾不断凸显的问题；如今，中国还处在中等收入阶段，没有健全的养老保障体系，特别是农村地区，家庭养老和多子多福的生育观念还没有改变，生育意愿还很强烈，如果全面放开二孩，很有可能出现生育质量问题。此外，短期放开生育无助于解决老龄化问题，甚至会加重年轻人的社会负担，在劳动力缺乏的社会里，很有可能因为过重的社会负担，使中国的产业结构以及人口素质在低水平上打转。同样，如果从代际和代间公平上看，过早地放开二孩会使代际及代间生育权的不公平性凸显，这源于计划生育至少是二代人的政策，在维持不变和全面放开之间必须存在一个补偿性的生育政策，才能实现全面放开之后的初始公平。当然老龄化问题，很有可能是一个阶段性问题，当前正是"二战"之后世界各国的"婴儿潮"进入老龄化时期，2015年以后，中国的"60后""婴儿潮"一代开始步入老年阶段，随着"婴儿潮"世代的去世，人口结构很有可能将自发地趋于合理，当前过度放开生育会造成人口红利和人口老龄化长期内周期性的存在。更为严重的是，短期放开生育无法解决劳动力短缺，甚至会降低劳动参与率和储蓄水平，在日趋老龄化的社会里会使社会总抚养比更大，等等。

中共十八届五中全会公报指出：促进人口均衡发展，坚持计划生育的基本国策，完善人口发展战略。全面实施一对夫妇可生育两个孩子的政策。提高生殖健康、妇幼保健、托幼等公共服务水平。这是一项利国利民的决策，这是人民期盼已久的政策，这是中国 30 年来独生子女政策的一个终结，具有划时代的意义。当然随着党的十八届五中全会的召开，全面二孩最终在政策层面上通过，但以翟振武、黄少安、原新等为代表的学者所担忧的问题，此时却显得更为重要。如在全面二孩时代可能会带来一些社会问题亟待解决：代际或代间生育权的不平等，人口红利和人口老龄化周期性存在，老少配以及中年得子现象更加普遍，中等收入阶层人口素质降低，短期劳动参与低以及过重的社会负担，一代人的人口政策引致对政府信任的危机，短期储蓄水平下降，产业结构升级困难，资源环境压力增大以及计划生育政策被动等问题。当然这正是作者对计划生育政策再探索的出发点。

第一节　计划生育政策的历史功效

一、计划生育是控制人口的有效手段

从人类繁衍角度来说，资源总数和经济发展水平有限，人口规模必须与经济发展的水平相适应。1798 年，马尔萨斯提出了著名的马尔萨斯陷阱理论，指出人口增长以几何级增长，而生存资料仅仅是按照算术级数增长的，多增加的人口总是要以某种方式被消灭掉，人口不能超出相应的农业发展水平①。一般说来，在历史上，战争和疾病是人口锐减的主要原因，宗教虽也起到了

---

① 随着经济的发展，人们的需求也越来越多，现今的需求不仅是对农业的基本需求，还包括对各种工业产品以及服务的需求。

一定作用，但主要是通过间接限制了人们的欲望即强调节欲的生活观来缩减人口对物资资料的需求。

战争是在资源匮乏下的资源重新分配，往往由人口过度增长导致，而结果是人口锐减。历史上战争从未停止过，每逢战争结束人类社会又会进入快速发展期。由于科技发展，现代大规模战争已不可能，一旦大战爆发结果可能是毁灭性的，所以通过战争手段优化人口规模已不可行。控制人口在适当水平（不超过现有资源和利用水平）有利于促进世界长期和平发展。

随着医疗水平进步，死亡率急速下降，大规模瘟疫也基本可防可控，因此自然控制人口规模的第二条途径也已行不通。在死亡率不断下降的情景下，如果不有效控制出生率，必然陷入马尔萨斯陷阱。

从环境承载力角度来说，目前中国的人口体量已经远远超过了环境的最优承载量，但这是由于历史原因造成的，我们现在不可能立刻把人口降下来。但人口众多的国情是诸多棘手问题的根源。比如说现在比较热的碳排放问题和能源消耗问题。中国的碳排放总量在 2006 年就已经超过了美国，仍然在快速增长中，因为经济增长会带来能源消耗的增加，即使技术进步了，绝对量也会持续上升。如果中国的人均消费水平达到美国的人均水平，即使能源结构和碳排强度降低到美国的水平，总量依然会是目前美国的 4 倍多[①]。根源在于中国人口是美国人口的 4 倍多，中国人想过上美国人的生活，消耗的资源和排放的垃圾差不多就应该是美国的 4 倍多。小国可以通过产业转移和进口来减少国内的排放压力，但对拥有庞大人口基数的大国，效果并不明显。中国的特殊性就在于，其人口已经占世界的 1/5，世界上还没有任何一个如此体量的发达国家可以让中国学习借鉴。伦敦烟雾事件以后，英国可以通过调整能源结构和产业结构等来迅速改善环境，但对于有十几亿人口的大国，这一过程可能相当漫长和困难。所以，从长远的发展角度来说，人口问题依然严峻，人口总量依然需要控制，计划生育依然需要发挥其重要的作用。

---

① 因为中国人口是美国人口的 4 倍多，假设中国人的人均消费和美国人一样，总污染必然是美国的 4 倍多。

二、计划生育政策有利于代际公平与可持续发展

从人类可持续发展的角度来讲，人均寿命和需求水平与人口规模成反比。即在资源有限的前提下，随着人均寿命的不断增加，经济的快速发展，个体对自然资源的索取不断增加，那么相对的人口规模就应该相应减少。举个例子，人均寿命40岁和80岁的社会，人均寿命扩增一倍，那么相应的人口规模就应该控制在一定范围内。原因有二，其一，人均寿命增加则相应的代数增加，每一代的人就应该减少；其二，人均寿命增加，有效劳动时间增加，整个生命周期消耗的资源也相应增加，同样的经济水平下，控制人口规模符合子孙后代发展的利益。所以，计划生育是以代际公平和可持续发展为出发点，功在当代，利在千秋。

三、与时俱进的计划生育政策

计划生育不是一个政策，而是一系列的人口计划政策的总称。计划生育是有计划地生育，不管是少数民族可生多孩，农村的1.5孩，还是当前的全面二孩政策，都是计划生育的有机组成部分。在一个人口大国，国家有计划地控制人口没有过时。

计划生育作为国家宏观调控人口的主要手段将长期存在。不管是双独、单独还是全面放开，都是计划生育的具体政策选择。生育在微观层面是个体的选择，即生育观，但微观个体的最优选择的加总并不等同于总体宏观最优。总体的目标可能是可持续发展代际平衡，而个体由于信息视野所限更看重眼前利益、自身利益。正是由于个体的选择不符合整体长远的发展所以才需要政府制定控制人口规模的计划生育政策，以实现整体利益最大化的长远发展目标。故现阶段计划生育有其存在的必要，但具体应该怎么逐步调整，实行怎样的计划生育政策，是今后应该研究的重点内容。

我们坚持计划生育，但计划生育不是一成不变的，计划生育政策是与时俱进的，是随着发展形势不断完善的。不少人指出，现在中国的总和生育率已低于1.5，远远低于正常更替水平，长此以往将面临严重的人口危机。这种说法未免有些危言耸听，目前的计划生育政策是20世纪末人口膨胀的形势下

采取的，在特定历史时期确实起到了举足轻重的作用。但随着人口形势和经济形势的发展，计划生育也在不断调整，比如从 2013 年的单独二孩到现在全面二孩已完成硬着陆，逐步地缓慢地放松生育政策符合当今的发展形势。总之，计划生育是国家宏观调控的重要组成部分，与时俱进，不会过时，生育 2.0 时代的到来是实施计划生育政策以来的又一里程碑。

第二节 计划生育政策调整的必要性

一、愈趋严重的老龄化问题

解决老龄化问题不是说放开了生育就能解决，反而现在放开生育短时间内可能会加重社会的负担，使本已负担沉重的有限劳动力背负更重的负担。因为新出生的人口并不能立即转化为有效劳动力，而是要经过长期投资，需要十几年才能转化为有效劳动力。所以，全面二孩政策解决不了目前的老龄化问题。

要解决老龄化问题我们必须首先明确老龄化的成因。现在社会的老龄化问题，从人口结构上看是老年人数量占比大大升高，而青壮年比例相对下降，这是目前的状况也是一种趋势。由于"60 后"即将大规模退休进入老年阶段，而"60 后"恰恰又是"婴儿潮"一代，所以老年人的数量会显著增加。同时，计划生育后一代（主要是"90 后""00 后"）开始进入劳动市场，劳动力数量会显著减少，这样一多一少就形成了鲜明的老龄化趋势。又由于社会经济的发展和医疗水平的进步，我国人均寿命有了显著增加，两个因素叠加加速了中国老龄化社会的到来。在此压力下，人们自然会把原因归结于计划生育，因为计划生育导致了新出生人口的减少，进而导致劳动力市场的人数也在减少。这个逻辑本身没有什么问题，我们也承认计划生育一定程度上加速了老龄化的到来，但却忽略了计划生育减少人口数量控制人口规模与经济发展相适应的本质，忽略了计划生育以可持续发展为目标，为了子孙后代更好地发展的宏伟愿景，同时也忽略了人的主观能动性。老龄化自有其解决之道，我们可以从其他角度解决老龄化问题。

　　老龄化问题是一个世代问题，人口政策的变化无常、出生率的巨幅变动是其主要成因。如果人口增长率始终维持在恒定水平，那么就不会出现严重的结构型老龄化问题。计划生育的目的是控制人口规模在与自然承载力和经济发展相适应的水平以走出马尔萨斯陷阱。所以说，老龄化是计划生育的副产品，是随着控制人口规模而必然产生的问题。如果继续人为地制造生育政策的大幅变动，不但使之前为控制人口规模而付出的诸多努力付之东流，还会导致更多没必要的副产品即社会问题产生。所以，目前全面放开二孩，能使人口结构趋于合理，减缓未来的老龄化，但对目前的老龄化问题作用却不大。

　　老龄化问题是当代可以通过调整退休养老政策解决的问题。一般来说，退休以后的人员若不再从事劳动，则这部分人就将成为社会的负担，而文明社会，我们必须要解决这部分人的生活问题，通俗地讲就是让这部分老人老有所养，老有所依。当这一部分人自然消亡以后若新增长的人口一直保持稳定，人口结构导致的老龄化问题自然就解决了。而此时退休年龄和人均寿命决定了不从事劳动的人口（近似于老年人）的比例，决定了老龄化的程度。面对当今的老龄化问题，我们应该把目光投向退休制度和养老制度的完善上。比如，现在的退休制度就有很多不足之处。首先，随着人们的平均寿命延长，退休年龄的延迟势在必行，但该如何延迟，延迟到多少都需要进一步研究。退休年龄是否可以根据职业特点差异化地设定，退休以后是否能提供再就业机会或返聘机制等。相比退休制度，养老制度则显得更直接、更重要。目前，养老保障还存在城乡差异，局部不均衡，养老金制度不完善，双轨制等诸多问题。以后是家庭养老为主还是国家养老为主，如何完善养老保险制度，使家庭、国家、商业三方融合到保险制度中，形成三方混合制养老模式，以及商业养老院的建设等问题亟待解决。可以说，通过完善社会保障制度解决老龄化问题可以为产业结构升级与人口结构优化赢得宝贵时间。

二、性别比失衡问题

　　首先不管是一孩政策还是1.5孩政策，在生物学上都不会导致性别比例失衡。而性别失衡的直接原因则是选择性打胎和恶意遗弃女婴。这属于医学腐败和道德沦丧的产物。而选择性打胎大多发生在城镇，遗弃女婴多发生在农村。一般城镇政策只能生一个孩子而且经济条件较好。此外，许多女婴没有上报户口也人为地扩大了性别比例失衡。

计划生育政策不可否认有许多需要完善之处，但对人口规模的控制和子孙后代的发展确实起到了举足轻重的作用。面对现在的性别比失衡问题，单纯地放开生育并不能够解决。我们要找到性别比失衡的真正原因并做出相应的应对措施。生孩子本来是一个自然过程，在不人为干涉的情况下生男生女的概率应该是一样的。既然排除了自然因素，那比例失衡了，我们只能从人为的角度考虑，这就是一个人为选择的经济学范畴的问题了，而现代医学的发展为这种选择提供了可能，即选择性打胎。有需求就有市场，因此交易双方乐此不疲，行业一片欣欣向荣。与之相类似的，不愿交易的就干起了贩卖男婴和遗弃女婴的勾当。所以，当务之急应该加强医疗行业的监管力度，杜绝人为选择胎儿性别、恶意打胎以及遗弃女婴现象的发生。

此外，从更深层的行为动机上讲，父母选择生男孩还是女孩的时候其实是在进行成本收益的分析，这样，用经济学的视角我们就可以提出问题的解决方案了。由于中国还处于中等收入水平，养儿防老的生育观依然普遍存在，不管是让男孩劳动、传宗接代，还是以后给自己养老都是生男孩的收益，而成本则是超生的罚款，丢掉编制的工作，等等。女孩的收益可能就比男孩少很多了，而更多的可能是成本，因为女孩劳动效率低且不能传宗接代。从经济学角度来说，我们就得开源节流双管齐下。降低生男孩的收益提高成本，改变人们男孩传宗接代的生育观，如男孩女孩都是传家人，加强医疗监管力度，对生女孩给予奖励，女孩上学减免学费，消除女性就业歧视，提供更多适合女性的岗位，提高女性社会地位，等等。

总之，放开计划生育短时间内无法解决性别比失衡问题，长期是否有效也值得商榷。反而由于男女生理差异，全面放开二孩以后，有可能会加剧男女性别比局部失衡，应警惕随之而来的一系列社会问题。

一般情况下，男性的生育年限往往大于女性，全面放开生育政策，可能会导致一些年龄偏大的男性对适龄女性的需求增加，而同龄的女性则已过生育年龄，这样一来，可能在某种程度上加剧与适龄青年的竞争，导致性别比局部失衡问题扩大化。而且符合生育要求的大龄男性即过去响应国家政策的人群不在少数，这部分人有些已有家庭，有些可能暂时单身，如果他们诉求强烈，可能会导致家庭破裂，老夫少妻、一夫多妻等一系列社会问题产生。同时，从后代的角度来说，可能会影响后代的综合素质。我们先不说医学上老来子是否比一般孩子差，仅从教育的角度说，老来子可能会因为教育方式的不同而产生巨大的差异。一方面，老来子在幼年时期更易受到父母的溺爱，缺少严父的形象，形成不健全的人格；另一方面，会增加幼年丧父的可能性，这对一个孩子的成长来说可能是致命性的打击。因此，从社会学的角度来说，应该警惕全面放开政策后的一些家庭伦理问题。

三、逐渐消失的人口红利

中国人口红利的消失已成必然趋势，有很多人将消失的原因归咎于计划生育，其实不然，我们必须明确以下问题：承认人口红利消失的必然性，目前全面放开二孩并不是追求人口红利，而是为了保持合理的人口结构；以人口红利消失为契机加快经济发展模式转型；提高劳动力综合素质，以质量替代数量。

（一）必须承认和接受人口红利的消失

关于人口红利的消失，很多人接受不了，认为中国经济发展缺少了一个强有力的引擎，甚至将人口红利消失归咎于计划生育，所以要重新获得人口红利就必须放开生育。我们承认计划生育可能在一定程度上使人口红利消失的时间提前了，但即使没有计划生育，人口红利也迟早会消失。人口红利是发展中国家在发展初级阶段的比较优势，即在资本匮乏、技术落后的现实条件下，拥有众多相对廉价的劳动力就成了发展中国家的优势。但随着资本的积累、技术的进步和人民生活成本的提高，劳动力的价格已没有了比较优势，而此时对劳动力的综合素质要求提高了，不是说单纯的人多就是人口红利，大量低素质的人口反而是发展的负担。所以，人口红利消失是发展的必经阶段，我们必须要接受这个现状。而且，人口红利消失说明中国经济的发展到了一个新的阶段新的高度，探索发展新常态势在必行。

现在虽然全面二孩已经放开了，但不等同于我们又开始走以人力换资本的老路子，而是由于时代的要求，维持合理的人口结构，保证国防等角度出发的，这一点必须清醒地认识到。

（二）面对新的人口结构和发展形势我们应该趁机完善产业结构进入经济新常态

由于人口红利期，生产人口远大于消费人口，形成了以政府为主导的高投资出口导向型的发展模式。生产规模不断扩大，但生产水平和生产效率并没有显著提升，反而出现了环境污染等一系列的问题。在人口红利期，廉价的劳动力会抑制技术的进步，表现在两方面：一方面，作为研发主体的企业组织，同时又是完全理性地追求自身利润最大化，在面对大量的廉价劳动力时，企业创新的动机势必会大大降低；另一方面，人口红利期内由于劳动力充足，地方政府在宏观目标方面也更多地集中在就业方面，所以产业的发展更多着眼于劳动密集的中低端制造业。

随着人口红利的消失，生产人口开始小于消费人口，适龄劳动力人口开始出现减少，人口素质不断提高，我们必须借此契机升级产业结构，发展高端制造业、高端服务业以及金融业，让产业结构去适应新的人口世代，以日益缩小的人口规模和日益提高的人口素质倒逼产业结构升级。同样在未来，消费人口开始多于生产人口，产能过剩将慢慢被消化和消失，相应地，政府主导的发展模式，如政府购买和对外出口，也将慢慢被家庭消费主导的发展模式替代，当然居民消费率将呈现上升的趋势。由此以来，才能找到发展的新引擎，真正走向发展的经济新常态。

（三）发展教育，以人口素质替代人口数量，以技术进步代替劳动力

人口的数量和质量始终是组成人力资本的两个重要部分。而两者往往又是可以相互替代的，在控制人口规模维持人口增长稳定的前提下，提高人口的素质显得尤为重要。在人口红利消失期，更应该提高劳动力的素质和技能差异，而不是刻意追求劳动力的绝对数量。随着产业结构的升级完善，技术的快速进步，对劳动力素质的要求越来越高，社会的分工也越来越细，这是大的趋势。一些观点认为，计划生育降低了劳动力的素质，控制人口占用了大量资源。笔者认为这么说没有道理，计划生育恰恰促进了劳动力素质的提高，功在当代，利在千秋。

传统的生育观是多生孩子，分散风险，单个孩子的教育和物质生活无法保障。计划生育使单个家庭的孩子数量减少，从而每个孩子的物质投入、教育投入都提高了。诚然一些家庭条件优越、教育水平较高的家庭可以养活更多高质量的孩子，但总的来说达到了控制人口的目的，同时又提高了人口整体素质。目前的人口形势要求我们更应该重视基础教育的发展，提高劳动力综合素质。与高等教育和专业教育相比，基础教育的投资少、收益高，决定了一个国家劳动力的综合水平。在普及义务教育的同时继续深化教育体制改革，注重学生综合素质的培养。由于大学大规模扩招学生进入就业市场的时间大大延后，这也在一定程度上加剧了劳动力供给不足的情况。是否可以在保证教育质量的同时，适当压缩教育年限，使劳动力早日进入劳动市场创造社会财富也是今后的重要议题。

随着社会分工的加剧，今后职业发展的必然是朝着专业化方向发展。在保证基本的教育的同时，应注重人才的专业化培养。一个完善的教育体制并不只是看人才培养的绝对数量，而是看人才配比是否合理，是否能够满足市场需求，是否能够与新的产业结构相适配。一方面，我们要重视高精尖科技人才的培养，另一方面，也要重视专业技能人才的培养，使劳动力配置合理化发展。总而言之，不管怎样，提高劳动力素质，以技术替代劳动，以质量替代数量将成为今后发展的主题。

第三节 生育政策调整应当关注的几个问题

一、鼓励"新人"也要照顾"老人"

在中国过去几十年的计划生育时期，当政府在严格执行计划生育时期，政府告诉民众，少生孩子，政府养老，即使存在很高生育意愿的情况下，很多民众义无反顾地选择了相信政府，选择了少生，当然存在很多家庭选择了不相信政府。如今，随着人口世代的更替，"60后""婴儿潮"的退休，养老金缺口越来越大，政府逐渐建立基金制养老制度，同时推行家庭养老，全面放开二孩，让人回归家庭生活和家庭养老，这些都是自己养育自己的养老制度。现在我国还处于中等收入阶段的时期，把养老负担和养老"包袱"又扔给了民众和家庭，这样回头来看，那些没有严格执行计划生育的家庭，福利损失较小。当前已经采取全面放开二孩的方案，这些政策将更加有利于那些没有严格执行计划生育的家庭，他们将有更多的子孙，使其世代和家族不断地繁衍生息，这种选择相信政策的家庭继续遭受不公平的福利和子孙数量的损失，使家族和世代之间不公平现象存在，甚至扩大。在全面放开二孩政策下，在生育的 2.0 时代，最终使相信政府的家庭遭受较大的损失；相反，不相信政府的家庭，获得较大的收益，这样长此以往，民众对政府的信任度将逐渐降低。故从政府公信力上，计划生育不能是一代人的政策，必须至少是两代人的政策，才能保证计划生育的公平性，才能使之前相信政府的民众获得的利益至少不低于不相信政府的民众，这样才能真正树立民众对政府的信任。但木已成舟，当务之急是出台一些补偿性措施，或者完善社会保障奖罚制度来弥补。

二、兼顾代际与代间的公平

随着未来人们寿命的延长，消费强度的增大和生活水平持续提高的要求，社会在有限的生态、环境以及资源下，越来越无法满足这些消费需求，这是新马尔萨斯陷阱理论，最终人类需求行为不断逼近生态和环境的阈值。如今，已经全面放开二孩政策，在生育 2.0 时代，在资源有限下，每一代人的寿命与其繁衍的总代数的乘积应该是个资源常数。相比维持生育政策不变，如果我们这一代人，甚至上一代人采取多生的决策，在后代没有决策能力的情景下，我们的决策后果将深刻影响后代人口决策，进而降低了后代人的生育能力，某种程度剥夺了后代人的部分生育权，故从这个角度看，放开生育在代际之间并非是公平的。计划生育政策，要想公平，至少应是两代人的政策，但现在已经全面放开二孩政策，不仅会出现代际生育权的分配引致的代际公平问题，还会出现代间的公平问题。

在实行 1.5 孩政策时期，"70 后"几乎不受这个政策影响，"80 后"有一部分受这个政策影响，"90 后"受这个政策影响较大，如今在全面放开二孩的生育 2.0 时代，现在进行生二孩的多为"70 后"和部分"80 后"，因为"70 后"和部分"80 后"大多不符合单独条件，又属于高龄产妇，再不生育就晚了，还有一个重要原因，工作稳定且已经完成置业，有了经济负担能力，当然第一个小孩已经长大，腾出了抚养子女的时间。"90 后"和另一部分"80 后"大多符合单独条件，当然他们更多还处于生育一胎的时期，同时当前经济形势下，生育孩子的经济成本和时间成本较高，在面临高涨的住房压力下，其还无法承担生育二孩的时间成本和经济成本。这样全面放开二孩政策后，在一个更长的时间内导致没有或者较少受 1.5 孩政策影响的世代，如"70 后"和部分"80 后"多生，在资源越来越有限的情况下，受 1.5 孩政策影响的另一部分"80 后"和"90 后"可能选择少生，这样直接影响一个世代和另一个世代在生育权和生育数量的差异，导致生育权在代间的差异，最终促使一个世代和其子孙较多，另一个世代较少，造成代际代间的不公平。正常情况下，计划生育政策必须至少是两代人的政策，才能保证这种公平，即在真正全面放开二孩政策时，必须保证各个世代初始生育权是公平的，即如果父辈多生了，你就应该少生，相反，父辈少生了，可以多生，故在维持生育政策不变与全面放开二孩政策之间，应该存在弥补代间生育水平和生育权差异的过渡政策，并且这些过渡的生育政策至少应该实施较长的一段时间，如一代人的时间。

国家已经全面放开了二孩政策，全面放开二孩生育政策和过渡的补偿性生育政策的间隔时间较短，看似是归还当代人民的生育权的全面二孩措施，实际是在剥夺后代人的生育权，造成代间生育权的不公平性。随着新一波生育潮的来临，代际和代间的不公平的问题将不断加深。为了弥补这种代际和代间的不公平，为了避免在生育 2.0 时代，全面放开二孩政策之后更多的社会问题，需要一项补偿性政策出现，以弥补代际和代间的不公平性，这是必要的，也是迫切的。在生育的 2.0 时代，我们应该如何完善生育政策和养老政策，重新构建人们对政策的公信力呢？此时必须完善生育 2.0 时代下的生育政策和养老制度，如原先的单独家庭或者双独家庭，其子女在生育 2.0 时代可以生 3 个，甚至是 4 个孩子，弥补代际生育权的不公平；过去单独家庭和双独家庭，在养老方面要享受比非独家庭更优惠的政策，如提高其养老金的数量，或者采取对双独或者单独家庭特殊的政策养老津贴，以弥补代际生育权的不公平，造成在生育2.0时代，回归家庭和积累制养老之后，在养老上的不公平现象的发生，最终弥补在生育2.0时代由于计划生育造成的不公平现象。

三、生育质量与人口结构问题

从城乡结构来说，农村可能比城市更易多生。首先，计划生育政策上，城市实行的是一胎政策，而农村实际上是一胎半政策；其次，城市的计划生育政策执行得比农村严格，效果也比农村好，城市独生子女比例远远大于农村，生育意愿在单独二孩政策实施时已得到释放；最后，城市的生育观和农村的生育观不同，城市家庭处于较高收入和社会福利水平，倾向于少生，而农村处于较低收入和社会保障水平，倾向于多生孩子来分散风险。故全面放开二孩政策生育力量主要来自不符合单独条件的农村，且有多胎的倾向，但在收入水平较低的阶段，通常会发生孩子数量和质量的替代。

从区域角度说，经济落后和城镇化水平较低的地区每个家庭更容易多生。像过去工业化水平较高的东北地区，城镇人口占比较高，计划生育执行严格效果显著，独生子女占比很高，普遍符合单独二孩政策，但长期以来，生育水平还是维持在比较低的水平，全面放开二孩政策对这些地区的影响并不是很大。反观过去一些计划生育政策执行力度较弱的偏远地区，独生子女占比较低，人口增长较快，大多不满足单独二孩政策。全面放开二孩后会进一步加快这些地区的人口增长速度，引发生育的质量问题。总之，经济发展水平和收入水平决定了生育观的不同。中国目前还处于中等收入水平，区域发展不平衡，生育观存在较大的差异，因此应警惕全面放开二孩后可能在某些区域和某些人群上引发的生育质量问题。

综上所述，人口必有其最优规模，生态环境也有其一定的承载力。自然总资源决定了人口的上限，而经济发展水平决定了人口规模在当代所处的位置。过度的人口增长不仅于当代人无益，更是在牺牲子孙后代的利益。计划生育作为国家控制人口规模的有效手段，在特定历史时期起到了举足轻重的作用。由于微观个体的生育选择和国家层面的发展战略不能完全吻合，现阶段计划生育政策还应继续发挥其重要作用。随着经济的发展，人口形势出现了新的变化，计划生育政策也应该与时俱进，不断完善。全面二孩时代的到来就是计划生育政策适时谲整，与时俱进的表现。由于老龄化、性别比失衡以及人口红利消失等现象越发突出，因此需要在坚持计划生育基本国策的基础上，不断完善和丰富计划生育政策，全面放开二孩政策的同时应当警惕一些问题的产生，譬如双独家庭养老补偿问题，代际间生育权的不公以及部分区域生育的质量问题。总而言之，我们要不断地重新认识计划生育、了解计划生育、丰富计划生育，最终实现人口、资源与环境的可持续发展。

第二章 全面二孩时代我国生育现状
与低生育根源分析

第一节 全面二孩政策下生育意愿不足

自 2014 年以来，为缓解人口低生育可能导致的老龄化、人口红利衰竭问题，我国政府相继实施"单独二孩""全面二孩"政策，但并未出现如政策预期的生育堆积现象（刘章生等，2018），生育率、生育意愿继续走低（庄国波和陈万明，2017），二孩政策放开对再生育意愿的促进效果也有限（钟晓华，2016），甚至一些调查资料显示我国城乡居民生育意愿长期维持在 2 个以下且有下降趋势（吴帆，2016），这将是陷入极低生育陷阱的强烈信号。

据统计数字显示，"单独二孩"政策实施后仅有 100 万对夫妇提出生育二孩申请，远不及满足资格的目标人群 1100 万对（方大春和斐梦迪，2018）。对此，2015 年 10 月底第十八届五中全会正式宣布"全面实施一对夫妇可生育两个孩子的政策"，这意味着我国社会进入"全面二孩"时代，此后各省市地方政府相继出台配套措施以鼓励生育，譬如延长带薪产假等。由此引发学术界普遍关注政策放开后民众二孩意愿如何，这关系到全面二孩政策实施的效果。为了更详细地归纳二孩政策全面放开后我国城乡居民的生育二孩的意愿情况，借助百度学术搜索，以"全面二孩""二孩意愿"为关键词，并考虑政策普及的时滞性，选择调查时间为 2016 年及以后的研究，进行二孩意愿调查结果的梳理。具体结果如表 2-1 所示。

表 2-1 全面二孩政策后二孩意愿调查情况

文献	地区	样本量（个）	年龄范围（岁）	二孩意愿（%）		
				想生育	不确定	不想
曹艳春（2017）	多省市	2000	18~55	5.75	51.55	42.7
风笑天等（2016a）	多省市	1487	23~49	13.9	—	86.1
风笑天等（2016b）	多省市	5297	23~49	46.5	—	53.5
洪秀敏等（2017）	北京市	2334	20~49	29.3	37.5	33.2
靳永爱等（2018）	多省市	2799	20~44	31.3	8.2	60.5
李静雅（2017）	厦门市	886	≤46	33.1	25.6	41.3
梁宏（2018）	中山市	3114（妇女）	15~49	41.6	33.23	20.66
任忠敏等（2018）	承德市	260	20~45	47.7	—	52.3
田立法等（2017）	天津（农村）	418	20~45	41.4	—	58.6
张丽娜等（2017）	南京市	229	≤44	39.3	32.8	32.8
王晓宇等（2018）	天津市	1706（流动）	16~60	21.57	29.72	48.71
钟晓华（2016）	广州市	1017	15~49	40.4	—	59.6

注：文献二孩意愿问项分类不统一，譬如二孩意愿不确定包含考虑中、未考虑，采用合并归类可能低估想生育、不想生育的比例；风笑天等（2016a）数据是实际提出二孩申请的数据；研究的样本对象多为育龄群体或者已育有一孩的群体。

由表 2-1 可知，尽管生育意愿调查对象与地区存在差异，整体上看全面二孩政策实施后，我国城乡居民明确有生育二孩意愿的比例大致占 1/3，而明确不想生育以及未考虑、不确定的情况依然占多数，尤其是在实际申请二孩比例上。风笑天等（2016a）的调查结果表明，仅有 13.9% 的受访对象提出二孩生育申请，远未出现如政策预期的"生育堆积"现象，由此可见，即使在二孩政策放松情况下，我国民众二孩意愿积极性并不高，存在着诸多因素限制个体生育二孩。而且，值得强调的是，由于总有部分人不愿生育选择丁克式生活，或者因身体条件无法生育，因此纵使 1/3 人群按照其二孩意愿实现生育行为，对于将一个社会整体总和生育率恢复到更替水平之上也是"杯水车薪"。举例说明，在全面二孩背景下，假设一个社会只有 10 个家庭，生育数量分别为 2、2、2、2、2、1、1、1、1、0，如此共生育 14 个孩子，二孩家庭占一半，那么依据总和生育率的定义，生育率仅为 1.4，处于低生育陷阱线之下，人口规模发展不可持续。进一步，钟晓华（2017）与曹艳春（2017）的两篇调查研究中，同时关注全面二孩政策前后的生育意愿情况比较，尽管采取的是同一时间、同一地点、同一批受访者的自我报告数据，因而结论上严谨性不够，但两篇调查结论均表明二孩政策放开后生育意愿并未显著提升。也就是说，长久以来计划生育政策约束可能并非低生育的主要原因，而是社会经济发展的必然结果，个体生育二孩与否内生于整个社会经济与文化观念变迁过程中。

第二节　制约生育意愿的因素分析

是什么影响个体生育二孩积极性，同样也是调查研究关注焦点。经过梳理调查文献，可以大致将影响二孩生育意愿的因素分为以下三类：

首先，生育的机会成本较高是抑制生育二孩的重要因素。生育的机会成本体现在两方面。一是生育可能导致职业中断而不利于女性追求经济独立以及社会地位。靳永爱等（2018）的调查显示，职业女性担忧再生育可能对职业发展不利而选择不生二孩。同样，梁红（2018）研究表明，在"准生"的育龄群体中，有工作的女性生育二孩意愿显著低于无工作女性，同时考虑到当下我国社会女性就业率相比其他东亚国家更高，因此若想将社会整体的生育率恢复到合理水平，尤其需要关注职业女性的生育决策。此外，曹艳春（2017）的调查发现，大多数在职父母认为理想的生育间隔为3~5年，结合当前我国首次生育的平均年龄为27岁以及晚婚晚育现象越来越突出，若推迟生育二孩3~5年意味着女性年龄处于30岁以上，如此可能出现因身体健康原因而最终无法实现生育计划，导致世代累积生育率下降。因此，在双职工家庭模式占主流的情况下，难以兼顾职业发展与家庭育儿的困境，可能是低生育现象的最本质原因所在，所谓"40岁以后职业成熟但生理上不允许，而40岁前生理允许但职业发展不允许"现象（曹艳春，2017）。二是生育机会成本还体现在儿童成长期内缺乏照料的社会化支持，也是在职父母难以兼顾工作与家庭的重要原因。有研究表明，在已育有一孩的育龄群体中，相比妻子全职照料第一个孩子而言，祖父母协助照料一孩的家庭明确想生育孩子的比例更高（曹艳春，2017）。也就是说，家庭照顾资源的多寡关系到二孩生育与否。然而，尽管来自祖辈对幼儿照料的支持起到了一定替代与缓冲作用，有利于女性生育二孩，但这种促进效果受到居住条件、赡养负担的影响（吕碧君，2018）。也就是说，代际育儿支持并非无代价，特别是当代际间关于育儿理念发生冲突的情况下。因此，单一依赖代际间育儿支持并不能有效满足有各式各样育儿需要的父母，提供多元化育儿服务支持与覆盖率，以丰富父母的选择势在必行。然而，当前我国社会关于儿童保育的基础设施与服务供给体系尚未完善，尤其是 0~3 岁婴幼儿托育服务处于空白，无法为有需要的父母提供多种育儿支持，由此造成有较高机会成本的父母选择推迟或者不生育二孩。

其次，生养孩子的经济成本较高也是抑制生育的重要原因。在家庭收入预算约束下，父母更多地注重子女质量（教育、人力资本）投入而非追求孩子数量。由于传统文化中对于教育的重视以及"名校偏好"，相比欧美发达国家，东亚社会中关于孩子教育的家庭开支占比非常之高，包括补习班、家教、课外活动等投入，形成具有攀比性质的"教育狂热"现象，这无疑加剧了生养孩子的经济负担。正如任敏忠等（2018）的调查显示，经济因素依然是制约生育的重要因素，经济因素对生育的抑制作用在大城市要显著高于三四线城市。同样，宋德勇等（2017）研究表明，房价上涨会显著降低城镇在婚居民的二孩生育意愿。韩振燕和王中汉（2017）基于全国 10 个地区的育龄女性生育意愿调查则发现，生育津贴较低（即产假期间收入补贴不足以弥补生育所需成本）、妇幼保健医疗水平以及儿童照料、学前教育不足等同样是阻碍城市女性生育二孩的重要因素。进一步，吴帆和王琳（2017）基于不同来源数据分析我国 0~5 岁学龄前儿童家庭照料安排的主要特征，发现儿童照料成本过高、母亲照料负担过重、夫妻双方关系失衡、祖辈替代照料占主流是当下我国学龄前儿童照料安排的主要特点，这些问题也是制约我国女性生育意愿的重要因素，影响到全面二孩政策的落实。可见，子女成人前教育投入、住房压力等直接经济负担，是压在多生生育之上的一座"大山"。

最后，现代化进程中个体文化观念上的嬗变，主要体现在以下两点：一是养儿防老、男孩偏好等传统理念逐渐式微，尽管一胎为女性的群体二孩生育意愿偏高（风笑天和李芬，2016），但整体上养儿防老的需求在生育效用构成中占比降低，尤其是城市群体对二孩的性别无明显偏好，甚至女孩偏好高于男孩（曹艳春，2017），如此导致传统的"多子多福"现象不再是主流。二是性别平等意识不断增强，随着女性教育、就业等方面参与度不断提高，传统的"男主外女主内"分工模式难以为继，而秉持性别平等认同的个体生育意愿相比传统型认同个体更低（李潇晓和周东洋，2018）。韩振燕和王中汉（2017）的调查研究发现，招聘、就业中的性别歧视，也是削弱城市女性二孩生育意愿的因素之一。在当前女性就业权益缺乏足够保障的情况下，城镇女性因怀孕而失去工作的比例依然较高，由此生育与就业间呈现彼此替代关系，严重抑制持有性别平等观念的女性生育二孩的意愿（杨慧，2017）。如此，在代际间两性平等意识逐步强化趋势下，性别平等对生育的不利影响将会持续下去，尤其在当下我国女性依然承担着大部分家务情况下，受平等意识驱动的在职女性意识到难以平衡工作与家庭，则可能大概率地牺牲家庭而选择晚婚晚育，甚至不育的"丁克式"生活（刘章生等，2018）。

第三节　低生育根源的理论分析：目标不一致性

20世纪90年代后，随着城镇化和工业化进程不断加快，我国的实际生育水平与生育意愿持续走低，在进入千禧年之际，不但出现生育的实际水平小于意愿水平的局面，而且生育意愿数量逐渐低于更替水平，即平均每对夫妇生育2个孩子。与此同时，社会老龄化现象越发严重，据统计资料显示，65周岁以上人口占比总人口，由20世纪90年代初期的5.6%上升至2000年的7%，接近突破学术界普遍认为的老龄化警戒线。在低生育与老龄化现象重叠的情况下，为促进人口规模与社会经济的长期可持续发展，应对日趋严峻的老龄化现象，我国政府自2013年相继实施了"双独二孩""单独二孩"和"全面二孩"等一系列渐进式生育政策改革，吸引社会各界的普遍关注。

那么，二孩政策放松是否在一定程度上缓解了我国低生育困境？根据国家统计局的数据显示，与"十二五"时期相比，2016年和2017年我国新生人口分别增加了142万人、79万人；进一步从孩次来看，相比2016年，2017年的二孩出生数量增加了162万人，但一孩出生数量却同比减少249万人。由此可见，放开二孩生育限制的政策调整虽然一定程度地提高了二孩生育数量，但二孩生育数量增幅依然小于一孩生育数量的降幅，这意味着现阶段生育政策调整所释放的生育潜力尚不及政策预期，并未呈现生育堆积现象（刘章生等，2018），而且调查显示，我国居民二孩生育意愿并不积极（见表2-1），如此意味着后续人口增长乏力，单纯依靠放松二孩生育限制无法使我国生育水平恢复到可更替水平。

针对放松生育限制效果不及政策预期和生育水平持续低迷的典型事实，通过梳理相关理论与实证工作可以将低生育原因归纳为以下三个方面：一是与生育相关的直接成本与间接成本不断增加。对此，李建民（2009）指出，目前家庭生育决策显然进入成本约束阶段，生育率持续下降并非仅仅是个体生育意愿降低，而更可能是生养成本攀高使民众难以按照生育意愿实现实际生育水平。进一步，靳卫东等（2018）在成本收益逻辑基础上，实证检验生育成本对家庭生育意愿的影响，发现生育成本增加显著地降低了家庭生育意愿数量。二是包含养老金、医疗保险等在内的社会福利保障体系日趋完善。在"养儿防老"观念逐步淡化的背景下，康传坤和孙根紧（2018）研究发现，完善的社会养老保险政策可以降低父母养老对子女的依赖程度，因而会显著降低家庭生育意愿与实际生育水平；同样，王天宇和彭晓博（2015）也实证分析了新型农村合作医疗保险对农民家庭生育行为的影响，结果表明，新农合对家庭生育行为的挤出效应大于其带来的收入效应。具体而言，参保新农会导致生育意愿数量下降3%到10%。三是生育行为的外部性特征越发明显。Dasgputa（2000）研究表明，贫穷国家的高生育率现象源于生育行为的负外部性，也就是说，生养子女的一部分成本转嫁到社会其他成员肩上，如此形成"越穷越生"的悲剧状态。黄少安（2017）基于我国家庭养老模式的视角，研究表明，在生养子女的收益由家庭组织享有，但一部分生养成本由社会或政府承担的情况下，生育行为将产生负外部性问题，在效用最大化驱动下，家庭生育数量超过社会所需的最优水平，从而导致人口过剩问题。另外，周立群和周晓波（2016）基于正外部性视角，提出若生养孩子的成本主要由家庭承担，但新增人口产生的养老收益（现收现付下养老金政策）却被其他社会成员所共享的情况下，生育孩子将成为一种具有公共品属性的行为，由于选择生育的收益不及成本付出，且会遭遇他人"搭便车"，最终引致社会整体生育水平不断下降。这一机理契合上述养老金、新农合保险"挤出"生育意愿与行为的结论。

综上所述，现有国内外学者的研究虽然取得了较为丰硕的成果，但仍在理论推断上存在不足。较少有研究通过构建家庭和社会最优生育水平决策模型，从决策的目标、过程和结果上分别分析家庭最优生育水平、社会最优生育水平的影响因素以及家庭生育目标偏离社会生育目标的原因，更少有学者引入正外部性理论解释这种偏离现象的内在机理。对此，在"全面二孩"政策的背景下，鉴于家庭生育水平（生育意愿）低于社会所需最优生育水平的典型事实，分别构建家庭生育决策模型、社会生育决策模型，进而阐述家庭生育目标和社会生育目标不一致的内在机理以及分析当前影响家庭生育水平的主要因素，从而理论推演出避免家庭和社会在生育目标上不一致的有效路径。在此借鉴 Groezen 等（2003）的方法，构建家庭和社会决策下的内生生育模型，对家庭与社会生育目标的不一致性及其造成的生育外部性问题进行理论推演和比较静态分析。

一、家庭决策中最优生育水平

家庭决策的主体是劳动者，在效用最大化公理条件下，家庭最优生育水平就是劳动者追求效用最大化的结果，一般以生育意愿数量或实际生育水平表征。在家庭生育决策中，采用两期 OLG 模型，即假设每一代人存活两期：劳动期和老年期。劳动期的人口参与劳动和决策，获得工资收入，收入主要用于消费、储蓄、抚养子女以及赡养老人；老年期的人口不参与劳动和决策，消费主要来自子女赡养和劳动期的储蓄资金。以第 t 期为例，劳动人口的平均工资水平为 w_t，赡养老人的支出为 τ_t，储蓄为 s_t，余下部分用于个人消费 c_t^y 和子女消费。如果劳动人口 t 期的生育数量为 n_t，每个子女的抚养支出是 p_t，则用于抚养子女的消费支出为 $n_t p_t$，第 t 期的劳动人口在劳动期面临的预算约束为：

$$w_t - \tau_t - s_t = c_t^y + n_t p_t \tag{2-1}$$

在 $t+1$ 期，t 期的劳动人口变成老年人口，消费为 c_{t+1}^o，c_{t+1}^o 包括劳动期间的储蓄收益 $s_t(1+r_{t+1})$ 和老年期间子女对其提供的赡养资助 $n_t \tau_{t+1}$，则第 t 期

的劳动人口老年期面临的预算约束为:

$$c_{t-1}^{o} = s_t \left(1+r_{t+1} \right) + n_t \tau_{t+1} \tag{2-2}$$

考虑到生育子女的效用,不仅包含老年期获得的赡养收益,而且也包含"享受天伦之乐"的主观效用感受,也就是说,劳动人口从抚养子女的行为本身获得效用改善。基于此,第 t 期劳动人口一生的效用来自三个方面:劳动期间消费行为带来的效用、生育行为带来的效用和老年期消费带来的效用。假设效用函数为对数形式,则第 t 期的劳动人口一生的总效用可以表示如下:

$$U \left(c_t^y, n_t, c_{t+1}^o \right) = \log \left(c_t^y \right) + r\log \left(n_t \right) + \beta\log \left(c_{t+1}^o \right) \tag{2-3}$$

这里,r 是相对于自己劳动期内消费行为而言,劳动人口对生育行为本身赋予的权重,也称代际利他系数,基于理性经济人假设,利他系数 r 通常小于 1;同样地,是相对于劳动期内消费行为而言,劳动人口对老年期消费行为赋予的权重,即未来消费的折现系数。一般而言,个体更看重当前消费,因而折现系数也假设小于 1。设生产函数为规模不变的生产函数 $\left(f \left(k_t \right) \right.$,其中, k_t 为每个劳动人口人均占有的资本量。为便于分析,假设生产要素是完全流动的,则利率、工资以及资本劳动比均设置为常数。进一步地,假定每一期老年人口获得的转移支付为固定常数 $\tau_t \equiv \tau$,抚养每个子女支出 $p_t \equiv p$,则有:

$$U \left(c_t^y, n_t, c_{t+1}^o \right) = log \left(c_t^y \right) + ylog \left(n_t \right) + \beta log \left(c_{t+1}^o \right)$$

$$\begin{cases} w-\tau-s_t = c_t^y + n_t p \\ c_{t+1}^o = s_t \left(1+r_{t+1} \right) + n_t \tau \\ 0<\gamma, \ \beta<1 \end{cases} \tag{2-4}$$

在此基础上,引入拉格朗日系数,构建拉格朗日函数,计算家庭决策中最优消费水平和生育水平,最终计算出家庭决策下的最优生育水平 n^*,即有:

$$n^* = \frac{r \left(w-\tau \right)}{\left(1+\beta+\gamma \right) p - \dfrac{\gamma\tau}{1+r}} \tag{2-5}$$

从式 (2-5) 可以看出:第一,生育成本 p 越高,家庭决策下最优生育水平 n^* 越低;第二,因为 $p \left(1+r \right) \left(\tau-w \right) <0$ 成立,进而 $\dfrac{\partial n^*}{\partial r}>0$,表明劳动人

口在相同的生育成本和对老年人的回报上，与当期自己消费相比，他们更看重子女消费，劳动人口越倾向于生养更多子女；第三，在生育成本 p 越高或父母越利己的情形下，$\beta > f(\gamma, p) = \dfrac{\gamma \left[w - p(1+r) \right] - p(1+r)}{p(1+r)}$ 成立的可能性越大；若 $\beta > f(\gamma, p)$，$\dfrac{\partial n^*}{\partial r} < 0$ 成立，如此意味着对老年人的赡养支出越高，家庭决策下的最优生育水平 τ^* 也就越低。

二、社会决策中最优生育水平

前文形式化表达了家庭决策中最优行为选择，接下来构建社会生育决策模型，以说明家庭决策与社会决策下的生育目标不一致性及其产生的原因。若站在社会整体的角度上，设定一个以追求社会整体利益最大化为目标而对社会进行调控的个体，譬如政府。相比家庭决策中只考虑一代人的效用而言，社会决策的目标则是追求未来几代人的效用最大化，如此社会决策的最优生育水平可视作使社会整体几代人利益最大化的最优生育水平，现实中一般指政策所确定的生育水平。基于此，社会生育决策的效用函数可以形式化表达如下：

$$W_t = \sum_{i=t}^{\infty} \omega_i U(c_{t-1}^y, \ n_{t-1}, \ c_t^o) \tag{2-6}$$

式中，ω_i 是把未来第 i 代人的效用折算成第 t 期效用时的折现系数，相比未来各代人的效用，如果社会决策者或政府更看重当代人的效用，那么可以假设 $\omega_i = \alpha^{i-t}$，且 $\alpha < 1$。通过此式可以看出，若政府更看重长远利益和社会可持续发展而非当前利益，就会对未来子代的效用赋予更高权重，进而使 α 和 ω_i 越大。

在建立社会决策的目标函数之后，需要框定政府在作决策时所面临的约束条件方程。对此，设定第 t 期政府的社会资源总量约束为当前人均产出 $f(k)$ 和上一期人均资本存量 k。支出用于当期消费 c_t^y、当期抚养子女支出 $n_t p$、当期赡养老年人的支出 $\dfrac{c_t^o}{n_{t-1}}$ 以及当期储蓄 $n_t k$，如此每期政府所需面对的资源约束条件表示如下：

$$f(k) + k = c_t^y + n_t p + \frac{c_t^o}{n_{t-1}} + n_t k \qquad (2-7)$$

基于目标函数（2-6）和约束条件（2-7），引入拉格朗日系数，构建社会决策的拉格朗日方程，最终获得社会决策下的最优生育水平 n^{**}，即有：

$$n^{**} = \alpha (1+r) \qquad (2-8)$$

从式（2-8）可以看出：其一，社会最优生育水平 n^{**} 取决于市场利率 r 和对未来人口效用的折现因子 α。其二，如果资本收益 r 较高，社会最优生育水平 n^{**} 也会较高。如果政府更看重未来人口的利益，即 α 较大，在当前决策中就会对未来各代人口的效用赋予更高的权重，政府也会倾向于出台政策鼓励民众多生多育，进而选择较高的政策生育水平 n^{**}。

三、生育目标不一致寻致外部性问题

比较决策目标可知，家庭生育决策追求自身劳动期效用最大化，政府则追求未来几代人的效用最大化。现实中，政府作为决策主体，依据社会经济发展阶段与资源情况，设定政策所期望的生育数量约束，而家庭作为决策主体，决定是否生育以及在政策约束下生育多少个子女。如此，两个生育决策主体，就可能存在目标不一致或相互冲突的可能性。一般而言，政府设定的政策生育水平不等于家庭决策的实际生育水平，$n^* = \dfrac{r(w-\tau)}{(1+\beta+\gamma)p - \dfrac{\gamma\tau}{1+r}} \neq \alpha$

$(1+r) = n^{**}$。记为 $\varphi (p, \beta, \gamma, \tau, \alpha, r) = \alpha(1+r) (\dfrac{1+\beta}{\gamma}+1) p + (1-\alpha) \tau$，若 $n^* < n^{**}$ 成立，则需要满足以下条件 $w < \varphi (p, \dfrac{\beta}{\gamma}, \tau, \alpha, r)$。

考虑到当前我国社会工业化与城镇化水平不断提高，相对于农产品而言，家庭对工业化产品与服务有无上限的需求，且逐年增加，如此在生育依然为家庭组织的责任且生养成本主要由家庭组织承担的情况下，家庭生育的直接成本 p 不断攀升。由于 $\dfrac{\partial\varphi}{\partial p} > 0$ 成立，可以得出：在生养子女的成本主要由家庭组织承担时，生育成本越高，家庭的最优生育水平越低，而且低于社会最优

生育水平的可能性越高。

随着社会价值观念的变迁，养儿防老观念逐步淡化，自我实现价值越发凸显，现代社会中家庭更看重短期利益、自身消费行为以及越来越想实现自我价值，从而促使选择生育的间接机会成本陡增，引致人们在相同的生育成本和生育回报下对生养子女赋予的权重越来越低，即 γ 下降和 β 上升。进一步根据 $\frac{\partial \varphi}{\partial \beta}>0$ 和 $\frac{\partial \varphi}{\partial \gamma}<0$，可以得出以下结论：个体越重视自身发展与消费，生育的间接机会成本越高，对生育子女所赋予的权重越小，家庭的最优生育水平越低，并且越有可能低于社会的最优生育水平。

考虑到 $f(\gamma, p)$ 是 γ 的增函数和 p 的减函数，现代社会下受生育成本 p 攀升和利己性文化理念的影响，导致 $f(\gamma, p)$ 降低，此时 $\beta>f(\gamma, p)=\frac{\gamma[w-p(1+r)]-p(1+r)}{p(1+r)}$ 成立可能性越大。在 $\beta>f(\gamma, p)$ 情况下，由于 $\frac{\partial \varphi}{\partial \tau}<0$，可以得出以下结论：如果生养孩子的成本越高且文化价值观念上越倾向于利己，则家庭最优生育水平也就可能越低，并且低于社会最优生育水平数量的可能性就越大。

此外，在老龄化越发严重的背景下，资本红利也必然伴随人口红利消失而消失，如此，劳动期内储蓄率下降导致资本收益 r 增速趋缓；同时，决策机制逐步完善与技术不断进步将促成政府决策更为科学化与理性化，从而以社会整体和长期利益为政策焦点，此时折现系数 α 有增大的趋势。如此依据 $\frac{\partial \varphi}{\partial \alpha}>0$、$\frac{\partial \varphi}{\partial r}<0$ 和 $\frac{\partial \varphi^2}{\partial r^2}<0$，可以得出以下结论：在老龄化与政策决策科学化的背景下，政府决策越发重视社会整体利益与未来可持续发展，使生育行为的社会社会经济效应特征越为显著，如此，社会的最优生育水平也越有可能高于家庭的最优生育水平。由此可见，随着经济发展水平的提升和城镇化进程的加快，生育成本 p 不断增加，表征为生育间接成本的价值观念变迁更为看重自身发展，即 γ 下降和 β 上升，社会养老保险制度的逐步完善使生育收益越发外溢至其他社会成员，而在老龄化背景下赡养老人的支出 τ 则不断提高；如此，在现代社会中更为科学理性的政府决策与老龄化导致的资本红利消失等多种因素综合作用下，

家庭决策下的最优生育水平 n^* 低于社会最优生育水平 n^{**} 的可能性越来越高，进而扩大了家庭决策目标对社会决策目标的偏离程度，这种目标不一致性导致生育模式持续低迷。

综上所述，从家庭生育成本与生育收益的角度看，在社会养老模式逐渐成为主流，而储蓄或者家庭养老日渐式微的情况下，生育子女的养老收益逐步外溢至社会其他成员。同时，随着现代化进程的不断加快，民众文化价值观念上越发重视当下消费与自我发展，而非未来子女赡养回报，并且女性教育程度与性别平等意识不断增强；如此，在家庭组织依然承担生育责任的情况下，家庭的生育成本快速上升却伴随着生育收益的不断外溢，家庭生育的边际成本超过边际收益，导致家庭生育意愿与水平不断下降。进一步，从社会整体收益看，由于未来社会的商品与服务产出、资本的保值增值，以及社会养老保险制度的可持续发展，都建立在当前家庭生育的基础上，如此，生育的家庭收益逐步外溢，惠及社会所有成员，而当生育的社会收益超过生育的家庭收益，且生育的家庭成本也大于家庭收益的情况下，生育行为则表现出正外部性，成为一种社会公共物品（Schoonbroodt and Tertilt，2014）。

在此情况下，依据公共品供给的集体行动理论，受到利己主义驱动的理性个体，必然会选择"搭便车"，从而整体上"生育"呈现供给不足的状态，也就是当下低生育的现实。换言之，选择生育的家庭所获得成本与收益不对等，承担着高成本却无法获得所有的生育收益。随着城镇化水平继续提高，家庭所需承担的生育成本继续攀升，同时社会养老保险逐步占据主导地位，又使生育收益进一步外溢，如此，生育成本"家庭化"而生育收益"社会化"特征会越发突出，必然导致生育率进一步下滑。因此，在生育成本与收益不对称的情况下，生育政策调整应当关注生养孩子成本的"去家庭化"，为儿童成长期内提供长期、持续性的家庭福利保障，切实地降低家庭生养孩子的直接成本与间接成本，从而使家庭生育成本与生育收益实现对称，方可调动理性个体的生育积极性。譬如，结合发达国家的有益经验，生育补贴尤其是儿童成长期内可每月领取的家庭津贴，是生育成本"去家庭化"的有效措施，一定程度上有助于解决生育行为的外部性困境，从而带动社会整体生育率恢复到更替水平线。

第三章　生育收益对生育的影响：
养老模式转变

第一节　研究背景

随着城镇化下非农就业增加和社会化大生产下工业化进程加快，养老尤其是城镇职工的养老逐步从过去农业社会下依靠土地和家庭子女养老演变成工业社会下的社会养老和储蓄养老。在中国城镇化迅速提升的 1990~2010 年，当城镇化率从 1990 年的 26% 迅速上升至 2010 年的 53% 时，养老保险基金支出规模也从 1990 年的 149.3 亿元增加到 2010 年的 10554.9 亿元，所占比重从 1990 年的 8‰ 提升到 3%，其中城镇职工养老保险参与率更是从 1990 年的 30% 上升到 2010 年的 74%，即社会养老保险的广度和深度不断加强。同时，中国的出生率也从 1990 年的 21‰ 迅速下降到 2010 年的 12‰，总和生育率从 1990 年的 2.3 下降到 2010 年的 1.18。在此背景下，日渐完善的社会养老保险制度是否真的会挤占生育，如果产生挤占效应，其内在机制又将如何表现？这直接关乎生育友好型社会和应对老龄化问题的制度建设。此外，随着人口的世代更迭，养老潮即将到来，同时城镇化和社会化大生产过程也具有不可逆性，说明在未来很长一段时间，随着社会养老保险覆盖面以及基金支出规模不断扩大，进一步明晰社会养老保险对生育水平的影响十分重要。

无论在理论层面，还是在经验层面，多数学者研究发现：现代社会下社会养老保险制度的开展均会降低家庭生育水平。在理论层面上，Cignoa 和 Rosati（1996）发现，只要是风险厌恶型的个体，在预算约束条件下社会养老保险支出增多通常会引致他们的储蓄和投资水平上升，生育水平下降。Groezen 等（2003）基于两期世代交叠模型进行研究发现，由于生育对社会具有外部性，所以家庭的最优生育选择对社会并非是最优的。Puhakka 和 Viren（2012）进一步研究指出，公共社会保障制度的引入可能对生育产生负外部性。Schoonbroodt 和 Tertilt（2014）发现，如果家庭对孩子缺乏所有权，那么生育的家庭收益就很可能低于生育的社会收益。此外，郭凯明和龚六堂（2012）通过理论推导发现，社会养老保险制度有助于降低父母未来对子女养老的依赖程度，进而促使家庭生育水平下降。康传坤和楚天舒（2013）发现社会养老保险中的统筹比例提高对生育水平有负向影响，而提高个人账户养老金比例对生育则没有影响。朱明宣和杨云彦（2016）从孩子对老人的赡养权归属上探讨农村养老模式变迁对低生育水平的影响。周立群和周晓波（2016）、穆光宗和茆长宝（2017）从制度经济学的角度分别分析养老社会化和老龄化对当前生育水平下降的影响，发现社会养老不仅将生育的家庭收益外部化，同时社会养老下的老龄化也导致生育资源减少，进而降低生育水平，据此推断出生育成本社会化有助于拓展生育空间，释放生育力量的命题。

　　基于上述理论论断和科学假说，在经验层面上，Cigno（1993）在理论推演的基础上，利用欧洲国家的数据进行实证分析发现，扩大社会保障覆盖面对生育具有显著负向影响。Ehrlich 和 Kim（2007）进一步利用跨国数据进行分析发现，社会养老保险的支出水平与生育率呈现负相关；社会保障税和社会保障项目支出对生育水平造成挤占，且这种影响不亚于女性教育和劳动参与率提高带来的影响。Fenge 和 Scheubel（2016）的研究结论也证实，现收现付制养老保险制度对生育水平的提升有负面影响。此外，王浩名和柳清瑞（2015）利用中国和东盟国家的数据进行实证研究后发现，社会养老保险替代率提高可能对生育产生负向激励。刘子兰等（2015）利用中国省级面板数据进行分析后发现，社会养老保险基金支出占比每增加一个百分点将促使出生率下降 0.428‰。王天宇和彭晓博（2015）基于 CHNS 数据进行研究发现，中国"新农合"政策的开展降低了农村居民的生育意愿，等等。刘一伟（2017）、康传坤和孙根紧（2018）基于 CGSS 数据分析发现，社会养老保险对居民生育意愿有显著的负向影响。

　　综上研究，社会养老对家庭生育负面影响的深层路径是，现代社会下生育成本逐年上升且更多地由家庭承担，社会养老的开展掩盖了生育和养老的天然衔接，使生育收益下降且逐年外溢，生育行为具有了正外部性（社会收益大于家庭成本大于家庭收益），社会生育水平下降。虽然前人在社会养老挤占生育上基本达成共识，但依然存在可以拓展的空间。其一，基于中国家庭追踪调查（China Family Panel Studies，CFPS），以城镇职工养老保险为例，分析是否参与社会养老保险对家庭生育水平影响的工作还较少。相比城镇职工养老保险，城乡居民养老保险建立较晚，基础养老金低且有国家补贴，具有福利属性，与成长于工业化社会下的职工养老保险有较大的不同，故城镇职工养老保险更能够代表社会养老保险且其生育效应更为显著。而基于中国微观家庭追踪数据，分析参与城镇职工养老保险对家庭生育水平影响的工作还不多。其二，多数学者没有从理论上对比完全家庭养老的生育水平与存在社会养老保险下家庭生育水平的差别；无论在经验上，还是理论上，多数学者也没有做关于机制设计方面的研究，即在社会养老保险体系相对成熟的地区，没有回答"有没有一种制度设计可以降低或规避社会养老保险对家庭生育水平的挤占"。

最终，以城镇职工养老保险为例，构建三种制度情景（完全家庭养老、领取社会养老金与家庭生育水平无关、领取社会养老金与生育水平有关），从理论和经验上进一步考察传统路径下是否参与城镇职工养老保险对家庭生育的影响，并通过固定效应模型和工具变量克服模型的内生性问题，为保障结论的可靠性，进一步作异质性和稳健性分析。基于参与社会养老保险对家庭生育的可能负面影响，最后通过理论演绎给出，在社会养老保险体系成熟的地区，通过多生育多拿社会养老的机制设计可以规避社会养老对家庭生育的负面影响。

第二节　家庭养老与社会养老模式下生育决策比较分析

一、完全家庭养老模式下最优生育水平

如果一个劳动人口在劳动期间的工资为 w_t，抚养一个孩子的费用为劳动人口工资 w_t 的 ρ 倍，生育水平为 n_t，则总抚养孩子的费用为 $n_t \rho w_t$；家庭养老下赡养一个家庭老人费用为劳动人口工资 w_t 的 τ_p 倍，根据不考虑性别假设，

家庭赡养老人的费用为 $\tau_p w_t$，如果劳动人口劳动期间的消费支出为 C_t^1，则劳动人口劳动期间的预算约束为：

$$C_t^1 = w_t - \tau_p w_t - n_t \rho w_t \qquad (3-1)$$

劳动人口在下一期变成老年人时，根据家庭养老的特点，在保障不影响主要变量之间关系下，为分析上的方便，进一步假定家庭养老下养老收入仅来自家庭孩子支持，按照制度和文化，代际支持水平为 $n_t \tau_p w_{t+1}$，则劳动人口在老年期的消费预算约束为：

$$C_{t+1}^2 = n_t w_{t+1} \tau_P \qquad (3-2)$$

参照 Blankenau 和 Simpson（2004）的工作，如果劳动人口的效用函数是对数形式且折现系数为 β，其中 $0 < \beta < 1$，则劳动人口一生效用为 $\ln(C_t^1) + \beta \ln(C_{t+1}^2)$，劳动人口面临的规划就是如何安排劳动期间的收入，以实现自身一生效用的最大化，求解变量为劳动期间消费 C_t^1、老年期间消费 C_{t+1}^2 以及当期生育水平 n_t，家庭部门的决策为：

$$\max_{C_t^1, C_{t+1}^2, n_t} U_t = \ln(C_t^1) + \beta \ln(C_{t+1}^2)$$

$$\text{s. t.} \begin{cases} C_t^1 = w_t - \tau_p w_t - n_t \rho w_t \\ C_{t+1}^2 = n_t w_{t+1} \tau_P \end{cases} \qquad (3-3)$$

家庭对每个孩子的教育投入为 ρw_t，参照 Kaganovich 和 Zilcha（1999）的工作，设定下一期人力资本水平为 h_{t+1}，且其是上一期人力资本水平 h_t 和家庭教育投入 ρw_t 的函数，考虑到人力资本折旧，引入折旧系数 δ，则人力资本运动方程为：

$$h_{t+1} = \delta h_t (\rho w_t)^{\eta} \qquad (3-4)$$

借鉴政治经济中经典的观点，劳动是创造价值的唯一源泉，假定产出只依赖劳动与劳动生产率，在不影响研究对象中核心变量之间关系时，为模型求解上的方便，进一步假设生产函数为幂函数形式，指数 $\alpha = 1$，则生产函数为：

$$Y_t = A h_t L_t \qquad (3-5)$$

根据生产部门利润最大化条件，劳动的边际产出等于劳动的边际成本工资，劳动的边际产出等于产出关于劳动的导数，由于下一期劳动 L_{t+1} 等于本

期劳动 L_t 乘以生育水平 n_t，即 $L_{t+1}=L_t n_t$，则生产部门利润最大化条件为：

$$\begin{cases} w_t = Ah_t \\ w_{t+1} = Ah_{t+1} \end{cases} \tag{3-6}$$

家庭部门通过规划每期劳动收入实现一生效用最大化，生产部门通过安排每期工资实现利润最大化，最终在一般均衡条件下，家庭面临的决策为：

$$\max_{C_t^1, C_{t+1}^2, n_t} U_t = \ln(C_t^1) + \beta\ln(C_{t+1}^2)$$

$$\text{s. t.} \begin{cases} C_t^1 = w_t - \tau_p w_t - n_t \rho w_t \\ C_{t+1}^2 = n_t \tau_P w_{t+1} \\ h_{t+1} = \delta h_t (\rho w_t)^\eta \\ w_t = Ah_t \\ w_{t+1} = Ah_{t+1} \\ 0<\beta, \tau_P, \rho, \delta<1 \end{cases} \tag{3-7}$$

把人力资本运动方程及生产部门利润最大化条件分别代入方程（3-3），同时令 $Z_p = \tau_p A \delta h_t (\rho w_t)^\eta$，则对方程（3-7）进一步整理得：

$$\max_{C_t^1, C_{t+1}^2, n_t} U_t = \ln(C_t^1) + \beta\ln(C_{t+1}^2)$$

$$\text{s. t.} \begin{cases} C_t^1 = (1-\tau_p) w_t - n_t \rho w_t \\ C_{t+1}^2 = Z_p n_t \\ 0<\beta, \tau_P, \rho, \delta<1 \end{cases} \tag{3-8}$$

引入拉格朗日系数 λ_1 和 λ_2，根据方程（3-8）构造拉格朗日方程 $\aleph$，对拉格朗日方程求未知变量当期消费 C_t^1、下一期消费 C_{t+1}^2 以及生育水平 n_t，则方程的一阶条件为：

$$\begin{cases} \dfrac{1}{C_t^1} + \lambda_1 = 0 \\ \dfrac{\beta}{C_{t+1}^2} + \lambda_2 = 0 \\ \lambda_1 \rho w_t = \lambda_2 Z_p \end{cases} \tag{3-9}$$

把 $C_t^1 = (1-\tau_s)\,w_t - n_t\rho w_t$ 和 $C_{t+1}^2 = Z_p n_t$ 代入 $\lambda_1 = -\dfrac{1}{C_t^1}$ 和 $\lambda_2 = -\dfrac{\beta}{C_{t+1}^2}$ 之中，然

后把 $\lambda_1 = -\dfrac{1}{C_t^1}$ 和 $\lambda_2 = -\dfrac{\beta}{C_{t+1}^2}$ 分别代入 $\lambda_1\rho w_t = \lambda_2 Z_p$，则有：

$$\frac{\rho w_t}{(1-\tau_p)\,w_t - n_t\rho w_t} = \beta\,\frac{Z_p}{Z_p n_t} \tag{3-10}$$

对方程（3-10）进一步整理得，完全家庭养老下家庭决策下的最优生育水平 n_0^* 为：

$$n_0^* = \frac{\beta}{1+\beta}\,\frac{1}{\rho}\,(1-\tau_p) \tag{3-11}$$

二、纳入社会养老模式下最优生育水平

相比中国城乡居民养老保险具有福利属性，考虑到城镇职工养老保险是中国社会养老保险体系中最重要的组成部分且更能代表社会养老保险，故在此存在社会养老，以现收现付制的城镇职工养老保险为例。如果社会养老保险税 τ_s，则缴纳的社会养老保险为 $\tau_s w_t$；考虑社会养老会降低家庭的养老负担，如果社会养老征收的养老保险税 $\tau_s w_t$ 中 ω 部分返回家庭用于赡养老人，则赡养家庭老人的费用为 $(\tau_p - \omega\tau_s)\,w_t$，在存在社会养老条件下，劳动人口劳动期间的预算约束为：

$$C_t^1 = (1-\tau_s)\,w_t - (\tau_p - \omega\tau_s)\,w_t - n_t\rho w_t \tag{3-12}$$

根据职工养老保险现收现付制的特点和家庭子女养老的传统文化，在存在社会养老条件下劳动人口老年期养老收入来自家庭孩子支持和社会养老金，如果领取的社会养老金与家庭生育水平无关，则社会养老金为 $\omega w_{t+1}\tau_s$，那么劳动人口在老年期的消费预算约束为：

$$C_{t+1}^2 = \omega\tau_s w_{t+1} + n_t w_{t+1}\tau_p \tag{3-13}$$

同样劳动人口面临的决策是如何安排劳动期间的收入，以实现一生效用的最大化，要求的变量为劳动期消费 C_t^1、老年期消费 C_{t+1}^2 以及当期生育水平 n_t，劳动者面临的决策为：

$$\max_{C_t^1, C_{t+1}^2, n_t} U_t = \ln(C_t^1) + \beta\ln(C_{t+1}^2)$$

$$\text{s. t. } \begin{cases} C_t^1 = (1-\tau_s)w_t - (\tau_p - \omega\tau_s) \ w_t - n_t\rho w_t \\ C_{t+1}^2 = \omega w_{t+1}\tau_s + n_t w_{t+1}\tau_P \end{cases} \tag{3-14}$$

劳动期间预算约束、生产部门决策和人力资本运动方程与家庭养老下的劳动期间预算约束、生产部门决策和人力资本运动方程相同，在领取社会养老金与家庭生育水平无关的情况下，在一般均衡处，家庭面临的决策为：

$$\max_{C_t^1, C_{t+1}^2, n_t} U_t = \ln(C_t^1) + \beta\ln(C_{t+1}^2)$$

$$\text{s. t.} \begin{cases} C_t^1 = (1-\tau_s)w_t - (\tau_p - \omega\tau_s) \ w_t - n_t\rho w_t \\ C_{t+1}^2 = \omega w_{t+1}\tau_s + n_t w_{t+1}\tau_P \\ h_{t+1} = \delta h_t (\rho w_t)^\eta \\ w_t = Ah_t \\ w_{t+1} = Ah_{t+1} \\ 0 < \beta, \tau_s, \tau_P, \ \omega, \ \rho, \ \delta < 1 \end{cases} \tag{3-15}$$

把人力资本运动方程及生产部门利润最大化条件分别代入方程（3-14），同时令 $Z_s = \omega\tau_s A\delta h_t \ (\rho w_t)^\eta$ 和 $Z_p = \tau_p A\delta h_t \ (\rho w_t)^\eta$，对方程（3-15）进一步整理得：

$$\max_{C_t^1, C_{t+1}^2, n_t} U_t = \ln(C_t^1) + \beta\ln(C_{t+1}^2)$$

$$\text{s. t.} \begin{cases} C_t^1 = \left[1 - \tau_s - (\tau_p - \omega\tau_s)\right]w_t - n_t\rho w_t \\ C_{t+1}^2 = Z_s + Z_p n_t \\ 0 < \beta, \tau_s, \tau_P, \ \omega, \ \rho, \ \delta < 1 \end{cases} \tag{3-16}$$

同样引入拉格朗日系数 λ_1 和 λ_2，构造拉格朗日方程 $\aleph$，对拉格朗日方程分别求未知数当期消费 C_t^1、下一期消费 C_{t+1}^2 以及生育水平 n_t 的导数，则方程（3-16）的一阶条件为：

$$\begin{cases} \dfrac{1}{C_t^1} + \lambda_1 = 0 \\[3mm] \dfrac{\beta}{C_{t+1}^2} + \lambda_2 = 0 \\[3mm] \lambda_1\rho w_t = \lambda_2 Z_p \end{cases} \tag{3-17}$$

把 $C_t^1 = \left[1-\tau_s-(\tau_p-\omega\tau_s)\right]w_t-n_t\rho w_t$ 和 $C_{t+1}^2 = Z_s+Z_p n_t$ 代入 $\lambda_1 = -\dfrac{1}{C_t^1}$ 和 $\lambda_2 = -\dfrac{\beta}{C_{t+1}^2}$ 之中，然后把 $\lambda_1 = -\dfrac{1}{C_t^1}$ 和 $\lambda_2 = -\dfrac{\beta}{C_{t+1}^2}$ 分别代入 $\lambda_1\rho w_t = \lambda_2 Z_p$，则有：

$$\frac{\rho w_t}{\left[1-\tau_s-(\tau_p-\omega\tau_s)\right]w_t-n_t\rho w_t} = \beta\frac{Z_p}{Z_s+Z_p n_t} \tag{3-18}$$

对方程（3-18）进一步整理得，在存在社会养老且领取的社会养老金与家庭生育水平无关的情况下，家庭决策下的最优生育水平 n_1^* 为：

$$n_1^* = \frac{\beta}{1+\beta}\frac{1}{\rho}\left[1+(\omega-1)\tau_s-\tau_p\right]-\frac{1}{1+\beta}\frac{\omega\tau_s}{\tau_p} \tag{3-19}$$

三、养老模式转变中的生育差异

考虑到参数 β，τ_s，τ_P，ω，ρ 和 δ 均大于零，同时 $0<\omega\leq1$，则我们得出第一个命题。

$$\frac{\beta}{1+\beta}\frac{1}{\rho}[1-\tau_p] = n_0^* > n_1^* = \frac{\beta}{1+\beta}\frac{1}{\rho}\left[1+(\omega-1)\tau_s-\tau_p\right]-\frac{1}{1+\beta}\frac{\omega\tau_s}{\tau_p} \tag{3-20}$$

命题 3-1：参与职工养老保险家庭的生育水平低于没有参与职工养老保险家庭的生育水平。

考虑到不同人群在社会养老保险参与程度的不同，即社会养老保险税率的不同，为回答社会养老保险深化是否会挤占家庭生育等科学问题，对方程（3-19）求关于养老保险税 τ_s 的导数，则有：

$$\frac{\partial n_1^*}{\partial \tau_s} = -\frac{\beta}{1+\beta}\frac{1}{\rho}(1-\omega)-\frac{1}{1+\beta}\frac{\omega}{\tau_p}<0 \tag{3-21}$$

式（3-21）意味着社会养老保险缴费率较高的人群或者地区，生育水平会相对偏低。对 $\dfrac{\partial n_1^*}{\partial \tau_s}$ 求绝对值，对社会养老保险对生育水平的挤占量 $\dfrac{\beta}{1+\beta}\dfrac{1}{\rho}(1-\omega)+\dfrac{1}{1+\beta}\dfrac{\omega}{\tau_p}$ 进一步观察，我们发现，家庭养老中的负担 τ_p 越大，则 $\dfrac{\beta}{1+\beta}\dfrac{1}{\rho}(1-\omega)+\dfrac{1}{1+\beta}\dfrac{\omega}{\tau_p}$ 越小，则我们得出另一个命题。

命题 3-2：社会养老占比较大的区域，参与职工养老保险对家庭生育水平的挤占效应更强。

第三节　实证分析与结果

借鉴张川川和陈斌开（2014）的研究，采用国家基本养老保险制度来衡量个人的社会养老。根据前文的理论分析，接下来将以城镇职工基本养老保险为例，实证检验参与城镇职工养老保险与家庭生育之间的关系，从而弥补以往研究的不足并为相关政策制订提供参考。

一、数据、变量与计量模型

研究数据来自中国家庭追踪调查（CFPS）的微观数据，该数据由北京大学中国社会科学调查中心（ISSS）实施，调查样本覆盖全国 25 个省/市/自治区的 16000 户家庭，迄今已开展了 2010 年、2012 年、2014 年和 2016 年四期调查，涉及中国居民的健康、教育、就业和养老等多项研究主题，是一项全国性、大规模、多学科的社会跟踪调查项目。

根据研究目的，首先，将研究样本限定为居住在城市并具有非农业户口的受访者，因为这部分群体与是否参加城镇职工养老保险有很强的相关性。其次，考虑到生育行为多数集中在 20~45 岁阶段，进一步选取了年龄为 20~45 岁的受访者。另外，对于参加了除城镇职工以外养老保险的受访者，我们同样进行剔除，由于其他类型养老保险也可能会对家庭养老存在一定程度的替代进而对生育产生影响，纳入这部分样本会对研究结果造成一定偏误。因此，最终样本在养老保险参与情况方面包含了两类群体：一类是只参加了城镇职工养老保险，共计样本 6792 个；另一类则是没有参加任何养老保险，共计样本 5386 个。

在变量设置方面，我们对 CFPS 的家庭调查数据进行整理，计算出受访者的家庭子女个数并作为因变量，用来测度家庭的生育水平。为了反映个人的社会养老情况，核心解释变量设定为是否参加城镇职工基本养老保险：赋值为 1，表示受访者只参加了镇职工养老保险；赋值为 0，表示没有参与其他任何养老保险。此外，参照以往相关研究，在回归模型中加入如下控制变量，包括受访者的年龄、受教育年限、性别、民族特征、婚姻状况、政治面貌、户口类型、健康状况、受雇劳动情况、自雇劳动情况、是否享有医疗保险、是否享有失业保险和家庭年收入。考虑到时间变化和地区间的社会经济差异，模型中还分别引入年份和省份虚拟变量加以控制。表3-1列出了上述主要变量的名称、具体赋值及一般描述性统计结果。

表3-1 变量的名称与描述性统计

变量名称	均值	标准差	最小值	最大值
子女个数（个）	0.874	0.647	0	4
城镇职工养老保险（1＝参加，0＝没有参加）	0.558	0.497	0	1
年龄（岁）	34.1	7.069	20	45
受教育年限（年）	12.4	3.419	0	22
性别（1＝女性，0＝男性）	0.516	0.500	0	1
民族（1＝汉族，0＝少数民族）	0.955	0.207	0	1
婚姻状况（1＝已婚，0＝其他）	0.769	0.421	0	1
政治面貌（1＝党员，0＝其他）	0.140	0.347	0	1
健康状况（1＝差，2＝一般，3＝好）	2.675	0.586	1	3
受雇劳动（1＝是，0＝否）	0.586	0.493	0	1
自雇劳动（1＝是，0＝否）	0.091	0.287	0	1
医疗保险（1＝有，0＝没有）	0.763	0.426	0	1
失业保险（1＝有，0＝没有）	0.295	0.456	0	1
家庭年收入（元：对数）	10.8	1.008	6.802	15.220

从表3-1可以看出，在研究样本中，城镇户籍人口的平均家庭子女数为0.874个，这与2015年1%人口抽样调查的城镇总和生育率0.914比较接近（郭志刚，2017），说明数据样本能够较好地反映出我国城镇家庭的基本生育情况。在社会养老方面，有55.8%的城镇居民只参加了城镇职工养老这一项保险，另有44.2%的居民则没有参与养老保险项目。对于受访者的其他变量特征，个人平均年龄为34.1岁，平均受教育年限是12.4年，女性和男性比例分别为51.6%和48.4%。城镇居民中汉族比例为95.5%，已婚比例为76.9%，党员占14%，平均健康水平在一般以上。在就业和社会保障方面，

受雇劳动的比例为 58.6%，另有 9.1% 的受访者以自雇形式参与就业，医疗保险和失业保险的参加比例分别为 76.3% 和 29.5%。

所分析的因变量是家庭子女个数，该变量结果表现为非负整数特征，对于这类计数数据，我们使用泊松回归（Poisson Regression）作为基准回归模型，假定子女个数服从泊松分布形式：

$$Pr(Y=y \mid x) = \frac{e^{-\lambda}\lambda^y}{y!} \quad (y=0,\ 1,\ 2,\ \cdots) \qquad (3-22)$$

式中，λ 表示家庭子女数的期望值且由解释变量 x 所决定，即 $\lambda = E(y \mid x) = e^{x'\beta}$。通过采用对数模型将其线性化，利用极大似然估计法可以得到回归系数 β 的估计结果。然而系数 β 并不表示边际效应，为了方便说明，在模型回归结果部分报告解释变量 x 对家庭生育 y 的边际效应，具体表达式为：

$$\frac{\partial E\left[y \mid x\right]}{\partial x} = \lambda\beta \qquad (3-23)$$

在估计社会养老保险对家庭生育的影响时，需要考虑参保行为的内生性问题。由于个体特征的不可观测异质性，如性格、能力、风险态度等，可能会同时影响受访者的参保行为和生育决策结果，忽略这些异质性因素，将产生遗漏重要变量问题，导致模型估计结果有偏误。为此，采用工具变量法和固定效应模型对内生性问题进行处理。进一步地，我们根据不同调查年份、孩子性别、城乡居民养老保险等区分研究样本分别考察社会养老的生育效应，并将实证结果与泊松回归模型估计结果进行对比，以验证结果的稳健性。

二、基准回归结果

表 3-2 报告了城镇职工养老保险对家庭生育的影响及分地区估计，估计结果是采用泊松回归模型的边际效应。同时，为了检验命题 3-2，我们根据社会养老占比①进行样本分组：将社会养老占比高于全国平均比例的省份列入

---

① 社会养老占比 = 城镇职工基本养老保险参加人数/城镇人口总数，数据来源 2010~2016 年《中国统计年鉴》。其中，社会养老占比高于全国平均比例的省份有北京、天津、辽宁、吉林、黑龙江、上海、江苏、浙江、山东、广东、海南、重庆、四川、宁夏、新疆；其他省份（港澳台除外）均低于全国平均比例。

社会养老占比较高地区，包含受访者样本 7260 个；而低于全国平均比例的省份列入较低地区，受访者样本有 4918 个。在此基础上进行分组回归估计，考察社会养老保险的生育效应是否存在差异。

表 3-2　社会养老对家庭生育的影响及分地区估计

	总体样本	社会养老占比	
		较低地区	较高地区
城镇职工养老保险	-0.056***	-0.052	-0.072***
	(0.021)	(0.032)	(0.026)
年龄	0.033***	0.035***	0.030***
	(0.002)	(0.003)	(0.002)
受教育年限	-0.021***	-0.025***	-0.021***
	(0.003)	(0.005)	(0.004)
性别	0.025	0.016	0.038*
	(0.017)	(0.028)	(0.021)
民族	0.006	0.086	0.018
	(0.046)	(0.076)	(0.055)
婚姻状况	1.361***	1.738***	1.194***
	(0.046)	(0.094)	(0.051)
政治面貌	-0.020	-0.029	-0.010
	(0.027)	(0.040)	(0.036)
健康状况	-0.001	-0.001	0.011
	(0.014)	(0.023)	(0.017)
受雇劳动	-0.044**	-0.012	-0.031
	(0.022)	(0.032)	(0.028)
自雇劳动	-0.014	0.027	0.001
	(0.031)	(0.047)	(0.039)
医疗保险	-0.004	0.011	0.028
	(0.023)	(0.039)	(0.028)
失业保险	-0.025	-0.081**	-0.016
	(0.022)	(0.037)	(0.027)

续表

	总体样本	社会养老占比	
		较低地区	较高地区
家庭年收入	-0.010 (0.009)	-0.008** (0.015)	-0.004 (0.011)
年份和省份	是	是	是
Pseudo R²	0.147	0.151	0.136
N	12178	4918	7260

注：*、**和***分别表示10%、5%和1%的显著性水平，括号内结果为标准误差。

总体样本的估计结果显示，核心解释变量城镇职工养老保险的边际效应为 -0.056 且在 1% 显著性水平上显著，即参保居民的家庭子女平均个数比未参保者少 0.056 个，说明社会养老显著降低了城镇居民的家庭生育水平。相关研究结果也表明，中国社会保障制度的建立在一定程度上对家庭生育形成了"挤占"。例如，农村居民参加新农合后想再要孩子的意愿降低了 3%~10%（王天宇和彭晓博，2015）；基本养老保险制度虽然对农民生育没有显著影响，但使城镇居民的生育意愿降低了 13%~17%（康传坤和孙根紧，2018）。社会养老对生育产生负向影响的原因在于，国家制度性养老保险项目深刻改变了家庭的经济预算约束和代际私人转移支付，使老人对子女在物质、情感、照料等方面的依赖程度大大降低，因此传统的"养儿防老"模式逐渐被社会养老所替代，这点在经济发展中、家庭养老观念深厚的国家表现得尤为明显（张川川和陈斌开，2014）。随着人口老龄化严峻形势加剧，中国由家庭养老向社会养老模式的转变已成必然趋势，但我们也发现，在促进社会养老发展的同时，其对家庭生育的负面作用也是显然的，进而不利于二孩政策目标的实现。针对这个事实，在接下来的机制设计部分试图探寻能够有效缓解社会养老与生育之间矛盾的政策路径。

从地区分组估计结果看，社会养老的生育效应由于区域间社会养老程度不同而呈现出明显差异。具体而言，在社会养老占比较低地区，城镇职工养老保险对家庭生育的边际效应为 -0.052，但影响不显著；而对于社会养老占比较高的地区，变量城镇职工养老保险的边际效应估计结果为-0.072，并且有显著性影响。该结论与理论命题3-2的预期一致，即在社会养老占比较大的地区，社会养老对家庭生育的挤占效应更强。根据前文的理论分析可知，养老保险对生育影响的强弱程度主要取决于这个地区社会养老与家庭养老的替代关系。在社会养老水平较低时，如养老金待遇偏低、养老服务供给不足等，社会养老对家庭养老的替代效应相对较弱，此时，家庭养老对老年人的生活仍然占据主导作用，通过生育子女来保障其老有所养的目的会更加强烈，因而社会养老对生育的影响也相应更小。随着社会养老程度进入较高水平阶段，社会养老对家庭养老的替代作用逐渐增强，养老保障体系的健全减少了老人对子女的依赖，进而降低了"养儿防老"的生育动机，相比之下，社会养老对生育负效应会更加明显。因此，从整体上解决城镇化背景下低生育问题的同时，也需考虑到我国各地区社会养老水平的差异，通过设计出具有针对性、多层次的配套措施，促进社会养老和家庭生育的协调发展。

三、考虑内生性问题的回归结果

为了控制内生性问题，采用工具变量法和固定效应模型进行再次估计。在使用工具变量估计方面，我们选择受访者的父母社会养老状况作为回归模型的工具变量，包括父母的养老保险参加情况和退休养老金领取数额，这在一定程度上反映了调查所在地的社会化养老程度，与受访者本人的社会养老保险参与有较强相关性，但司时，父母社会养老对子女的生育结果不会产生直接影响。工具变量回归模型采用两阶段最小二乘（2SLS）法进行估计，通过第一阶段回归的结果显示，父母养老保险、退休养老金领取与受访者本人的城镇职工养老保险参与具有显著相关性，同时回归模型联合检验F值远大于10，因此可以拒绝弱工具变量原假设。另外，Hausman检验结果也在1%水平上显著，表明存在不可观测异质性的干扰，采用固定效应模型要优于随机效应模型。表3-3分别列出了以上两类方法总样本和分组样本的系数估计结果。

表 3-3 工具变量和固定效应回归

	工具变量模型			工具变量模型		
	总体样本	社会养老占比		总体样本	社会养老占比	
		较低地区	较高地区		较低地区	较高地区
城镇职工养老保险	-0.217** (0.104)	-0.213 (0.153)	-0.322** (0.145)	-0.013* (0.008)	-0.006 (0.009)	-0.025* (0.013)
年龄	0.036*** (0.002)	0.044*** (0.003)	0.031*** (0.002)	0.043*** (0.001)	0.047*** (0.002)	0.040*** (0.002)
受教育年限	-0.018*** (0.003)	-0.024*** (0.005)	-0.011*** (0.004)	-0.009** (0.004)	-0.005 (0.006)	-0.014** (0.005)
性别	-0.039*** (0.012)	-0.054*** (0.019)	-0.021 (0.016)	— —	— —	— —
民族	0.029 (0.036)	0.028 (0.049)	0.031 (0.054)	— —	— —	— —
婚姻状况	0.629*** (0.014)	0.638*** (0.023)	0.613*** (0.018)	0.314*** (0.013)	0.370*** (0.022)	0.270*** (0.017)
政治面貌	-0.030* (0.018)	-0.011 (0.029)	-0.051** (0.025)	0.020 0.018	-0.031 (0.025)	0.082*** (0.025)
健康状况	-0.018 (0.012)	-0.021 (0.020)	-0.018 (0.015)	-0.011* (0.006)	-0.013 (0.010)	-0.010 (0.007)
受雇劳动	-0.005 (0.018)	-0.017 (0.027)	0.014 (0.025)	-0.011* (0.007)	-0.016 (0.011)	-0.009 (0.008)
自雇劳动	-0.010 (0.024)	-0.003 (0.037)	-0.036 (0.033)	-0.003 (0.012)	-0.000 (0.019)	-0.011 (0.016)
医疗保险	0.021 (0.030)	-0.009 (0.038)	0.069 (0.049)	-0.002 (0.008)	0.019 (0.014)	-0.016 (0.011)
失业保险	0.038 (0.038)	0.002 (0.061)	0.093* (0.049)	0.010 (0.008)	0.003 (0.015)	0.012 (0.010)
家庭年收入	-0.002 (0.007)	-0.008 (0.011)	0.008 (0.010)	-0.006 (0.004)	-0.003 (0.006)	-0.008 (0.005)
常数项	-0.722*** (0.131)	-0.524** (0.204)	-0.792*** (0.169)	-0.623*** (0.067)	-0.800*** (0.105)	-0.481*** (0.087)

续表

年份和省份	工具变量模型			工具变量模型		
	总体样本	社会养老占比		总体样本	社会养老占比	
		较低地区	较高地区		较低地区	较高地区
年份和省份	是	是	是	是	是	是
R^2	0.579	0.605	0.538	0.216	0.243	0.199
N	5526	2521	3005	12178	4918	7260

注：＊、＊＊和＊＊＊分别表示10%、5%和1%的显著性水平，括号内结果为标准误差。

工具变量估计结果显示，在总体样本回归中，核心解释变量城镇职工养老保险的估计系数为−0.217且在5%水平上显著，社会养老与家庭子女个数仍然保持显著的负向关系；分组样本中，养老保险在社会养老占比较低地区对家庭生育没有显著影响，而在社会养老占比较高地区会显著降低生育水平。类似的发现也在固定效应模型估计下得到体现，首先，总体上看城镇职工养老保险对生育具有一定抑制作用；其次，这种负向效应在社会养老占比较高地区的影响作用会显现得更加强烈。整体而言，在纠正内生性问题后，模型估计结果与表3-2的基准结果在系数符号和显著性上大致相同，尽管影响程度有所不同，但基本吻合本书的理论预期。

四、稳健性讨论

在上述结果基础上，还进行了一系列的稳健性检验，表3-4报告了回归结果的稳健情况，变量估计结果是采用泊松模型的边际效应。

表 3-4　稳健性检验

A：检验 1	2010 和 2012 年			2014 和 2016 年		
	总体样本	社会养老占比		总体样本	社会养老占比	
		较低地区	较高地区		较低地区	较高地区
城镇职工养老保险	−0.059** (0.028)	−0.063 (0.046)	−0.082** (0.034)	−0.073** (0.030)	−0.070 (0.045)	−0.089** (0.039)
控制变量	是	是	是	是	是	是
Pseudo R²	0.151	0.158	0.137	0.159	0.176	0.136
N	6538	2533	4005	5640	2385	3255
B：检验 2	男孩数量			女孩数量		
	总体样本	社会养老占比		总体样本	社会养老占比	
		较低地区	较高地区		较低地区	较高地区
城镇职工养老保险	−0.031** (0.015)	−0.025 (0.023)	−0.047** (0.019)	−0.031** (0.013)	−0.026 (0.020)	−0.037** (0.017)
控制变量	是	是	是	是	是	是
Pseudo R²	0.108	0.114	0.098	0.102	0.110	0.087
N	12178	4918	7260	12178	4918	7260
C：检验 3	城镇居民社会养老保险			农村社会养老保险		
	总体样本	社会养老占比		总体样本	社会养老占比	
		较低地区	较高地区		较低地区	较高地区
社会养老	−0.053** (0.026)	−0.007 (0.043)	−0.067** (0.033)	0.032* (0.018)	−0.025 (0.037)	0.054** (0.021)
控制变量	是	是	是	是	是	是
Pseudo R²	0.161	0.186	0.152	0.166	0.190	0.154
N	9352	3977	5375	25366	7385	17981

　　注：*、**和***分别表示 10%、5%和 1%的显著性水平，括号内结果为标准误差，控制变量包括了年份和省份虚拟。

　　首先，按照调查年份分别对 2010 年和 2012 年、2014 年和 2016 年两组子样本进行回归，检验影响结果在时间变化上是否稳健。结果显示（检验 1），在其他控制变量保持不变的情况下，城镇职工养老保险对家庭生育的总影响效应仍然显著为负；从分地区来看，养老保险的生育效应存在明显差异，其中在社会养老占比较高地区，社会养老对生育的负效应更大。

其次，对子女数量进行性别区分，分别估计养老保险对男孩数量和女孩数量的影响，结果如检验 2 所示。与基准回归结果相比，城镇职工养老保险的影响效应有所降低，但影响方向和显著性在总体样本和分地区样本回归中均未发生变化。

最后，分别使用城镇居民社会养老保险和农村社会养老保险表征社会养老，检验社会养老与生育的关系（检验 3）。在城镇居民社会养老保险方面，社会养老对家庭生育的边际效应与前述结果相差不大，符号和显著性也是一致的；与城镇养老保险相比，农村社会养老保险与家庭生育之间却存在正向关系，该效应在社会养老占比较高地区表现更加明显。这在以往的研究中也有类似的发现，由于我国农村地区经济生活水平较低、"养儿防老"观念较强，社会养老保险的引入放松了低收入家庭的预算约束，收入效应会使家庭的生育数量增加（王天宇和彭晓博，2015；刘一伟，2017）。总体来看，除了农村社会养老保险的影响有所不同，以上稳健性检验与表 3-2 的估计结果大致接近，如此实证结果是基本稳健的。

第四节 基于实证结果的机制设计

前文的理论模型分析表明，传统路径下如果职工老年期领取的社会养老金与家庭生育水平无关，社会养老的开展的确会降低家庭生育水平，特别是在社会养老占比较高的地区。进一步对城镇职工养老保险的生育效应进行实证分析，所得结论也与理论预期基本一致。那么，存不存在一种政策路径或者机制设计，使社会养老保险的开展和深化少挤占或者不挤占家庭生育呢？接下来就此展开深入探讨。

相比传统路径下劳动人口老年期领取的社会养老金与家庭生育水平无关，在城镇职工养老保险下，假如将来领取的社会养老金与现在家庭生育水平有关且正相关，即家庭生育水平越高，未来领取的社会养老金也就越多，相比传统路径下劳动人口老年期领取的社会养老金 $\omega w_{t+1}\tau_s$，新路径下劳动人口老年期领取社会养老金设为 $\omega n_t w_{t+1}\tau_s$，则新路径下劳动人口老年期的预算约束为：

$$C_{t+1}^2 = \omega n_t w_{t+1} \tau_s + n_t w_{t+1} \tau_P \tag{3-24}$$

在存在社会养老保险且将来领取社会养老金与当前家庭生育水平相关下，新路径下的劳动期间预算约束、生产部门决策和人力资本运动方程与传统路径下的劳动期间预算约束、生产部门决策和人力资本运动方程相同，则在新路径下家庭部门面临的决策为：

$$\max_{C_t^1, C_{t+1}^2, n_t} U_t = \ln(C_t^1) + \beta \ln(C_{t+1}^2)$$

$$\text{s. t.} \begin{cases} C_t^1 = (1-\tau_s) w_t - (\tau_p - \omega \tau_s) \ w_t - n_t \rho w_t \\ C_{t+1}^2 = \omega n_t w_{t+1} \tau_s + n_t w_{t+1} \tau_P \\ h_{t+1} = \delta h_t (\rho w_t)^\eta \\ w_t = A h_t \\ w_{t+1} = A h_{t+1} \\ 0 < \beta, \tau_s, \tau_P, \omega, \rho, \delta < 1 \end{cases} \tag{3-25}$$

令 $Z = A\delta h_t (\rho w_t)^\eta (\omega \tau_s + \tau_p)$，则对方程（3-25）进一步整理得：

$$\max_{C_t^1, C_{t+1}^2, n_t} U_t = \ln(C_t^1) + \beta \ln(C_{t+1}^2)$$

$$\text{s. t.} \begin{cases} C_t^1 = (1-\tau_s) w_t - (\tau_p - \omega \tau_s) \ w_t - n_t \rho w_t \\ C_{t+1}^2 = Z n_t \\ 0 < \beta, \tau_s, \tau_P, \omega, \rho, \delta < 1 \end{cases} \tag{3-26}$$

引入拉格朗日系数 λ_1 和 λ_2，根据方程（3-26）构造拉格朗日方程 $\aleph$，对拉格朗日方程分别求未知数当期消费 C_t^1、下一期消费 C_{t+1}^2 以及生育水平 n_t 的导数，方程（3-26）的一阶条件为：

$$\begin{cases} \dfrac{1}{C_t^1} + \lambda_1 = 0 \\ \dfrac{\beta}{C_{t+1}^2} + \lambda_2 = 0 \\ \lambda_1 \rho w_t = \lambda_2 Z \end{cases} \tag{3-27}$$

把 $C_t^1 = (1-\tau_s) w_t - (\tau_p - \omega \tau_s) \ w_t - n_t \rho w_t$ 和 $C_{t+1}^2 = Z n_t$ 代入 $\lambda_1 = -\dfrac{1}{C_t^1}$ 和 $\lambda_2 =$

$-\dfrac{\beta}{C_{t+1}^2}$ 之中，然后把 $\lambda_1=-\dfrac{1}{C_t^1}$ 和 $\lambda_2=-\dfrac{\beta}{C_{t+1}^2}$ 分别代入 $\lambda_1\rho w_t=\lambda_2 Z$，则有：

$$\frac{1}{(1-\tau_s)\,w_t-(\tau_p-\omega\tau_s)\,\,w_t-n_t\rho w_t}\rho w_t=\frac{\beta}{Zn_t}Z \qquad (3-28)$$

对方程（3-28）进一步整理，在领取社会养老金与家庭生育水平正相关的情况下，家庭决策下的最优生育水平 n_2^* 为：

$$n_2^*=\frac{\beta}{1+\beta}\frac{1}{\rho}\left[1+(\omega-1)\tau_s-\tau_p\right] \qquad (3-29)$$

因为参数 τ_s、τ_p 以及 β 大于 0，从公式（3-19）和（3-29）显然看出公式（3-30）成立，进而我们也得出第三个命题。

$$\frac{\beta}{1+\beta}\frac{1}{\rho}\left[1+(\omega-1)\,\tau_s-\tau_p\right]=n_2^*>n_1^*=\frac{\beta}{1+\beta}\frac{1}{\rho}\left[1+(\omega-1)\,\tau_s-\tau_p\right]-$$

$$\frac{1}{1+\beta}\frac{\omega\tau_s}{\tau_p} \qquad (3-30)$$

命题 3-3：领取社会养老金与家庭生育正相关下的最优生育水平高于领取社会养老金与家庭生育无关下的最优生育水平。

因为 $0<\omega\leqslant1$，从式（3-29）和式（3-10）中可以看出式（3-31）成立，进而我们推断出第 4 个命题。

$$\frac{\beta}{1+\beta}\frac{1}{\rho}\left[1+(\omega-1)\tau_s-\tau_p\right]=n_2^*\leqslant n_0^*=\frac{\beta}{1+\beta}\frac{1}{\rho}\left[1-\tau_p\right] \qquad (3-31)$$

命题 3-4：如果领取社会养老金与家庭生育正相关，社会养老下的最优生育水平小于或者等于家庭养老下的最优生育水平。

如果征收的社会养老保险税全部补贴给家庭养老，即 $\omega=1$，则从式（3-19）和式（3-29）可以明显看出：如果征收的社会养老保险税全部用于补贴家庭，用于支持家庭养老，同时领取的社会养老金与家庭生育水平正相关，则社会养老和家庭养老下的最优生育水平相同，即社会养老保险不挤占家庭生育。

第五节 研究结论与政策建议

社会养老保险会挤占家庭生育吗？对这个问题的回答关乎社会养老制

度在应对老龄化上的效力以及生育友好型社会的建设。在 OLG 模型框架下通过对比完全家庭养老和存在社会养老下的家庭生育水平，研究发现，在生育与领取社会养老金无关的现存养老保险制度下，参与城镇职工养老保险会挤占家庭生育水平，尤其是在社会养老占比较高的地区，这种挤占效应会更强。为佐证上述命题，以城镇职工养老保险为例，使用 2010 ~ 2016 年中国家庭追踪调查（CFPS）数据进行经验求证，使用工具变量法和固定效应模型克服内生性问题后，实证研究结果印证了前文的理论推断。进一步稳健性检验结果也表明，上述结论依然可靠。这意味着未来随着城镇化的推进和参保率的提高，社会养老制度将显著地降低家庭生育意愿，进而影响人口、经济以及社会的可持续发展。

存不存在一种机制设计使社会养老少挤占或者不挤占家庭生育呢？在社会养老无法扭转的趋势下以及社会养老保险体系成熟的地区，基于中国传统家庭养老下多子多福的文化：传统社会下社会以家庭为单位，养老大多依靠家庭的子女，所以生育孩子是对养老的一种投资，生育孩子直接和生育收益养老挂钩，大家为了老年生活幸福，选择多生育子女且通过三纲五常等宗法制度约束生育的收益不外溢。只有生育，才能养老，这是亘古不变的道理，只不过现代社会下社会养老表面上掩盖了生育和养老的天然衔接，实际上养老依然依赖生育，社会养老依靠社会孩子，故在生育还在家庭内部进行的情况下，社会养老依赖社会生育，社会生育植根于家庭生育。

进行理论演绎发现，在家庭参与社会养老保险下，如果家庭多生育可以多领社会养老金，至少从理论的层面上看，有利于家庭生育水平的提高，如果征收的社会养老金全部补贴给家庭养老，则社会养老和家庭养老下家庭的生育水平完全相等，即社会养老不会挤占家庭生育。这背后的现实基础是，在社会孩子养社会老人的现收现付的职工养老保险制度下，你生的孩子越多，将来为社会缴纳的社会养老金也就越多，所以你应该多拿点社会养老金。因此，针对社会养老的生育负效应，未来的政策路径可以尝试将养老金与子女数量挂钩，从而对家庭生育形成有效激励；同时需考虑到我国各地区社会养老水平的差异，设计出具有针对性、多层次的配套措施，促进社会养老和家庭生育的协调发展。

第四章 生育成本对生育的影响：
公共教育支出

第一节 研究背景

随着中国城镇化和工业化的迅速推进，生育水平持续下降，根据 2010 年第六次人口普查数据，中国总和生育率为 1.18，远低于人口代际更迭水平。随着生育水平的下降，65 岁以上人口数量占比也于 2000 年突破 7% 的国际老龄化警戒线。为促进人口与社会、经济的长期均衡发展，应对老龄化，2002 年中国试点双独二孩政策，2011 年全面施行双独二孩政策，2014 年初各省陆续推出单独二孩政策，2015 年底中国实施了全面二孩政策。在全面二孩政策实施 2 周年后，全国妇联发布的调查报告显示，一半以上的一孩家庭没有生育二孩的意愿；2018 年初中国统计局发布的出生人数调查结果显示，2017 年出生人数竟然比 2016 年下陷了 63 万人。

面对当前这种情景，在放松生育管控后，我们有理由担心未来我国的生育率是否会有长期的实质性反弹（乔晓春，2014）。如果未来生育水平没有出现实质性的上升，社会经济的可持续发展将受到挑战。基于生育水平的持续下降和单纯放松管控政策的效果不佳，家庭生育水平低于政策生育水平，为应对人口老龄化，改变当前低生育的现状，构建生育友好型社会越来越成为社会各界人士的共识，而增加公共财政教育支出被作为生育优化社会建设的重要政策抓手，那么关于公共财政教育支出以及支出方式对生育水平的影响效果如何呢？

在公共财政教育支出上，部分学者认为公共财政教育支出会降低社会生育水平。Becker 和 Lewis（1973）、Croix 和 Doepke（2004）相继提出和论证了生育的数量与质量替代假说，并给出其成立的条件，如教育成本相对降低时，民众更倾向优培少生。随后这个假说被世界各国学者求证和拓展：Li 等（2007）、Rosenzweig 和 Zhang（2009）分别从经验和理论上进行研究发现，表征为教育补贴的孩子照看政策通过影响生育数量与质量的相对成本，促成生育质量与数量的替代关系，降低社会生育水平。Becker 等（2010）对 19 世纪的普鲁士数据进行验证发现，实行义务教育以后，生育水平反而呈现一个下降的趋势。杨龙见等（2013）构建了一个生育内生的世代交叠模型，分析财政教育支出对出生率的影响，无论是理论推演，还是采用中国的省级面板数据进行实证检验，均发现财政教育支出对生育具有负面影响。

另一部分学者却持相反观点。Omori（2009）及 Fanti 和 Gori（2011）发现，公共教育投资能够增加生育和提高人力资本累积；Baudin（2011）在内生生育的理论框架下进行理论推理发现，对公共教育进行补贴，确实能够降低生育的净成本，提高社会生育水平。Chen（2014）基于生育内生的职业选择模型进行推理发现，通过减少技术工人的工作成本，教育补贴不仅能够增加收入水平，还能够调高社会生育水平。Yasuoka 和 Miyake（2014）从社会养老金收益的角度，发现教育补贴不仅具有增加教育投资的功能，还具有增加生育的属性。何亚丽等（2016）通过构建一个存在公共教育的代际交叠模型，研究教育和社会投入对生育水平的影响，在社保支出和教育支出存在替代性的条件下，无论是理论还是国际的经验数据都显示，增加教育投入有助于提高生育，提高社保投入反而不利于生育。丁宏（2017）采用门槛回归模型对 OECD 经济贸易合作组织国家的政府转移支付、教育支出等变量与生育水平的关系进行实证检验发现，在小于某个门槛值时，教育支出与生育水平呈现负相关；在大于某个门槛值时，增加教育支出对生育有促进作用。

在公共财政教育补贴方式上，部分学者也进行了积极的探索，如 Yasuoka 和 Goto（2015）比较了消费税和收入税两种生育补贴手段，发现采取收入税进行补贴生育，并不能提高生育水平，但对消费进行征税，把消费税用于补贴生育，可以提高社会生育。Miyake 和 Yasuoka（2016）在不同的公共教育投资水平上，从理论上阐述了对孩子补贴与对私人教育补贴两种补贴方式对生育的影响发现，在公共教育投资水平较低时，应对孩子直接补贴；在公共教育投资较高阶段，应补贴私人教育投资。

现有研究尽管已经取得较为丰硕的成果，仍然存在一些可以拓展的空间。在当前中国语境下，"已有学者基于经验和理论提出的假说是否成立，增加公共财政教育支出是否促进社会生育"等科学问题依然需要求解；"为促进生育，增加公共财政教育支出中的哪一个阶段或者哪一项，对教育供方增加，还是对教育需求方增加"等科学问题依然需要深入研究，这就要求基于经验的研究要进行异质性讨论。为避免理论和经验研究上的冲突，部分学者回避把理论和经验放在一起研究，"通过理论研究寻找公共财政教育支出促进社会生育的内在机理和指导经验研究，通过经验研究验证理论推断和观察理论研究结果在现实中成立的条件"依然需要探讨。

基于此，本书建立了一个考虑生产者和政府部门的家庭决策模型，通过理论推导考察公共财政教育支出对社会生育水平的影响，进一步采用2006～2017年的中国省级面板数据求证上述理论推断，回答"增加公共财政教育支出或者增加其中的哪一项；对教育供方增加，还是对教育需求方增加，更有效地促进社会生育"等科学问题。

第二节　基于世代交叠模型的理论分析

建立一个两期的世代交叠模型（OLG），每期人口分为三种类型：青少年、劳动人口以及老年人口，青少年人口和老年人口分别被抚养和赡养，在下一期青少年人口全部变成劳动人口，劳动人口全部变成老人，老年人全部去世并退出理论模型，青少年和老年人口不做出社会决策，劳动人口做出所有决策，考虑到中国跨代赡养仍然是当前社会的主要养老模式，所以，在代际赡养文化和制度下，劳动人口决策如何分配劳动期间的收入在当前消费、抚养孩子以及赡养老人之间，以达到一生效用的最大化。

一、家庭部门的决策行为

如果一个劳动人口在劳动期间的工资为 w_t，工资税和社会养老保险税的比例分别记为 θ 和 τ，抚养一个孩子的费用为劳动人口工资 w_t 的 ρ 倍，则总抚养孩子的费用为 $n_t\rho w_t$。如果工资税的收入 $g\theta w_t$ 用于社会养老支出 P_t 和公共教育支出 G_t，劳动人口劳动期间的消费支出为 $C_{1,t}$，则劳动人口在劳动期间的预算约束为：

$$C_{1,t} = (1-\theta-\tau)w_t - n_t\rho w_t + G_t \tag{4-1}$$

劳动人口在下一期变成老年人时，其养老收入来自孩子支持和公共财政支持，按照制度和文化，孩子的代际支持为 $n_t w_{t+1}\tau$，公共财政支出为 P_t，则劳动人口在老年期的消费预算约束为：

$$C_{2,t+1} = n_t w_{t+1}\tau + P_t \tag{4-2}$$

参照 Blankenau 和 Simpson（2004）的工作，如果劳动人口的效用函数是对数形式且折现系数为 β，其中 $0<\beta<1$，则劳动人口一生的效用为 $\ln(C_{1,t}) + \beta\ln(C_{2,t+1})$，劳动人口面临的规划就是如何安排劳动期间的收入，以实现一生效用最大化，要求的变量为劳动期间消费 $C_{1,t}$、老年期间消费 $C_{2,t+1}$ 以及当期生育水平 n_t，家庭部门的决策为：

$$\max_{C_{1,t}, C_{2,t+1}, n_t} U_t = \ln(C_{1,t}) + \beta\ln(C_{2,t+1})$$
$$\text{s. t.} \begin{cases} C_{1,t} = (1-\theta-\tau)w_t - n_t\rho w_t + G_t \\ C_{2,t+1} = n_t w_{t+1}\tau + P_t \end{cases} \tag{4-3}$$

二、政府部门的决策行为

政府部门通过向劳动人口征税 $w_t\theta$，然后通过转移支出用于社会养老支出 P_t 和公共教育支出 G_t，根据政府的预算平衡 $w_t\theta = P_t + G_t$，如果用于公共教育支出占总财政收入的比例为 g，则有：

$$\begin{cases} P_t = (1-g)w_t\theta \\ G_t = gw_t\theta \end{cases} \tag{4-4}$$

家庭部门在每个孩子上的教育投入为 ρw_t，公共教育在每个孩子的

投入为 $gw_t\theta/n_t$，参照 Kaganovich 和 Zilcha（1999）的工作，设定下一期的人力资本水平为 h_{t+1} 是上一期人力资本水平 h_{t+1}、家庭教育投入 ρw_t 以及公共教育投入 $gw_t\theta/n_t$ 的幂函数，考虑到人力资本的折旧，家庭教育和公共教育存在一定的替代性，引入折旧系数 B 和家庭教育在人力资本上的贡献份额 η，进而公共教育的贡献份额为 $1-\eta$，则有 $h_{t+1}=Bh_t$ $(\rho w_t)^\eta \left(\dfrac{g\theta w_t}{n_t}\right)^{1-\eta}$，对上述进一步整理，则人力资本运动方程为：

$$h_{t+1}=Bh_t\rho^\eta(g\theta)^{1-\eta}w_t n_t{}^{\eta-1} \tag{4-5}$$

三、生产部门的决策行为

借鉴政治经济学的经典观点，劳动创造价值，劳动是价值的唯一源泉，在不影响分析结论下，假设养老仅来自代际支持，为模型求解的方便，进一步假设生产函数为幂函数形式，指数为 α，同时产出只依赖劳动与劳动生产率，则生产函数为：

$$Y_t=A(h_t L_t)^a \tag{4-6}$$

根据生产部门利润最大化的条件，劳动的边际产出等于劳动的边际成本工资，劳动的边际产出等于总产出关于劳动人口数量的导数，由于下一期劳动人口等于本期劳动人口数量乘以生育水平 $L_{t+1}=L_t n_t$，则生产部门利润最大化条件为：

$$\begin{cases} w_t=A\alpha(h_t)^a\ (L_t)^{a-1} \\ w_{t+1}=A\alpha(h_{t+1})^a\ (L_t n_t)^{a-1} \end{cases} \tag{4-7}$$

四、一般均衡分析

家庭部门通过规划每期的劳动收入实现一生效用的最大化，政府部门每期实现预算平衡，生产部门通过安排每期工资实现利润最大化，在一般均衡的条件下家庭部门面临的决策为：

$$\max_{C_{1,t},C_{2,t-1},n_t} U_t=\ln(C_{1,t})+\beta\ln(C_{2,t+1})$$

$$\text{s. t}\begin{cases} C_{1,t} = (1-\theta-\tau)w_t - n_t\rho w_t + G_t \\ C_{2,t+1} = n_t w_{t+1}\tau + P_t \\ P_t = (1-g)w_t\theta \\ G_t = gw_t\theta \\ h_{t+1} = Bh_t\rho^\eta(g\theta)^{1-\eta}w_t n_t^{\eta-1} \\ w_t = A\alpha(h_t)^a(L_t)^{a-1} \\ w_{t+1} = A\alpha(h_{t+1})^a(L_t n_t)^{a-1} \\ 0<\beta,\ \theta,\ \tau,\ \rho,\ g,\ \alpha<1 \end{cases} \quad (4-8)$$

在此把政府预算平衡方程、人力资本运动方程以及生产部门利润最大化条件分别代入方程（4-3），同时令 $Z = A\alpha[Bh_t\rho^\eta(g\theta)^{1-\eta}w_t]^a(L_t)^{a-1}[(1-g)\theta+\tau]$，则对方程（4-8）进一步整理得：

$$\max_{C_{1,t},C_{2,t+1},n_t} U_t = \ln(C_{1,t}) + \beta\ln(C_{2,t+1})$$

$$\text{s. t}\begin{cases} C_{1,t} = [1-(1-g)\theta-\tau]w_t - n_t\rho w_t \\ C_{2,t+1} = Zn_t^{a\eta} \\ 0<\beta,\ \theta,\ \tau,\ \rho,\ g,\ \alpha,\ \eta<1 \end{cases} \quad (4-9)$$

五、模型推演结果分析

引入拉格朗日系数 λ_1 和 λ_2，根据方程（4-9），构造拉格朗日方程 $\aleph$，对拉格朗日方程分别求变量当期消费 $C_{1,t}$、下一期消费 $C_{2,t+1}$ 以及生育水平 n_t 的导数，则方程的一阶条件为：

$$\begin{cases} \dfrac{1}{C_{1,t}} + \lambda_1 = 0 \\ \dfrac{\beta}{C_{2,t+1}} + \lambda_2 = 0 \\ \lambda_1\rho w_t = \lambda_2 Za\eta n_t^{a\eta-1} \end{cases} \quad (4-10)$$

把 $C_{1,t} = [1-(1-g)\theta-\tau]w_t - n_t\rho w_t$ 和 $C_{2,t+1} = Zn_t^{a\eta}$ 代入 $\lambda_1 = -\dfrac{1}{C_{1,t}}$ 和 $\lambda_2 =$

$-\dfrac{\beta}{C_{2,t+1}}$ 之中，然后把 $\lambda_1 = -\dfrac{1}{C_{1,t}}$ 和 $\lambda_2 = -\dfrac{\beta}{C_{2,t+1}}$ 分别代入 $\lambda_1 \rho w_t = \lambda_2 Z a \eta\ n_t^{a\eta-1}$，整理成一个关于生育水平 n_t 的隐函数，则有：

$$\rho w_t \frac{1}{[1-(1-g)\theta-\tau]w_t - n_t \rho w_t} = \frac{\beta}{Zn_t^{a\eta}} Za\eta n_t^{a\eta-1} \qquad (4-11)$$

对方程（4-11）进一步整理得，则家庭决策下，最优的生育水平为：

$$n_t = \frac{\beta a\eta}{1+\beta a\eta} \frac{1-(1-g)\theta-\tau}{\rho} \qquad (4-12)$$

当其他参数一定时，对方程（4-12）求关于公共税赋比例 θ 的导数，有 $\dfrac{\partial n_t}{\partial \theta} = -\dfrac{\beta a\eta}{1+\beta a\eta}\dfrac{1-g}{\rho}$，因为其他参数大于零，则 $\dfrac{\partial n_t}{\partial \theta}<0$，这意味着在其他参数一定时，提高公共税负占比 θ，通常会降低社会生育水平 n_t。上述理论模型蕴含的机制是，社会保障税负增加，意味着用于个人消费、家庭赡养以及生育的总资源就会减少，在单个孩子抚养费用不变下，生育水平可能会呈现下降的态势。

在公共税负和其他参数一定的条件下，对方程（4-12）求关于公共教育支出比例 g 的导数，有 $\dfrac{\partial n_t}{\partial g} = \dfrac{\beta a\eta}{1+\beta a\eta}\dfrac{\theta}{\rho}$，因为其他参数大于零，则 $\dfrac{\partial n_t}{\partial g}>0$，这意味着当公共税负一定时，提高公共教育支出占比 g，通常会提高社会水平 n_t，进而得出如下命题：增加公共教育支出的份额会促进家庭生育。

上述蕴含机制，在公共税负一定的条件下，把政府从劳动人口身上征收的税负，更多地用于孩子的教育支出上，即通过家庭决策模型，减轻了家庭抚养孩子的负担，同时提高了未来孩子的人力资本水平和工资水平，进而提高孩子对劳动人口老年期时候的代际赡养水平，最终通过公共教育支出的增加提高社会或者家庭生育水平。

要想通过增加公共教育支出提高社会或者家庭生育水平，前提是公共教育支出一定要进入家庭的决策模型中，即家庭部门在进行家庭决策中，考虑到公共教育支出对其抚养孩子成本的降低，有两种途径：一是虽然公共教育支出没有直接补贴给家庭，但民众意识到花在自己孩子身上的公共教育支出可降低家庭的抚养成本，提高孩子的未来人力资本水平和工资水平；二是公共教育支出直接或者部分直接补贴给了教育需求方家庭，这样公共教育支出就直接进入到家庭决策中，提高了家庭生育水平。

第三节　数据、变量与计量模型

一、计量模型构建

为回答上述科学问题以及理论推断，我们通过构建计量模型和 2006～2017 年的省级面板数据进行实证检验。采用的基本回归模型形式如下：

$$bir_{i,t}=\beta X_{i,t}+\gamma Z_{i,t}+\varepsilon_{i,t} \tag{4-13}$$

式中，被解释变量 $bir_{i,t}$ 为省份 i 在第 t 年的生育水平；核心解释变量 $X_{i,t}$ 为公共财政教育支出；$Z_{i,t}$ 为其他控制变量，反映其他重要解释变量对生育的潜在影响；$\varepsilon_{i,t}$ 为随机误差项。为寻找公共财政教育支出中哪一部分对生育影响显著，进而给出未来促进生育的政策抓手和着力点，也将对公共财政教育对生育的影响进行异质性分析；考虑到中国经济快速增长过程中呈现出的地区经济不平衡，进一步将面板数据下各省多年平均的人均 GDP 高于全国平均水平的省份定义为经济发达地区，其余省份定义为经济欠发达地区，然后分别进行估计，探讨生育影响结果是否由于经济发展水平的不同而有所差异。

本书采用面板固定效应模型作为基准回归模型。其原因在于不同地区在政策、经济和自然环境等方面存在较大差异，如果这些异质性因素与核心解释变量相关会对估计结果造成偏误，而采用面板固定效应模型通过一阶差分消除异质性因素，在一定程度上能够克服模型的内生性问题。同时，为检验结果稳健性，我们也将报告出随机效应模型的估计结果作参考分析。

二、变量说明与数据来源

在被解释变量方面，为不失一般性，在此选择人口出生率（bir）作为衡量生育水平的指标。在核心解释变量方面，参照杨龙见等（2013）的做法，采用中央和地方财政性教育经费/各省财政总支出、中央财政性教育经费/各省财政总支出以及地方财政性教育经费/各省财政总支出表征公共财政教育投入；为进行异质性分析，还根据学校阶段和财政教育支出补贴对象的不同，选择"幼儿园教育经费/各省财政总支出、小学教育经费/各省财政总支出、中学教育经费/各省财政总支出、高等学校教育经费/各省财政总支出"以及"教师补贴/各省财政总支出、学生补贴/各省财政总支出、教学设施投入/各省财政总支出"分别作为代理核心解释变量。

在控制变量方面，相关文献研究表明，社会保障支出或者社会养老保险会挤占家庭生育水平（Zhang and Zhang，2004）；生育保险以及收入水平对家庭生育存在影响（沈政等，2019）；女性职工受教育年限每增加一年，生育水平下降至少10%（Kamila and Miriam，2013）；总储蓄增加意味着老人在晚年有较强的收入保障，可能减少对子女的经济依赖，进而对生育水平产生负向影响；经济发展状况、物价水平、少儿抚养比和老年抚养比等也是影响生育水平的重要因素。因此，回归模型将纳入以下控制变量：养老保险、生育保险、文化程度、储蓄率、人均产出、物价指数、少儿抚养比和老年抚养比。表4-1列出了本书所有相关变量的名称和具体定义。

表4-1　变量类别、名称与具体定义

变量类型	变量名称	变量定义	观测值	均值	标准差
被解释变量	人口出生率	各省出生人口/各省总人口（‰）	372	11.410	2.725
核心解释变量	教育经费1	中央和地方财政性教育经费/各省财政总支出（%）	372	19.595	3.499
	教育经费2	中央财政性教育经费/各省财政总支出（%）	372	1.351	2.201
	教育经费3	地方财政性教育经费/各省财政总支出（%）	372	18.244	2.730
	幼儿园	幼儿园教育经费/各省财政总支出（%）	372	0.912	0.627
	小学	小学教育经费/各省财政总支出（%）	372	6.855	1.580

变量类型	变量名称	变量定义	观测值	均值	标准差
核心解释变量	中学	中学教育经费/各省财政总支出（%）	372	7.324	1.866
	高等学校	高等学校教育经费/各省财政总支出（%）	372	7.179	4.072
	教师补贴	教师补贴/各省财政总支出（%）	372	12.901	3.087
	学生补贴	学生补贴/各省财政总支出（%）	372	0.949	0.410
	教学设施投入	教学设施投入/各省财政总支出（%）	372	11.079	3.647
控制变量	养老保险	城镇职工养老保险支出/GDP（%）	372	2.967	1.320
	生育保险	上一期生育保险支出/GDP（%）	372	2.775	2.883
	文化程度	女性职工平均受教育年限（年）	372	8.821	1.633
	储蓄率	1-上一期最终消费率（%）	372	49.215	8.469
	人均GDP	上一期GDP/总人口（%）（万元）	372	3.263	2.125
	物价指数	以2001年为基期，累乘法	372	1.270	0.141
	少儿抚养比	上一期0~14岁/15~64岁人口（%）	372	24.026	7.080
	老年抚养比	65岁以上/15~64岁人口（%）	372	12.600	2.561

数据来源：2006~2017年各省统计年鉴。

第四节　实证结果分析

一、基本回归结果

表4-2为公共财政教育支出对生育影响的基本回归结果，从模型拟合情况看，虽然随机效应 R^2 值要高于固定效应，但 Hausman 检验结果显示，检验统计值较大，其中总样本和经济欠发达区域子样本在1%水平上显著，表明个体特征与固定效应强烈相关，采用固定效应模型可缓解内生性从而使估计结

果更加精确。因此，接下来的实证分析将基于固定效应模型展开。

表 4-2 基本回归结果

	（1）	（2）	（3）
教育经费1	0.047		
	(0.039)		
教育经费2		−0.032	
		(0.200)	
教育经费3			0.053
			(0.037)
养老保险	−0.136	−0.147	−0.132
	(0.092)	(0.092)	(0.093)
生育保险	0.082**	0.068	0.080**
	(0.037)	(0.042)	(0.036)
文化程度	0.013	−0.005	0.015
	(0.112)	(0.116)	(0.112)
储蓄率	0.004	0.001	0.004
	(0.020)	(0.019)	(0.020)
人均GDP	0.186	0.189	0.187
	(0.137)	(0.139)	(0.137)
物价指数	−1.664	−1.447	−1.666
	(1.046)	(1.060)	(1.047)
少儿抚养比	0.057*	0.058*	0.057*
	(0.032)	(0.032)	(0.032)
老年抚养比	0.070	0.063	0.065
	(0.044)	(0.044)	(0.044)
常数项	9.585***	10.739***	9.587***
	(2.142)	(2.099)	(2.115)
样本量	372	372	372
拟合优度	0.108	0.101	0.109
Hasuman检验	67.81***	61.27***	66.30***

注：为确保异方差和误差序列相关性得以消除，加入 robust 后，还将标准误群聚（cluster）在省份层面，括号内为稳健标准误。*、**、***表示在10%、5%和1%水平上显著。

回归结果显示，整体公共财政教育支出对社会生育水平的影响是正向的，但是不显著，公共财政教育支出占比每增加1%，出生率上升0.047‰。该经验结果与理论预期大致相同。为什么公共财政教育支出可能会促进家庭生育？

公共财政教育支出本身作为生育补贴分摊了家庭的生育成本，进而提高了家庭的生育水平。为什么公共财政教育支出不是显著地促进了家庭生育呢？在理论模型中，若教育经费支出增加会促进社会生育，其前提是教育经费支出必须作为生育补贴进入家庭的决策模型中，即民众意识到，教育支出切实降低了孩子的抚养成本，提高了孩子未来的人力资本水平，进而提高孩子未来的工资和对自己的赡养水平。但现实中，财政教育经费的支出是大部分补贴给供方，同时对生育影响较为直接的 0~3 岁幼儿阶段或者小学阶段的公共财政教育支出占总财政教育支出较少，故民众没有强烈感觉到公共财政教育对抚养孩子成本的降低作用和对孩子人力资本的提高作用。

社会养老保险对生育的影响是负面的，同样不显著，社会养老占 GDP 比例每增加 1%，出生率下降 0.136‰。随着社会养老保险体系的完善，人们增加了对未来养老不依靠自己的预期，降低了未来对子女养老的依赖，进而降低了当前的生育水平。女性受教育水平、储蓄率、人均 GDP 以及老年抚养比在全国层面对生育水平的影响至少不是显著的负向影响。少儿抚养比对家庭生育产生显著的正向影响，即上一期生育水平越高，则下一期生育水平也越高，这说明生育具有惯性和连续性。

生育保险支出占比增加显著地提高了生育水平，生育保险支出占产出比例每增加万分之一，出生率上升 0.082‰。生育保险是国家通过立法在怀孕和分娩的妇女劳动者暂时中断劳动时，由国家和社会提供医疗服务、生育津贴和产假的一种社会保障制度。生育医疗费用包括生育的检查费、接生费、手术费、住院费和药费，以及由生育引起的疾病治疗费用。生育保险支出的实质是生育补贴，提高生育补贴对生育水平有正向激励作用，更为重要的是这种生育补贴不同于教育补贴，它围绕生育孩子所产生可见的直接生育成本，直接降低了家庭因生育而产生的开销，这种降低作用越强，民众越愿意生育。

二、异质性讨论

考虑到整体上财政教育支出对生育正向影响但并不显著，为寻找财政教育支出哪一部分对生育影响显著，进而给出下一步生育友好社会建设的政策抓手，在此根据财政教育支出的教育阶段以及补贴对象的不同，进行异质性分析。同样从 R² 值结果看，随机效应拟合优度略好于固定效应，但 Hausman 检验值均在 1% 的统计水平上显著，表明存在不可观测异质性的干扰，因此采用固定效应模型会更加合理。

根据财政教育支出教育阶段的不同，从表 4-3 中的分教育经费类型可以看出，其一，对幼儿园的财政教育支出显著地促进了社会生育水平，财政教育支出每增加 1%，出生率上升 0.495‰；对小学的财政教育支出促进社会生育水平但不显著，财政教育支出每增加 1%，出生率上升 0.031‰；初中及以上财政教育支出显著地降低社会生育水平，初中和高等财政教育支出每增加 1%，出生率分别下降 0.181‰和 0.131‰。整体上在教育阶段的早期财政投入越大越会显著地促进社会生育。其二，相比财政教育支出用于补贴给老师和学校公共设施，财政教育支出用于补贴学生的部分更可能会促进社会生育，换句话，财政教育支出如果补贴给需求方，更容易促进社会生育，对学生补贴每增加 1%，出生率将提高 0.052‰。

表 4-3　异质性回归结果

Panel A：分教育经费类型						
	教育阶段				补贴对象	
	（4）	（5）	（6）	（7）	（8）	（9）	（10）
幼儿园	0.495** (0.214)						
小学		0.031 (0.116)					
中学			-0.181* (0.098)				
高等学校				-0.131* (0.077)			
教师补贴					-0.074 (0.056)		
学生补贴						0.052 (0.229)	
教学设施投入							-0.043 (0.043)
样本量	372	372	372	372	372	372	372
Hasuman 检验	64.65***	64.93***	69.43***	47.39***	66.22***	65.55***	59.47***

Panel B：分区域分教育经费类型

	经济发达地区			经济欠发达地区		
	（11）	（12）	（13）	（14）	（15）	（16）
教育经费1	0.068 （0.072）			0.024 （0.034）		
教育经费2		0.310** （0.101）			−0.178 （0.223）	
教育经费3			0.052 （0.080）			0.034 （0.032）
样本量	132	132	132	240	240	240
Hasuman 检验值	23.24***	19.36**	27.06***	39.43***	29.92***	39.30***

注：为确保异方差和误差序列相关性得以消除，加入 robust 后，还将标准误群聚（cluster）在省份层面，括号内为稳健标准误。*、**、***表示在10%、5%和1%水平上显著。

为什么相比更高的教育阶段，表征为幼儿园和小学的初等教育，尤其是幼儿阶段的财政教育投入更容易显著地促进社会生育呢？首先，初等教育是必需品，高等教育是奢侈品，每一个家庭通常会使孩子接受初等教育，尤其是幼儿园或者小学，但并不是每一个家庭的孩子都会上高中或者大学；其次，早期教育阶段与进行生育的时间距离较近，生育主体对早期生育成本的感知更为敏感和强烈，比如，人们不进行生育的时候，多数说，你看上个幼儿园就花很多钱，很少人说，大学多贵，所以我不进行生育。

为什么高等教育投入会显著降低社会生育水平呢？根据理论模型演绎，教育投入只有进入家庭的生育决策模型中，让生育主体感觉到降低了其家庭的生育成本，才真会促进家庭生育，但不是每个家庭孩子都会上大学，高等教育投入更多地补贴了教育的供方，所以没有让大多数民众切实感觉到降低了生育成本；相反，高等教育代表了教育质量，高等教育经费支出增加意味着社会对生育质量的重视力度加大，根据生育的数量—质量替代假说，对孩子质量要求越高，生育水平也将越低。

为什么相比补贴表征为教育供给方的学校基础设施和老师，补贴表征为教育需求方的学生，更容易正面促进社会生育呢？因为根据理论模型演绎，只有国家的教育补贴进入了家庭生育决策的预算方程中，公共财政的教育支出才能通过降低生育成本，进而提高生育水平，即民众意识到，教育支出切实降低了孩子的抚养成本。但现实中，财政教育经费的支出是直接补贴给学校或者教育系统，故民众没有强烈感觉到公共教育对抚养孩子成本的降低作用和对孩子人力资本的提高作用。

从分区域的财政教育支出对社会生育的影响可以看出，其一，无论是在经济发达地区，还是经济欠发达地区，均与整体层面上一致，公共财政教育支出促进社会生育，但不显著，经济发达区域和经济欠发达区域公共财政教育支出每增加1%，出生率分别增加0.068‰和0.024‰。其二，经济发达区域和经济欠发达地区，地方性财政教育支出同样促进社会生育但是不显著；在经济发达区域，中央财政教育支出显著地促进社会生育，中央教育经费支出每增加1%，出生率上升0.310‰；在经济欠发达地区，中央财政教育支出降低社会生育但不显著。为什么在经济发达区域，中央财政教育支出更易促进社会生育呢？在经济发达地区，生育成本较高，生育水平很低，考虑到经济发达地区的民众受教育程度比较高，对教育了解更为深入，同时民众对教育降低生育成本的感知比经济欠发达地区敏感，所以中央教育经费支出的增加更易提升社会生育水平。

第五节　研究结论与政策建议

通过建立一个考虑家庭、政府及生产部门的两期的世代交叠模型，进行理论推理分析后发现，在其他参数不变的条件下，公共教育支出的份额增加，通常会提高社会生育水平。这其中的路径是，公共教育支出的增加会以生育补贴的方式进入家庭行为决策中，意味着生育成本的降低和生育质量的提升，从而提高了家庭和社会的生育水平。

为佐证上述结果，采取中国2006～2017年省级面板数据进行经验研究发现：其一，整体公共财政教育支出对社会生育水平的影响是正向的，但是不显著，公共财政教育支出占比每增加1%，出生率上升0.047‰，该经验结果与理论预期大致相同；其二，在教育的早期阶段财政投入越大，越会显著地促进社会生育，尤其在幼儿园阶段，财政教育支出每增加1%，出生率上升

0.495‰；其三，相比财政教育支出补贴给教育供方的老师和公共设施等，如果财政教育支出用于补贴给教育需方的学生更可能会促进社会生育，对学生补贴每增加1%，出生率提高0.052‰；其四，在经济发达区域，中央财政教育支出显著地促进社会生育，中央教育经费支出每增加1%，出生率上升0.310‰。

本书政策启示在于，财政教育支出促进社会生育的关键是财政教育支出作为生育补贴进入家庭生育决策模型中，让民众切实感觉到财政教育支出降低了生育成本。公共财政教育支出越在教育的早期阶段以及以补贴给教育需求方的方式等，越会显著地促进社会生育，所以应加大幼儿园以及学前的财政教育支出，增强对教育需求方家庭的补贴。

第五章 文化价值观念对生育
的影响：性别平等

第一节 研究背景

近年来，低生育危机成为公众关注的热点话题。学术界普遍认为目前我国总和生育率处于 1.5 以下的可能性极大，甚至有学者预测到 2028 年可能降低到 1.3 个，属于超低生育水平（姜全保，2010）。更为严峻的是，一些调查资料显示，我国城乡居民生育意愿长期维持在 2 个以下且呈现不断下降趋势（王广州和张丽萍，2012；吴帆，2016），这将是陷入极低生育陷阱的强烈信号。此外，自 2013 年"单独二孩""全面二孩"政策相继实施以来，并未出现如政策预期的生育堆积现象（刘章生等，2018）。面对严峻的人口发展趋势，有必要厘清生育意愿的形成机理，特别是二孩生育意愿。这不仅是为了解答我国二孩政策遇冷以及生育意愿反常低于 2 个的民众疑惑，而且理论上二孩生育是人口规模维持在更替水平（Replacement Level，2.1 个）的最低要求（Sobotka and Beaujouan，2014）。因此，从理论与人口实践考虑，关注二孩生育意愿的形成机理对于缓解当下人口困境具有重要意义。

以往围绕家庭生育的理论解释存在两种范式，一是基于经济理性的新家庭经济学（Becker and Lewis，1973），二是关注价值观念变迁的第二次人口转变理论（Lesthaeghe，2010）。尽管两种理论侧重点不同，但均断言社会经济的发展必然导致生育持续下降到危险水平（Myrskylä et al.，2009）。然而，"二战"后虽然大多数工业化国家的生育水平出现长时间下滑，但进入 21 世纪后，部分人类发展指数（HDI）较高的社会呈现出生育回潮（fertility recuperation）的趋势（Myrskylä et al.，2011），而且在发达国家间生育现状存在显著的差异（Brinton，2016），譬如南欧与东欧地区、东亚的日本、韩国依然长期困于极低生育陷阱（Aassve et al.，2012；2016）。这些现象是上述新家庭经济学、人口转变理论所无法应对的（Kan 和 Hertog，2017）。对此，一些学者提出生育研究需要一个新的理论框架，性别平等理论顺势而出（McDonald，2000；Brinton，2016）且逐渐成为解释个体生育水平及其意愿（Goldscheider et al.，2010）、国别间生育趋势及其差异（Baizan et al.，2016）的重要理论基础，受到学者广泛认可（Kato，2018）。在性别平等概念基础上，针对部分发达国家生育趋势先降后升的反转现象，Goldscheider 等（2015）提出具有两阶段特征的性别平等转型理论。该理论认为，处在平等转型第一阶段中，随着经济高速发展与女性就业参与度提高，催生公共领域（教育、就业、政治等）中性别平等意识、行为以及制度的发育，即男女均主外，而家庭内部依然固守传统的性别分工"女主内"，此时家庭组织承受更多的压力，个体难以兼顾职业发展与家庭责任，导致育儿劳动力不足等问题（Purr et al.，2008），这构成了工业化国家经历长期生育下滑的微观基础。一旦性别平等转型进入第二阶段，平等观念逐步由公共领域深入家庭内部，譬如家庭照料上，受家庭内部平等认同观念的驱动，男女均可主内，男性积极参与到家务从而分担女性家务压力，此时家庭组织得以强化（Goldscheider et al.，2010），两性在公共领域和家庭照料上的平等共识均得以达成，从而家庭互惠带动生育回升到更替水平（Neyer et al.，2013）。

上述基于国外样本进行的经验研究大多采用微观个体或者宏观国别间比较的单层视角加以验证。宏观层面上，跨国生育比较研究中多采用社会经济发展中两性差距的客观指标（Mills，2010；Myrskylä et al.，2011），抑或大型调查中公众关于性别平等的主观认同平均得分（Arpino et al.，2015；Brinton，2016；Baizan et al.，2016），以刻画社会整体性别平等程度，发现伴随性别平等共识增强，生育水平大幅下滑，但一旦越过一定阈值，生育会出现回潮现象。因而，社会整体上形成性别平等共识被视作推动生育回潮的重要力量（Goldscheider et al.，2015）。微观个体层面上，采用调查资料中的量表测度个体的性别平等认同，发现其与生意愿间关系因地域而异。譬如，在性别平等占主流的西欧、北欧地区中性别平等态度与生育意愿正相关（Purr et al.，

2008；Miettinen et al.，201□），而在传统型认同的东欧、南欧（Philipov，2008；Westoff and Higgins，2009）以及东亚地区（Yoon，2016；Won，2017；Kan and Hertog，2017；Jang et al.，2017；Kato，2018）却呈现负相关。也就是说，个体层面平等态度与生育意愿间关系可能受到所处地域性别化制度（Gender System）整体基调的调节影响（Miettinen et al.，2011）。因此，有学者指出，若要厘清性别平等与生育之间的关系，在理论上需要融合微观个体、宏观场景因素（McDonald，2013；Philipov et al.，2015）以及跨层交互作用（Baizan et al.，2016），在统计方法上应采用兼顾个体与宏观的多层模型方法（Brinton，2016），以规避跨国比较中政治文化、社会制度不同产生的遗漏变量问题以及潜在的聚合谬误（Aggregation fallacy）可能（Goldscheider et al.，2015）。但是，国外经验研究鲜有结合微观与宏观的多层次分析，特别是宏观环境平等程度对微观层面机理的调节作用（Baizan et al.，2016）。究其原因：一是由于西方发达社会地区间经济发展趋于成熟、同质性较高，因而性别平等的区域差异不够明显（於嘉，2014）；二是多国统一口径的调查资料匮乏，无法满足多层分析方法对高层次样本数的最低要求（Brinton，2016），同时存在不同文化情景因概念理解差异产生的度量不一致问题（Mcdonald，2013）。此外，近些年中国学者基于微观视角探索生育意愿的影响因素，譬如基于全国普查数据的诸多研究（刘章生等，2018；李峰，2017；朱明宝、杨云彦，2017；宋德勇等，2017；靳卫东等，2018）。然而，上述研究鲜有基于性别平等理论解释中国生育转变，同时多数研究立足个体层面因素，在对区域差异及区域与个体间互动方面的研究成果还不多，这可能引致生育支持政策制定中对性别平等维度关注度不够，同时也不能为因地制宜地制定生育政策提供更为精准的着力点。

综上，相比发达国家，我国是发展中大国，社会经济发展在区域间不均衡特征明显、多民族构成也引致各地风俗习惯不尽相同，造成性别平等发育与生育模式在个体、地域间呈现显著的差异（於嘉，2014；李峰，2017）。这为检验性别平等理论以及性别平等影响生育意愿的宏微观逻辑提供了现实可能，也可避免模型回归中潜在的遗漏变量问题，同时考虑到诸如中国综合社会调查（CGSS，Chinese General Social Survey）中微观数据的嵌套特征，这又为采用多层模型方法提供了必要条件（谢宇，2012；杨菊华，2012）。因此，基于当下二孩政策遇冷以及生育意愿长期低于 2 个的典型事实，构建纳入性别平等的理论框架，采用纳入区域差异的多层 Logistic 模型，依据最新公布的 2015 年度 CGSS 调查数据，求证生育转变的性别平等理论在中国是否依然适用，如果适用，进一步验证是否存在宏观环境对微观机理的跨层调节效应，以期回答中国当前的生育状况处在哪个阶段，未来有没有生育回潮的社会基础等科学问题。

第二节　纳入性别平等的理论框架与研究假设

一、个体层面性别平等态度影响生育意愿的机理分析

当前我国社会处在快速工业化和城镇化的转型期，由性别平等转型理论可知，个体性别平等先在诸如就业等公共领域内发育，然后扩散到家庭内部，具有渐进发育特征（Chang，2016），且在转型期内性别平等在家庭内部的发育尤为不足（Mcdonald，2013）。持有传统型的个体多认可"男主外女主内"的固有分工模式，男人挣钱养家女人相夫教子，传宗接代与生养孩子对他们来说是一种性别身份确认，因而具有较高的生育意愿（Purr et al.，2008）。由于性别平等发育的阶段特征，逐步形成平等认同的人认为应该率先打破公共领域中"男主外"的固有模式，两性具有同等权利参与社会经济活动，共担挣钱养家责任，但是家庭内部"女主内"模式因平等发育滞后并未瓦解，此时个体面临家庭照料、育儿劳动力不足等问题，难以兼顾职业发展与家庭责任，从而生育意愿偏低（Goldscheider et al.，2015）。其中，平等型男性即使意识到女性参与公共事务的对等权利，但由于家庭内部平等的意识不足，面对需要牺牲自由而投入更多精力照料家庭，育儿成本感知高于秉持"女主内"认同的传统型男性，因而有较低的生育意愿（Purr et al.，2008）；平等型女性在转型期内，经济独立与自我价值实现的诉求强烈，又需要承担大部分家务育儿劳动，肩负来自事业与家庭的双重压力，往往为实现个人事业成就而牺牲家庭，继而选择晚婚、晚育，甚至不婚、不育（刘章生等，2018）。此外，在"男主外女主内"传统观念瓦解过程中，女性由"内"到"外"角

色快速转变，而男性由"外"到"内"的转变相对缓慢（Miettinen 等，2011），这意味着生育对女性造成的工作家庭冲突更为严重，因此性别平等态度对女性生育意愿的消极影响可能更为明显。据此提出第一命题：

命题 5-1：转型期个体性别平等态度越强，则二孩意愿越低，即平等效应，而且对女性影响更为显著。

二、宏观层面性别平等共识影响生育意愿的机理分析

基于性别平等两阶段理论可知，一个社会整体上两性关系由传统模式到性别平等模式转变过程中，生育水平先大幅下降，一旦平等共识超过一定阈值则生育将逐步回升（Arpino et al.，2015）。依据 Myrskylä 等（2011）的测度，当下我国社会性别平等指数远未达到可促使生育回潮的阈值水平，依然处于性别平等转型的第一阶段，性别平等观念在公共领域中逐步完善，家庭内部却固守传统取向。此时，一个地区的公共领域内平等氛围越强，公共领域与家庭内部的性别平等张力越大，造成个体兼顾工作与家庭责任难度上升，从而生育意愿较低（Briton，2016）。依据性别角色规范理论，日常交往中周围人群的价值观念、行为态度会构成个体越轨态度或行为取向的一种群体压力，通过施加非正式社会惩罚（如诋毁、排斥），来维系与生育相关的群体观念与选择（Fernández and Fogli，2009）。生活在平等氛围较弱的传统型地区的个体因周遭支持生育的群体压力而秉持较高的生育意愿，同时传统型地区往往家庭主义氛围浓厚（Siordi，2016），来自家庭亲缘网络的、围绕育儿的物质与情感支持更为丰富（Mathews and Sear，2013），有利于降低个体的育儿成本感知，从而进一步提高了生育意愿的数量。生活在平等氛围逐渐增强的现代型地区的个体因缺乏来自社会网络的催生压力与育儿支持（Balbo and Mills，2011），有较低的生育意愿数量。此外，与平等效应逻辑一致，在周围平等气氛逐步增强的情况下，女性介入公共领域实现角色转变的速度加快、深度提高，导致所承受的双重压力倍增。据此提出第二个命题：

命题 5-2：转型期个体所处地区性别平等气氛越强，则二孩意愿越低，即背景效应，而且对女性的影响更为突出。

三、跨层调节效应

如前所述，性别平等态度与生育意愿间关系可能还受到个体所处地区性别化制度整体基调平等与否的调节影响（Miettinen et al.，2011），即跨层调节效应（Baizan et al.，2016）。这种跨层调节逻辑表现在：一方面，性别平等共识从公共领域逐渐向家庭内部发育和扩散，公众观念上逐步形成男人干家务并不可耻的认同，从而可以降低平等型男性参与家务而违背固有分工带来的情感成本（Akerlof and Kranton，2000），这种正激励有助于促进家务压力平等分配，从而带动生育二孩意愿的回升（Laat and Sevilla，2011）；另一方面，有平等共识的地区，婚姻市场上同为平等认同的夫妻匹配可能性更高，同型匹配的夫妻观念上收敛更容易就家务公平分配达成一致，从而有利于个体兼顾工作与家庭照料，加速生育意愿及其水平的回升（Feichtinger et al.，2017；Hudde，2018），并可以强化性别平等态度对生育的积极作用（Arpino et al.，2015）。然而，上述逻辑中，家务的公平分配需要男性角色作出转变，投入精力于家庭照料，这种成本感知首先会削弱其生育意愿（Purr et al.，2008），而女性则可从中直接获益得以提高生育的意愿。因此，在当下转型初级阶段中，跨层调节效应更多地见于女性群体。据此提出第三个命题：

命题5-3：转型期内平等气氛可削弱个体层面平等态度对二孩意愿的消极影响，即跨层调节效应。相比男性，对女性群体的调节作用更为显著。

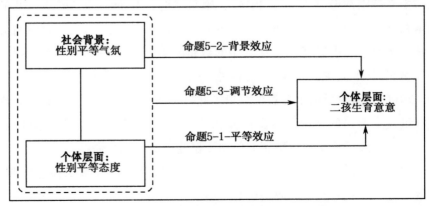

图5-1 基于性别平等的二孩生育意愿理论框架

为佐证如图 5-1 所示的平等效应、背景效应以及跨层调节效应，进而从经验上求证国外性别平等影响生育意愿的理论推断在中国是否依然成立，如果成立，应回答中国当前处在哪个阶段，未来有没有生育回潮的社会基础等科学问题。鉴于性别平等理论宏微观交互逻辑的检验需要具有嵌套结构的生育意愿数据，而中国综合社会调查（CGSS）数据库满足这一特性，考虑到研究问题属性和数据特征，构建纳入区域差异的多层 Logistic 计量模型，并结合数据求证上述理论推断，回答上述科学问题。

第三节　模型、数据结构与描述性统计

一、数据来源说明

本书所使用的数据来源于中国人民大学主持的 2015 年度中国综合社会调查数据库（CGSS）。该调查采用多阶段分层抽样：从包含北京市、上海市、天津市、广州市与深圳市 5 个大城市在内的、共覆盖全国 28 个省/市/自治区中抽取 130 个县（区），作为初级抽样单元；在每个抽中的县区内随机抽取 4 个居（村）委会，每个居（村）委会中再选择 25 个家庭，在每个抽取的家庭中，随机抽取一位 18 周岁及以上的居民进行访问调查，最终共获得 10968 份有效个体问卷。围绕研究主题，经过对数据的筛选与处理，剔除关键变量缺失值，最终甄选出分布于全国 130 个县区的有效个体样本 10053 个，并把其作为实证分析的基准数据。

二、主要变量设置

实证部分采用 CGSS 调查问卷中关于生育意愿的问题：如果没有政策限制的话，您希望有几个孩子，并参考宋德勇等（2017）与刘章生等（2018）处理方法，将生育意愿数量大于等于 2 个的界定为有二孩生育意愿，而将小于 2 个的视作没有二孩生育意愿。基于性别平等理论框架，兼顾宏微观层面，探究生育二孩意愿的形成机理，主要解释变量设定为个体层面上的性别平等态度、地区（县、区）层面的平等气氛大小。

首先，关于个体层面的性别平等态度度量，问卷中询问了所有个体关于以下 4 个问题的认同程度："男人以事业为重，女人以家庭为重""男性能力天生比女性强""干得好不如嫁得好""在经济不景气时应该先解雇女性员工"，每个问项均采用五点量表法，设置为"完全不同意、比较不同意、无所谓同意不同意、比较同意、完全同意"5 个选项可供选择，相应地分别赋值为 1~5，经过正向化处理，数值越大表示越认同两性平等。理论上，上述问项围绕性别传统分工、工作能力比较、女性经济独立与地位依赖诉求等方面，突出强调性别平等这一核心内涵，因而具有理论相关性；同时，统计检验上表明 4 个问项度量上具有较强的统计相关性。基于此，采用主成分分析方法进行降维处理，获得唯一的主成分因子以表征性别平等态度大小，结果如表 5-1 所示。

表 5-1　性别平等态度的主成分分析载重

问项	因子载重
男人以事业为重，女人以家庭为重	0.7637
男性能力天生比女性强	0.7933
干得好不如嫁得好	0.6901
在经济不景气时，应该先解雇女性员工	0.646

注：KMO 检验值为 0.722，可靠性系数为 0.699，表明题项间共同因素较大，适合主成分分析。

其次，个体所处地区社会环境特征：平等气氛程度。如前所述，处理宏观背景变量的方式有两种：一是以客观的社会经济指标刻画两性平等程度，譬如就业、教育等（Baizan et al.，2016；Jang et al.，2017）；二是采用调查量表中当地公众关于性别平等认同的平均得分来表征（Manski，2000；Hudde，2018）。上述两种方法测度的性别平等程度具有互为表里的密切关系，譬如教育、经济发展与性别平等发育息息相关（Takeuchi and Tsutsui，2016）。本书以每个县（区）级单位内所有样本性别平等态度得分均值，表征宏观层面的平等气氛大小，采用第二种方法主要基于以下考虑：其一，由于 CGSS 调查资料的隐私保护，无法获得基于县级层面客观社会经济数据的性别平等指标；其二，考虑到多层模型方法对样本数量有一定要求，检验跨层交互效应则至少需要 100 个群体、每个群体内至少 10 个个体样本（杨菊华，2012）；

其三，CGSS 初级抽样单元县区级单位内被抽取的居（村）委会高度集中，增强了以群体均值表征背景变量的合理性。

最后，还选取包括个体、家庭层面上人口学与社会经济方面的共 11 个变量作为控制变量，譬如性别、年龄及其平方、户口类型、个人与家庭收入等。相关统计性描述如表 5-2 所示。

表 5-2　相关变量定义与描述性统计

变量	样本量	均值	标准差	最小值	最大值	变量含义
二孩意愿	10053	0.816	0.387	0	1	生育意愿数量大于等于 2 时取值为 1，否则为 0
性别平等态度	10053	0	1	-2.563	2.355	个体关于性别平等的态度变量（因子分析）
县级平等气氛	10053	0	0.295	-0.659	0.673	县级单位内所有样本的因子得分均值
性别	10053	0.53	0.499	0	1	女性为 1，男性为 0
年龄	10053	50.81	16.69	19	96	个体年龄大小
受教育年限	10053	8.774	4.719	0	19	按照现行学制计算
户口类型	10053	0.564	0.496	0	1	农业户口为 1，非农业户口为 0
婚姻状态	10053	0.789	0.408	0	1	已婚为 1，其他为 0
党员	10053	0.105	0.307	0	1	中共党员为 1，其他为 0
民族	10053	0.922	0.268	0	1	汉族为 1，其他为 0
宗教信仰	10053	0.119	0.324	0	1	有宗教信仰为 1，其他为 0
健康情况	10053	0.613	0.487	0	1	自评比较健康或很健康为 1，其他为 0
个人收入	10053	33727	208484	0	9999990	个人上一年度收入情况（元）
家庭收入	10053	73987	293671	0	9999992	家庭上一年度收入情况（元）

注：个人收入、家庭收入存在部分缺失值，依据 CGSS 问项中关于自己、家庭所属社会地位评价分类，取所处类别均值插补（李峰，2017）；年龄在下述回归分析中以总样本均值对中化（Centering）处理，个人收入、家庭收入取对数之后进行对冲处理（谢宇，2012）。

三、计量模型构建

基于性别平等的生育二孩意愿的形成机理包含微观个体与其所处地区宏观特征两个层面，同时 GGSS 调查采用多阶段抽样方式，数据结构上具有个体嵌入县区单位的嵌套特征以及同一样本地点中个体间可能存在潜在关联，因而不满足单层回归模型处理中样本数据的独立性假设（杨菊华，2012），倘若采用上述方法进行估计，更易拒绝虚无假设，犯第一类型错误（谢宇，2012）。基于上述理论逻辑与数据结构特征，结合二孩生育意愿的二元属性，在此主要采用多层 Logistic 模型，纳入性别平等的个体间、县级单位间差异，以期更准确地解释个体二孩意愿的形成机理，回答性别平等是否挤占二孩生育意愿等科学问题。

（一）纳入区域差异的多层 Logistic 回归模型

本书采用两层 Logistic 回归模型，层 1 为个体层面，下标 i，表示微观特征；层 2 为选择个体 i 所归属的县（区）级单位，下标 j，表示个体所处的宏观环境。以 π_{ij} 表示 j 县中个体 i 有生育二孩意愿的概率。如此，层 1 与层 2 模型可以分别表示为式（5-1）和式（5-2）：

$$\text{logit}(\pi_{ij}) = \log\left(\frac{\pi_{ij}}{1-\pi_{ij}}\right) = \beta_{0j} + \beta_{1j}GEA_{ij} + \sum_{k=2}^{K}\beta_{kj}X_{kij} \qquad (5-1)$$

式中，GEA_{ij} 表示生活在 j 县内个体 i 的性别平等态度大小，X_{ki} 代表一系列包含个体与家庭社会经济特征的控制变量。β_{0j} 表示随机截距，β_{1j} 表示性别平等态度的影响系数，在县级单位间存在差异，其他控制变量的系数 β_{kj}，在县级单位间不存在差异。

$$\begin{aligned} \beta_{0j} &= \gamma_{00} + \gamma_{01}GEA\_c_j + \mu_{0j} \\ \beta_{1j} &= \gamma_{10} + \gamma_{11}GEA\_c_j + \mu_{1j} \\ \beta_{kj} &= \gamma_{k0} \quad (k=2,\ \cdots,\ K) \end{aligned} \qquad (5-2)$$

这里，层 1 模型中的随机截距 β_{0j} 和随机斜率 β_{1j} 是层 2 模型中宏观环境特征——县级单位的平等气氛大小 GEA_c_j 的函数，GEA_c_j 取值采用每个县级单位内所有样本的性别平等态度得分的均值表征。如此，将层 2 方程代入层 1 方程获得组合模型：

$$\log\left(\frac{\pi_{ij}}{1-\pi_{ij}}\right) = \left(\gamma_{00} + \gamma_{10}GEA_{ij} + \gamma_{01}GEA_{cj} + \gamma_{11}GEA_{ij} \times GEA_{cj} + \sum_{k=2}^{K}\gamma_{k0}X_{kij}\right)$$
$$+ (\mu_{0j} + \mu_{1j}GEA_{ij} + \epsilon_{ij}) \qquad (5-3)$$

式（5-3）右边第一个括号内属于模型固定效应成分，包含截距项 γ_{00}、个体层面解释变量 GEA_{ij} 与控制变量 X_{kij}、县级层面解释变量 GEA_{cj} 以及跨层交互项 $GEA_{ij} \times GEA_{cj}$，γ_{01}、γ_{10}、γ_{11}、γ_{k0} 分别为相应的回归参数；第二个括号内表示该模型随机误差项部分，其中，μ_{0j} 为未被观测到的县级层面的随机变量，为同一县级单位内个体所共享；μ_{1j} 为个体性别平等态度对二孩生育意愿的影响在县级单位间未被解释的差异。其中，$Cov(\mu_{0j}, \mu_{1j}; \epsilon_{ij}) = 0$，$Cov(\mu_{0j}, \mu_{1j}) \neq 0$；$\mu_{0j}$、$\mu_{1j}$、$\epsilon_{ij}$ 呈联合的多元正态分布。

（二）组内相关系数（Intra-class Correlation Coefficient，ICC）

式（5-3）若不纳入任何层 1 与层 2 解释变量，则为空模型（the empty model），是多层分析方法的第一步，经由空模型可以计算组间方差与总方差之比，以检验样本数据采用多层模型的必要性（谢宇，2012），其公式为：

$$ICC = \frac{\tau_{00}}{\tau_{00} + \sigma^2} \qquad (5-4)$$

式中，τ_{00} 为县级单位间的方差；σ^2 为县级单位内的个体方差，其中 Logistic 回归模型中残差方差 σ^2 为 $\pi^2/3 \approx 3.289$。如果 ICC 值较大，说明组间方差显著大于组内方差，表明司一县级单位内个体二孩生育意愿模式具有一定关联，则须采用多层模型。一个经验法则建议 ICC 大于 0.059 适宜采用多层分析方法（谢宇，2012）。

（三）模型拟合优度检验

多层分析方法采用似然比值度量模型整体拟合优度，统计量值越小，拟合效果越好。拟合度公式为：

$$LR = -2 \times (L_1 - L_2) \qquad (5-5)$$

这里，L_1 为复杂模型的对数似然比值，自由度为df_1；L_2 为简单模型的对数似然比值，自由度为 df_2；统计量 *LR* 服从卡方分布，自由度等于两个模型自由度之差。若通过统计检验，则说明复杂模型优于简单模型。此外，本书还辅之 AIC 信息准则去评价模型拟合优度，该值越小则模型越好。

第四节　实证结果分析

正式分析前先关注我国社会性别平等态度与二孩意愿代际间演化过程，将所有样本按年龄划分为 7 组。如图 5-2 所示，随着年龄增长性别平等态度得分不断下降，与此同时，生育二孩的意愿不断增强。这意味着，年长的群组，尤其是 50 岁以后的群组，性别平等态度较弱，但其有较高的二孩生育意愿；相反，年轻的群组，尤其是 50 岁之前的群组，越年轻，性别平等诉求越强烈，但二孩生育意愿也较低。总体上，我国社会性别平等态度在代际间呈现显著差异，年轻的一代平等态度强，年老的一代平等态度相对较弱，这也意味着我国正在从传统的男主外女主内的性别不平等模式向性别平等模式变迁（Arpino et al.，2015），而二孩生育意愿则在代际间不断降低，尤其在年青一代中，这为上述理论提供初步的唯象检验。

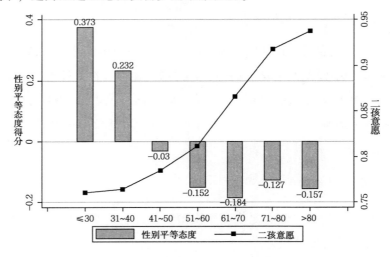

图 5-2　性别平等态度与二孩生育意愿的代际演化趋势

接下来，采用常规单层 Logistic 模型，分不控制与控制县级固定效应以及分性别样本，考察个体层面上性别平等态度与二孩生育意愿的关系；在此基础上，纳入区域差异采用多层 Logistic 模型，进一步求证性别平等态度对二孩生育意愿的影响结果，同时回答理论推断中背景效应以及跨层调节效应是否成立等科学问题。

一、不考虑区域差异的常规单层 Logistic 回归结果

如表 5-3 所示，在不控制县级固定效应（如模型 1 和模型 2）与控制县级固定效应（如模型 3 和模型 4）情况下，性别平等态度与二孩生育意愿呈现显著的负相关，同时在控制住其他一系列变量后，性别平等态度与二孩生育意愿呈现显著负相关这一命题依然成立。依据模型 2 可知，性别平等态度每增加一个单位标准差，生育二孩意愿概率下降 9.53%。上述这一研究发现与以东亚地区为对象的研究发现基本一致（Kato，2018），这也意味着诸如中国等东亚社会远未完成性别平等的转型（Goldscheider et al.，2015）。

表 5-3　不考虑区域差异的常规单层 Logistic 回归结果

变量	总体				分性别样本	
	模型 1	模型 2	模型 3	模型 4	模型 5（男性）	模型 6（女性）
性别平等态度	-0.224*** (0.026)	-0.088*** (0.029)	-0.171*** (0.029)	-0.093*** (0.031)	-0.080* (0.045)	-0.110*** (0.043)
性别（女性为 1）		0.053 (0.056)		0.107* (0.059)	—	—
年龄 1		0.020*** (0.002)		0.029*** (0.002)	0.027*** (0.004)	0.031*** (0.004)
年龄 2		0.001*** (0.000)		0.001*** (0.000)	0.001*** (0.000)	0.001*** (0.000)
受教育年限		-0.031*** (0.008)		-0.006 (0.009)	0.011 (0.014)	-0.012 (0.013)

续表

变量	总体				分性别样本	
	模型 1	模型 2	模型 3	模型 4	模型 5（男性）	模型 6（女性）
农业户口		0.682***（0.062）		0.406***（0.072）	0.473***（0.107）	0.389***（0.103）
已婚		0.352***（0.072）		0.230***（0.078）	0.377***（0.115）	0.116（0.109）
党员		0.144（0.092）		0.058（0.097）	0.034（0.125）	0.076（0.162）
汉族		-0.318***（0.116）		-0.245（0.151）	-0.403*（0.222）	-0.092（0.209）
宗教信仰		0.178**（0.090）		0.021（0.099）	0.031（0.167）	-0.058（0.127）
健康		0.096（0.059）		0.080（0.063）	0.105（0.095）	0.035（0.089）
个人收入		-0.000（0.008）		0.009（0.009）	0.039**（0.016）	-0.007（0.011）
家庭收入		0.033*（0.018）		0.042**（0.019）	0.017（0.029）	0.054**（0.025）
常数项	1.507***（0.026）	1.166***（0.167）	1.055***（0.343）	0.386（0.410）	1.201（0.832）	0.031（0.518）
县哑变量	否	否	是	是	是	是
样本量	10053	10053	10053	10053	4722	5331

注：*、**、***分别表示在10%、5%、1%的水平上显著；括号中为稳健标准误。

其他控制变量中，年龄增长整体上会提高二孩意愿，但表现出明显的非线性特征；受教育程度整体上与二孩生育意愿负相关；已婚具有较高的二孩生育意愿；农村户口类型二孩生育意愿是城镇户口类型的近乎两倍，两性在二孩生育意愿上无明显差别；相对于个体收入，家庭整体年收入水平对二孩生育意愿有积极影响。这些研究发现与已有生育意愿研究的发现相似（李峰，2017；朱明宝和杨云彦，2017；刘章生等，2018）。值得注意的是，教育对二孩生育意愿的影响为负，但显著性不高，以及经济收入情况对二孩生育意愿的影响，都不如性别平等态度的影响显著，这一结果契合刘章生等（2018）一文的发现，教育主要通过改变个体文化认知渠道影响二孩生育意愿而其引致的收入效应则相对不确定。从模型 5 和模型 6 可以看出，分性别回归中性别平等态度对于女性（模型 6）的影响系数绝对值与显著性上均大于对男性（模型 5），这主要因为相比男性，在转型期内性别平等在公共领域和家庭内部的发育引致女性工作和家庭照料上冲突更为强烈。然而，邹检验（Chow Test）表明，两者系数无显著差异。综上，在不考虑区域差异的情况下，命题 5-1 获得初步验证，即在当前的中国个体所秉持的性别平等态度越强则二孩生育意愿越低，且对女性影响更显著。通常不考虑区域差异的常规 Logistic 模型面对具有嵌套特征的数据结构，可能会造成低估标准误，从而更容易拒绝虚无假设，引致上述结论并非可靠，而且也无法验证上述理论推断的背景效应和跨层交互效应，而考虑嵌套结构的多层 Logistic 模型可以规避上述问题和验证背景效应和跨层交互效应。

二、纳入区域差异的多层 Logistic 回归结果

在进行多层 Logistic 回归之前，需要检验采用多层 Logistic 回归是否恰当。如表 5-4 所示，模型 7 为空模型，依据公式（5-4）计算可知，组内相关系数为 0.172，表明因变量变异的 17.2% 是由县级单位间的组间方差造成的，这也进一步说明采用多层模型的必要性。进而在此采用纳入个体与县级单位两个层面的 Logistic 模型来分析性别平等态度对生育二孩意愿的影响和作用机理，结果如表 5-4 所示。引入背景变量，从模型 8 可以看出，县级单位平等气氛程度系数为 -1.016，在 1% 水平上显著；加入个体层面变量，从模型 9 可以看出，平等气氛的系数绝对值变小但依然显著为 -0.654，意味着当平等气氛上升 1 个标准差时，二孩意愿可能性降低 17.5%。由此，命题 5-2 中的背景效应得以验证。此外，从纳入个体层面变量的模型 9 中我们依然可以发现，在考虑区域差异情况下，多层 Logistic 模型的回归结果和不考虑区域差异的常规 Logistic 回归结果是一致的，即当前中国个体所秉持的性别平等态度越强则二孩生育意愿可能性越低，这进一步佐证了命题 5-1。

表 5-4　考虑区域差异的多层 Logistic 回归结果

变量	模型 7	模型 8	模型 9	模型 10
个体层面变量：				
性别平等态度			−0.088***	−0.146***
			(0.030)	(0.032)
性别（女性为1）			0.097*	0.093
			(0.058)	(0.058)
年龄 1			0.027***	0.027***
			(0.002)	(0.002)
年龄 2			0.001***	0.001***
			(0.000)	(0.000)
受教育年限			−0.011	−0.008
			(0.009)	(0.009)
农业户口			0.453***	0.453***
			(0.071)	(0.071)
已婚			0.250***	0.255***
			(0.076)	(0.076)
党员			0.073	0.071
			(0.096)	(0.096)
汉族			−0.261*	−0.233*
			(0.141)	(0.141)
宗教信仰			0.056	0.059
			(0.097)	(0.098)
健康			0.082	0.081
			(0.063)	(0.063)
个人收入			0.007	0.008
			(0.009)	(0.009)
家庭收入			0.041**	0.040**
			(0.018)	(0.018)
县级层面变量及跨层交互项互项：				
县级平等气氛		−1.016***	−0.654***	−0.656***
		(0.245)	(0.247)	(0.254)
个人态度×县级气氛				0.223**
				(0.102)
常数项	1.631***	1.660***	1.300***	1.243***
	(0.079)	(0.075)	(0.202)	(0.203)

续表

变量	模型 7	模型 8	模型 9	模型 10
方差构成部分：				
Var（μ_{0j}）	0.684***	0.587***	0.566***	0.590***
	(0.105)	(0.092)	(0.091)	(0.094)
Var（μ_{1j}）	—	—	—	0.013**
				(0.007)
样本量	10053	10053	10053	10053
县级单位数	130	130	130	130

注：*、**、***分别表示在 10%、5%、1%的水平上显著；括号中为稳健标准误；模型 7、模型 8、模型 9 属于随机截距模型；模型 8 则为同时考虑随机截距与随机斜率模型。

　　进一步，为佐证跨层调节效应在当前中国是否存在这一命题，因为这关乎中国未来是否有生育回潮的现实基础和生育政策的着力点，当然也关乎性别平等理论在当前中国是否适用。为此，考虑到个体层面上性别平等态度与二孩生育意愿间关系可能受到个体所在地域的社会平等气氛影响，模型 10 将性别平等态度系数设定为随机的，从表 5-4 中可以发现，方差构成部分表明这一随机效应为 0.013 显著不等于 0，同时从表 5-5 中发现，模型 10 具有最小的对数似然值与最小的 AIC 值，因而模型具有很好的拟合效果。我们进一步发现，个体态度与县级气氛构成的交互项显著地为正，可见性别平等态度对二孩生育意愿的影响因不同地域而异。

表 5-5　模型拟合优度检验

模型编号	模型设定	ll	χ^2	df	p_value	AIC
模型 7	空模型（方差构成）	-4501.395	—	2		9006.791
模型 8	加入背景变量	-4493.29	16.21***	3	0.000	8992.58
模型 9	加入个体变量	-4312.475	361.63***	16	0.000	8656.949
模型 10	最终模型	-4305.723	13.50***	19	0.004	8649.445

注：*、**、***分别表示在 10%、5%、1%的水平上显著；ll 指的是模型对数似然值（Log-likelihood），在上下相邻两个模型 ll 基础上计算，获得模型拟合优度检验指标 $\chi^2 = -2$（ll 下-ll 上）服从卡方分布，结合自由度 df，可计算出模型间拟合优度显著性 p-value；AIC 为赤池信息量准则，数值越小，模型拟合优度越高。

　　具体而言，如表 5-4 所示，纳入交互项的模型 10 中跨层交互项系数显著且为 0.223，这意味着在平等气氛较为浓厚的地区，性别平等态度与生育二孩意愿间的斜率变得平缓。考虑到样本县（区）平等气氛取值范围为［-0.659，0.673］，而个体层面性别平等态度系数（基线效应）显著为-0.146，则这种调节改善效果处在-0.147～0.150。可见平等气氛越高，基线平等效应越小，当平等气氛足够强的情况下，负相关转变为正相关（-0.146+0.150>0）。因此，文中的命题5-3得以验证：较强的平等气氛可以调节并削弱个体层面性别平等态度对二孩生育意愿的消极影响，平等气氛越强，负效应就越小。

上述发现基本符合性别平等理论预期，当前我国正处于性别平等转型的第一阶段，平等效应成立，意味着个体平等意识在公共领域的发育将继续带动生育意愿的下滑，而背景效应成立，则表明社会整体上远未形成平等共识，因而短期内无法呈现诸如部分发达国家的生育回潮现象（Myrskylä et al.，2011）。但显著为正的跨层调节效应则表明，在当前我国社会中，足够强的平等气氛可以削弱平等态度对生育意愿的消极影响，甚至彻底抵消负效应，因此社会整体气氛的平等共识将有助于平等意识从公共领域向家庭内部发育，引致持有平等认同个体的生育意愿回升。换言之，从性别平等的理论看，性别平等理论同样适合我国情景，虽然当前我国社会处在性别平等理论下生育的第一阶段，但依然存在生育回潮的微观逻辑。

三、异质性和稳健性讨论

考虑到理论逻辑中，宏观环境平等共识有助于男性参与家务，直接地增加了男性照料家庭的成本投入，但可切实分担女性家务压力，从而这种调节效应可能因性别而异。因此，接下来分性别样本去考察跨层调节效应的两性差异。依据角色规范理论，个体从日常交往中与周围人互动中习得相关价值观与行为态度，而这种互动对象遍布整个群体（Fernandez and Fogli，2009），依然以全样本平等态度均值表征个体所处地域平等气氛大小。具体结果如下：

表 5-6　分性别样本以及子群体的多层 Logistic 回归结果

变量	男性		女性		20~59 岁群体	
	模型 11	模型 12	模型 13	模型 14	模型 15	模型 16
个体层面变量：						
性别平等态度	-0.072*	-0.151**	-0.092**	-0.131***	-0.108***	-0.177***
	(0.043)	(0.047)	(0.042)	(0.044)	(0.035)	(0.038)
县级层面变量及跨层交互项：						
县级平等气氛	-0.501*	-0.487*	-0.666**	-0.766***	-0.537**	-0.571**
	(0.276)	(0.279)	(0.261)	(0.265)	(0.259)	(0.272)
个人态度×县级气氛		0.099		0.395**		0.317***
		(0.154)		(0.158)		(0.120)
常数项	0.969***	0.984***	1.571***	1.516***	1.230***	1.180***
	(0.281)	(0.282)	(0.261)	(0.265)	(0.230)	(0.232)
方差构成部分：						
Var (μ_{0j})	0.585***	0.61***	0.496***	0.502***	0.588***	0.665***
	(0.112)	(0.000)	(0.096)	(0.099)	(0.098)	(0.104)
Var (μ_{1j})	—	0.031***	—	0.063**	—	0.023***
		(0.000)		(0.031)		(0.000)
样本量	4722	4722	5331	5331	6655	6655
县级单位数	130	130	130	130	130	130
-2log likelihood	-2084.251	-2080.113	-2267.831	-2260.594	-3201.854	-3194.084
AIC	4198.503	4196.225	4565.662	4557.189	6435.707	6426.168

注：*、**、***分别表示在 5%、1%的水平上显著；括号中为稳健标准误；所有模型均加入上述控制变量，结果基本一致。

在进行多层 Logistic 回归之前，同样检验模型的适用性。经计算表明男性群体组间差异占总方差的比例为 17.1%，女性群体组间差异占比为 16.6%，表明均有必要采用多层分析方法。如表 5-6 所示，从模型 11~14 观察到，上述性别平等对两性二孩生育意愿的影响逻辑依然成立；比较模型 11、模型 13 可知，不同之处在于，平等气氛对女性影响更大且更为显著，因此上述命题 5-2 得以完整证明：转型过程中，相比男性，女性因承受着公共领域中平等发育催生的更大环境压力，因而背景效应更为强烈；进一步比较模型 12、模型 14 可知，男性样本不存在显著的跨层调节效应，而女性样本的跨层交互项显著为正，因此上述命题 5-3 得以完整证明：相比男性，平等气氛可以显著地调节并削弱女性平等态度对二孩生育意愿的不利影响，体现在平等型女性生育意愿回升。为便于直观理解这种跨层调节效应差异，依据模型 12 和模型 14，选择平等气氛指标分别为-0.659（最小值、传统型县）、0（均值、典型县）和 0.673（最大值、现代型县）三类情况下，分性别绘制性别平等态度对二孩生育意愿影响的预测概率曲线，具体如图 5-3 所示。

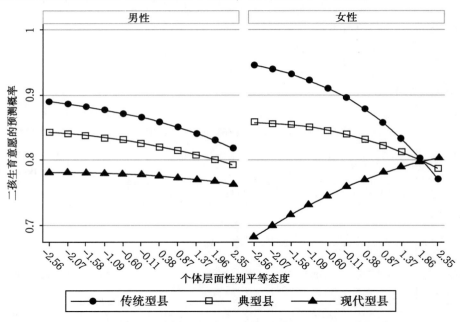

图 5-3　三类平等气氛下性别平等态度对二孩生育意愿的影响

从图 5-3 可以观察到，当县级单位内两性关系氛围由传统不平等转向现代平等的过程中，随着平等气氛的增强，两性群体二孩生育意愿均走低，同时性别平等态度对生育意愿的消极影响也都得到一定程度的缓解，而且对于女性群体来说，周围平等共识的形成，甚至可以扭转性别平等态度对二孩生育意愿的不利影响，在现代型县中两者呈现正相关。这种性别平等态度与生育意愿间关系呈现的地域差异，契合基于欧洲地区的研究发现，在性别平等占主流的北欧、西欧，平等态度与生育意愿正相关（Miettinen et al.，2011），反之，在传统型地区（转型期）负相关（Kato，2018）。进一步分析，发现对于性别平等态度得分大于 1.36 的个体来说，生活在现代平等型地区，其生育二孩的意愿超过生活在传统型、典型县地区的情况下。具体而言，全样本中此类型个体共有 346 个，而边际效应分析又发现当平等气氛取值为 0.382 时，个体性别平等态度的边际效应由负转正。因此，以 0.382 为临界值，将县级单位分为两部分：现代型（>0.382）与传统型（≤0.382），通过均值比较发现生活在现代型地区的平等型个体，共计 180 个，其二孩生育意愿均值为 0.739，标准差为 0.440，而生活在传统型地区的同类个体，共有 166 个，其二孩生育意愿均值为 0.645，标准差为 0.480，前者显著大于后者（t 值为 1.906，p 值为 0.028）。也就是说，当地平等共识有助于平等型个体生育意愿回潮。

进一步佐证结论的稳健性，考虑到以往多数生育意愿研究采用 59 岁以下群体（风笑天和沈晖，2016），并兼顾多层分析方法对样本量的要求（杨菊华，2012），把分析对象局限于年龄在 20~59 岁范围内的子群体做稳健性分析，结果如模型 15、模型 16 所示。与全样本分析结果一致，平等效应、背景效应以及跨层调节效应均成立，不同之处在于，对于较为年轻的群体，影响效应增强。

四、跨层调节效应的影响机制分析

依据命题 5-3 的理论逻辑，性别平等共识逐步由公共领域扩散至家庭内部，将促成家务公平分配共识的达成，从而可以缓解家庭组织关于育儿劳动力不足的问题，提升个体生育二孩的意愿，即如上文证实的跨层调节效应。但是，性别平等共识深入家庭内部之际，男性需要作出快速的角色转变，积极参与家务带来的首先是家务成本感知上升，可能降低其生育二孩意愿，从而使跨层调节效应不显著，相反，女性则从这一转变过程中直接受益，因而将提高其生育二孩意愿，体现为上文证实的跨层调节效应的性别差异。为了检验这一内在逻辑是否成立，将县级单位依据平等气氛中位数区分为两类：

现代型地区与传统型地区，并从以下两方面入手予以探讨。

首先，以全样本为分析对象，采用 CGSS 2015 年问卷中核心模块问项"夫妻应该均等分摊家务"表征在家庭内部个体关于家务公平分配的平等认同程度大小，发现以上述 4 个问项得分均值表征的公共领域性别平等认同程度与家务均摊认同程度在传统型地区呈现负相关（系数为 -0.008），但不显著（p 值为 0.583），表明传统型地区性别平等在公共场域与家庭内部关系并不紧密，未促成家务均摊的平等认同发育；反之，在现代型地区，两者呈现显著的正相关（系数为 0.064，p 值 0.000），尽管相关性系数绝对值较小，但却呈现出性别平等扩散至家庭内部的显著趋势。

其次，在 CGSS 2015 年问卷专题模块中，随机抽查了 1601 位受访者主观报告自己及其配偶的家务劳动情况。在此基础上，剔除未婚单身以及拒绝回答、不知道以及不适用造成数据缺失的，共获得有效样本 1038 个，其中女性样本 551 个，男性样本 487 个。为了考察个体所在地区的性别平等气氛通过作用于家务劳动参与及其公平分配感知，而对两性产生不同的调节效应，接下来分地区、分性别样本，考察性别平等态度对于自己家务劳动时长（一周内参与家务时长）以及夫妻间实际分配公平程度感知的影响。参考 Kan 和 Hertog（2017）处理，以受访者自己一周内参与家务时长与配偶家务时长的差值表征家务公平分配程度，数值越大表明自己承担更大的家务份额。考虑到家庭内部相对收入对于家务劳动的重要影响，且可能存在非线性特征（程超和温兴祥，2018），控制变量中加入以妻子年收入与丈夫年收入的比值表征的相对收入变量及其平方项，并去除婚姻变量，获得以下结果，如图 5-7 所示。

表 5-7　分地区、分性别家务劳动时间及家务公平分配感知的影响因素分析

	女性家务劳动时间		女性家务公平分配感知	
	现代型地区	传统型地区	现代型地区	传统型地区
	模型 17	模型 18	模型 19	模型 20
性别平等态度	-0.136*	-0.042	-0.170**	-0.105
	(0.072)	(0.079)	(0.080)	(0.087)
相对收入	-0.043	-1.066**	-0.084	-0.715
	(0.439)	(0.500)	(0.489)	(0.548)

续表

	女性家务劳动时间		女性家务公平分配感知	
	现代型地区	传统型地区	现代型地区	传统型地区
	模型 17	模型 18	模型 19	模型 20
相对收入^2	−0.003 （0.035）	0.093** （0.046）	−0.002 （0.039）	0.079 （0.050）
样本量	245	306	245	306
F 值	4.20	2.36	2.16	2.02
Prob>F	0.000	0.006	0.014	0.022
R^2	0.178	0.088	0.054	0.076
	男性家务劳动时间		男性家务公平分配感知	
	现代型地区	传统型地区	现代型地区	传统型地区
	模型 21	模型 22	模型 23	模型 24
性别平等态度	0.078* （0.045）	0.084 （0.073）	0.140* （0.083）	0.113 （0.107）
相对收入	0.135 （0.267）	0.957 （0.963）	0.658 （0.493）	3.954*** （1.418）
相对收入^2	−0.007 （0.018）	−0.291 （0.547）	−0.034 （0.033）	−1.741** （0.805）
样本量	259	228	259	228
F 值	1.74	1.62	0.83	1.44
Prob>F	0.058	0.087	0.624	0.148
R^2	0.078	0.083	0.038	0.075

注：*、**、***分别表示在5%、1%的水平上显著；模型均加入控制变量，且不考虑相对收入平方项回归结果基本一致。

比较模型 17、模型 19 与模型 18、模型 20 可知，在现代型地区（平等气氛浓厚），性别平等态度越强，不仅女性参与家务时间越短，而且感知夫妻间家务分配越公平，承担更小的家务压力。相反，在传统型地区，女性参与家务时间更多地受到相对收入的影响，体现在相比丈夫收入越高，则议价能力越强，参与家务越少，但相对收入平方项显著意味着随着收入提高，女性参与家务时间先降低后上升，呈现显著的"性别体现"（gender display）[①] 现象（於嘉，2014），而这种现象背后的重要逻辑在于性别角色传统观念或气氛驱使高收入女性积极参与家务以满足性别角色规范或周围环境的社会期待（卿石松，2019）。如此，在现代型地区，平等气氛足够浓厚，性别平等态度可以促进家务在夫妻间公平分配，缓解女性家务压力，从而有助于二孩生育意愿回升，这可能是女性群体呈现显著跨层调节效应的深层次原因。对于男性来说，比较模型 21、模型 23 与模型 22、模型 24 可知，在现代型地区，男性性别平等态度越强，则参与家务时间越长，而且感知家务实际分配在夫妻间差异越大，相比传统型认同的男性，家务成本感知更高。相反，在传统型地区这一关系不显著，且如模型 22、模型 24 显示，传统型地区中妻子收入越高则丈夫自己参与家务时间越长（但不显著，且存在非线性特征），而且家务公平分配感知呈现显著的先上升后下降趋势，这与模型 18 显示的传统型地区中女性家务时间"性别体现"现象事实相吻合。可见，在现代型地区，男性受平等认同而积极参与家务，首先提高了男性的家务成本感知，可能降低其生育二孩的意愿，从而未呈现出显著的跨层调节效应。综上可知，符合前述命题 5-3 理论逻辑，在现代平等型地区与传统型地区中，受性别平等态度的驱动，两性呈现出不同的家务参与模式调整以及家务成本感知，从而造成跨层调节效应的性别差异。

第五节　进一步讨论：家务公平分配对生育意愿的影响

考虑到性别平等分为两个维度：公共领域与家庭内部，前者指的是教育、就业等公共活动中的两性差距，后者指的是家庭内部的两性关系，譬如家务、育儿等责任在夫妻间的分配公平与否及其认同程度。限于 CGSS 资料限制与变量测度稳健性要求，上述研究中利用 4 个与公共活动相关的问项衡量公共领域内性别平等。那么，家庭内部两性关系认同是否也会影响生育意愿？对此，CGSS 2015 年调查资料中设置了一个关于家庭内部性别平等态度的度量问项：

[①] 性别体现现象指的是，当妻子收入超过丈夫时，她们将会比收入低于丈夫的妻子做更多的家务来弥补这一性别角色的偏差（於嘉，2014），这一现象广泛存在于性别观念上传统保守的地区（Laat 和 Sevilla-Sanz，2014）。

"您是否同意家务劳动夫妻应该均摊"。在不考虑变量测度稳健性要求的情况下，以此问项度量家庭内部平等认同，即家务平等态度，以考察其对二孩意愿的影响。具体结果如表5-8所示。

表5-8　家务劳动平等均摊认同对二孩意愿的影响

变量	总体		女性		男性	
	模型25	模型26	模型27	模型28	模型29	模型30
家务平等态度	0.056	0.056	-0.141***	-0.072*	0.056	0.060
	(0.037)	(0.038)	(0.040)	(0.04)	(0.037)	(0.038)
性别（女性为1）	0.822***	0.562***	—	—		
	(0.216)	(0.218)				
女性×态度	-0.197***	-0.137**	—	—	—	—
	(0.055)	(0.055)				
年龄		0.021***		0.021***		0.020***
		(0.002)		(0.003)		(0.003)
年龄²		0.001***		0.001***		0.001***
		(0.000)		(0.000)		(0.000)
受教育年限		-0.035***		-0.052***		-0.009
		(0.008)		(0.011)		(0.012)
农业户口		0.697***		0.640***		0.750***
		(0.062)		(0.090)		(0.086)
已婚		0.353***		0.253**		0.460***
		(0.072)		(0.103)		(0.107)
党员		0.136		0.109		0.119
		(0.092)		(0.154)		(0.116)
汉族		-0.317***		-0.379**		-0.254
		(0.116)		(0.162)		(0.166)
宗教信仰		0.183**		0.053		0.339**
		(0.090)		(0.114)		(0.150)
健康		0.094		0.062		0.124
		(0.059)		(0.082)		(0.087)
个人收入		-0.001		-0.015		0.030**
		(0.008)		(0.010)		(0.014)
家庭收入		0.034*		0.050*		-0.000
		(0.018)		(0.026)		(0.027)
常数项	1.252***	0.994***	2.075***	1.891***	1.252***	0.472*
	(0.140)	(0.217)	(0.165)	(0.275)	(0.140)	(0.278)

变量	总体		女性		男性	
	模型 25	模型 26	模型 27	模型 28	模型 29	模型 30
县哑变量	否	否	否	否	否	否
样本量	10053	10053	5331	5331	4722	4722

注：*、**、***分别表示在 10%、5%、1%的水平上显著；括号中为稳健标准误。

由上表模型 25 和模型 26 可知，总体分析表明，家务平等态度对二孩意愿没有显著影响，相比男性女性有较高的二孩意愿，而性别与家务平等态度的交互项显著为负，意味着女性家务劳动平等认同对二孩意愿有显著的负效应，其他控制变量与前文分析结果基本相同。进一步，分性别考察，由模型 27、模型 28 发现女性的家务平等态度确实对二孩意愿有负效应，而模型 29、模型 30 表明这一平等效应在男性群体中不成立。

因此，当前社会中，家务劳动平等认同对女性二孩意愿有显著的负效应，而对男性几乎影响，甚至系数为正。这说明两点，一是当前我国男性还没有对家务平等分配有充足认识，参与家务均摊积极性不高，当男性有足够的家务平等意识，则可能促进其二孩意愿（Puur et al.，2008；Laat and Sevilla Sanz，2011）。二是女性家务平等意识显著地降低其二孩意愿，这与正文中公共场域平等认识的消极效应也是女性大于男性是一致的，这不仅说明相比男性而言女性平等意识更强烈，而且由于生育机会成本主要落在女性或妻子肩上，使其难以兼顾职场发展与母亲角色，承受着双重压力。同时，也意味着自主、独立意识以及对职业发展的重视，导致意识到家务应该平等分配的女性，在现实中并没有实现均摊的情况下，更不愿意生育二孩，因为二孩生育将显著增加女性的责任负担（Goldscheider et al.，2010）。

第六节　研究结论与政策建议

一、研究结论

为求证性别平等理论对生育的解释框架在中国是否依然成立，如果成立，是否呈现宏观环境对微观机理的跨层调节效应，以期回答中国当前处在哪个阶段，当前和未来有无生育回潮的社会基础等科学问题。本书选取 2015 年中国社会综合调查数据（CGSS），采用纳入个体与其所在地域（县区）的两层 Logistic 模型，对当前的中国样本进行经验研究发现：一是个体层面上性别平等态度越强，则二孩生育意愿越低，支持平等效应的存在，这一效应在控制社会经济变量以及考虑区域差异的情况下依然成立，而且对女性的影响更强。二是宏观层面上个体所处社会环境的平等气氛越高，则生活其中的个体生育二孩的意愿越低，即背景效应成立，而且女性群体的背景效应尤为突出。三是在微观与宏观联系上，个体所秉持的性别平等态度与所处社会环境平等气氛间跨层交互作用显著为正，表明跨层调节效应成立，而且跨层调节效应当前阶段主要作用于女性群体，女性所处宏观环境具有较强的平等气氛可以显著地调节并削弱其平等态度对二孩意愿的消极影响，甚至完全抵消平等效应的副作用。并且，进一步分析表明，这种跨层调节效应及其性别差异，与性别平等深入家庭内部造成家务分配模式调整与压力感知的性别差异有关。此外，家务公平分配认同越强，女性生育意愿越低，而男性生育意愿与其家务平等分配认同无显著联系。

综上，平等效应与背景效应成立意味着，性别平等理论在中国是合适的，我国当前依然处在性别平等转型的第一阶段，随着性别平等意识在公共领域的不断发育，我国社会生育水平将会持续下滑一段时间，这可能是自 2013 年以来"单独二孩""全面二孩"政策相继出台后并未出现生育堆积现象的深层次原因。但是，跨层调节效应显著为正，意味着随着性别平等认知从公共领域向家庭内部的渗透，逐步形成家庭内外两性平等的共识气氛，可以有效地抑制个体生育意愿因平等意识发育而不断下降的趋势，甚至于足够强的平等共识可以促使平等型个体生育二孩的意愿上升，从而抵消平等效应、背景效应，将群体规模维持在更替水平，实现人口可持续发展，这正是当下和未来我国存在生育回潮的微观逻辑所在。

二、政策建议

上述结论，依据性别平等转型框架，研判我国生育现状处于转型的第一阶段，并且证实存在生育回潮的微观逻辑，与家务模式调整与公平分配感知密切相关。如此，为政策制定与优化提供了具体而有效的着力点。本研究的政策启示在于：①在制度保障上，考虑到当前家庭内部性别平等发育的滞后，围绕教育、就业与福利安排上，应加紧出台保障女性平等权益的政策机制，采取北欧式财政支持的公共托育儿机构，或者英美式市场化手段促进社会托育儿组织的有效供给，从而使女性得以兼顾职业发展与家庭育儿的需要；②在公众观念上，通过教育宣传促使两性平等在公共领域与家庭内部形成同向的共识，从而推动夫妻平摊家务压力，家庭组织得以强化，使两性互惠地克服育儿劳动力不足问题。如此，在制度保障与观念共识的共同作用下，使个体有能力兼顾职业发展与家庭责任，继而带动生育意愿与实际水平回升，完成性别平等理论下生育从第一阶段向第二阶段的转变。需要注意的是，制度保障与公众观念应双管齐下，而不能非此即彼。因为在社会整体观念不平等情况下，一系列意在促进生育的教育、经济、就业政策安排并不能有效地发挥作用（Baizan et al.，2016），譬如长期困于低生育陷阱的日本、韩国等东亚社会，即使在就业等方面"照搬"西方发达国家的财政津贴与法律规定，但相对稳定的父权制伦理观念，依然是实现公共领域与家庭内部两性平等协调发展的文化障碍，成为抑制生育的重要因素（Frejka et al.，2010）。因此，生育政策应关注性别平等维度，特别是在家庭内部的性别平等导向，否则激励效果会大打折扣。对此，结合实证研究结果，可以形成以下具体的政策思路。

（一）夯实家庭内外性别平等的制度保障与观念共识

上述研究表明，性别平等转型乃是推动生育回潮的重要力量。如此，为实现鼓励生育的目的，生育政策应该关注以下两方面：

（1）应夯实性别平等的制度保障，考虑到当前家庭内部性别平等发育的滞后，围绕教育、就业与福利安排上，应加紧出台保障女性平等权益的政策机制，采取北欧式财政支持的公共托育儿机构，或者英美式市场化手段促进社会托育儿组织的有效供给，从而使女性得以兼顾职业发展与家庭育儿的需要。

（2）应强化公众观念上的性别平等意识，通过教育宣传促使两性平等在公共领域与家庭内部形成同向的共识，从而推动夫妻平摊家务压力，家庭组织得以强化，使两性互惠地克服育儿劳动力不足问题。

如此，在制度保障与观念共识的共同作用下，解决"生小"之忧与"养小"之累，带动生育意愿与实际水平回升，完成性别平等理论下生育从第一阶段向第二阶段的转变。需要注意的是，制度保障与公众观念应双管齐下，而不能非此即彼，因为在社会整体观念不平等情况下，一系列意在促进生育的教育、经济、就业政策安排并不能有效地发挥作用，譬如日本长期以来注重财政津贴、经济激励而轻视平等观念培育的天使计划、新天使计划，对扭转人口负增长效果相当有限。

（二）强化性别平等的政策应因地制宜

鉴于生育回潮逻辑与家务调整模式密切相关，而家务模式调整的推动因素在传统型与现代型地区显著不同，因此不同地域的政策焦点应适合当地所处转型阶段，避免"一刀切"。从表5-7可知，现代型地区性别平等态度是重要推动力，而相对收入结构并不重要；相反，传统型地区家务分配与性别平等无显著关系，却与相对收入因素显著相关。因此，为促进家务压力分摊，在现代型地区应注重性别平等的观念性因素培育，而在传统型地区应关注两性收入差距的缩小，同时需关注"性别体现"对缓解高收入女性家务压力的不利影响，从而提高其生育意愿。

（三）生育支持政策应注重父母的共同参与

重视性别平等转型过程中角色转变给两性带来了关于家务育儿成本感知差异。由图5-3可知，所处地域宏观平等气氛并没有显著改善平等型男性的生育意愿，进一步由表5-7可知，原因在于平等转型过程中，男性由"外"到"内"的角色转变，导致其所承担的或感知的家务育儿成本更高，从而削弱其生育意愿，而女性则可直接从男性角色转变中获益。基于此，考虑到生育意愿转化为实际行为，最终需要夫妻共同决策缺一不可，因而政策应关注降低男性角色转变导致成本感知上升，从而使两性在转型过程中都能受益而非"厚此薄彼"，有利于塑造和谐的两性关系与提高婚姻质量，带动生育水平回升。譬如，带薪（陪）产假、育儿假制度应注重丈夫与妻子的共同参与和受益，或者完善家务外包市场，夫妻可通过市场购买，降低关于育儿的家务劳动总量。

综上，基于实证结论的政策思考，旨在强调生育决策中经济考量与观念因素，生育政策不仅应落实经济激励与优待措施，从而切实降低生养孩子的直接成本，而且也应聚焦性别平等导向，促成两性平等在公共领域与家庭内部协调发展，推动社会整体进入性别平等转型的第二阶段乃至完成转型，从而促进生育回潮。如此，方可避免日本式生育政策失效的"前车之鉴"。

第二部分

生育支持性政策研究

　　人类历史进入 20 世纪下半叶之际，大多数工业化国家都经历了短暂的"婴儿潮"（Baby Boom），尤其是东亚地区平均每个家庭生育 5~7 个孩子，可谓是"人口爆炸"现象。受"马尔萨斯陷阱"理念影响，各国政府普遍担忧人口过剩与人口质量问题，部分发达国家相继推行以控制人口过快增长为导向的生育政策。然而，进入 70 年代以后，随着工业化进程加深，发达国家总和生育率（Total Fertility Rate）① 大幅下滑并相继跌破更替水平线（Replacement Level），甚至一些国家生育率在 80 年代跌破低生育陷阱（Low-fertility Trap）线之下。如此，低生育问题快速成为发达国家普遍关注的议题。在此情况下，发达国家相继实施一系列生育支持政策，以鼓励民众多生多育，应对低生育率与老龄化问题。因此，整理归纳发达国家间生育模式差异及其对应的生育支持政策体系与工具，以及政策如何影响生育决策以及效果大小，对于建构契合我国发展阶段与社会文化特征的生育支持政策框架有重要借鉴意义。为此，本书第二部分共分为以下五个章节：

　　第六章，选择 20 世纪 60 年代至今欧美发达国家的总和生育率数据，从生育趋势与现状角度，分析发达国家间呈现的不同生育模式，在此基础上介绍各国应对低生育问题而建构的一系列生育支持政策体系，比较政策间逻辑与工具差异以划分不同政策类型，形成生育政策与生育走势间的宏观认识，最终获得有益于鼓励生育的政策导向是保障女性就业权益与强化性别平等，并利用宏观统计资料实证检验。

　　第七章，东亚的日本、韩国与新加坡②在文化传统上与我国同属于儒家文化圈，有相同的社会文化心态与性别刻板印象，也都曾经历长时期的计划生育调控，如今同样面临着低生育率困境。本书将东亚三个发达国家的生育趋势与现状、生育政策梳理放在第七章中独立成章，并在分析当前东亚地区极

---

① 总和生育率的定义是，在不考虑移民的情况下，平均每位女性在育龄期（15~49 岁）所生的孩子数量。人口学中有几个临界值，总和生育率为 2.1 是更替水平线，意味着人口规模可以稳定发展，多余 0.1 是补偿人群中可能的婴儿死亡或者不孕不育；生育率为 1.5 则是低生育陷阱线，表明人口规模不可持续，需要政策介入刺激生育；生育率为 1.3 则是极低生育水平（Ultral-low level），表明人口规模将出现大幅度坍缩，出现人口危机，一国人口数量在 45 年后将下降一半。

② 虽然地理位置上新加坡属于东南亚，但考虑到华人构成比例较大且文化传统上属于儒家文化圈内，也是最早关注低生育问题的发达国家之一，因此在本书中将新加坡纳入东亚地区分析。

低生育水平现实与政策难以发挥鼓励生育效果基础上，结合数据分析指出，东亚地区鼓励生育所需面临两个特有文化"障碍"：教育狂热（education fever）现象和社会文化心态上的性别不平等（Gender Inequality）。

第八章，过去几十年低生育危机成为各主要工业化国家的普遍议题，并且国家间生育模式存在显著差异，因而涌现出一批学者聚焦于生育支持政策的效果评估研究。对此，第八章从宏观与微观两个层面，述评已有的关于生育政策与生育率间关系，以及政策鼓励生育效果大小的研究，以期厘清有效鼓励多生多育的政策逻辑与工具，为我国生育政策的制定提供思路借鉴。

第九章，由于当下我国总和生育率已经接近低生育陷阱线，而且二孩政策放松以来，实际二孩生育申请远未达到政策预期，城乡居民生育二孩的意愿并不积极，这意味着我国未来人口发展趋势不容乐观。对此，结合发达国家生育政策的有益经验，在横向比较的基础上，从多个政策维度出发，提出关于调整与优化我国生育支持政策的方向建议和具体措施，譬如现金支持、与生育相关的假期政策、儿童保育设施与服务供给、公众理念宣传以及政府、企业与家庭的育儿角色作用。

第十章，作为总结，再次就我国生育支持政策定位与目标进行整合讨论。

第六章　欧美发达国家的生育模式与支持性政策

第一节　欧美发达国家的生育模式比较

由于在工业化进程中，欧美各主要发达国家最早出现"生育危机"，低生育率引发的一系列的社会问题引起各国政府关注，特别是福利保障型国家，譬如北欧诸国，低生育率将削弱经济增长活力以及财政收入税基，使高福利难以为继。同时，囿于低生育陷阱，发达国家最早关注到生育支持政策与项目设计，自20世纪80年代、90年代纷纷推出一系列意在鼓励多生多育的家庭政策体系，政策侧重点不同而效果也喜忧参半。自20世纪90年代以来，部分发达国家生育出现回暖趋势，接近并稳定在更替水平上下；部分国家则长期陷入低生育陷阱，严重影响可持续发展。

鉴于此，本章选择包括瑞典、挪威、法国、德国、意大利、西班牙、英国、美国8个具有地区代表性的发达国家作为分析对象，就各国历史上人口生育趋势进行阐述与归纳。在此基础上，梳理当前各国关于生育支持的家庭政策经验，在跨国政策比较的基础上提炼出各国政策思路重点与工具方法，以期厘清何种政策类型与工具特征可以有效地鼓励多生多育，从而为我国人口政策实践提供有益的借鉴。

根据2019年最新发布的《联合国世界发展指数报告》，将8个代表性欧美发达国家在1960~2017年总和生育率变化趋势绘制如图6-1所示。从生育变化趋势上可以看出，自"二战"结束后，欧美发达国家经历20世纪60年代的"婴儿潮"后，随着工业化与现代化进程，总和生育率大幅下降，大致在70年代中后期大多数发达国家的生育水平，已经低于维持人口规模稳定的

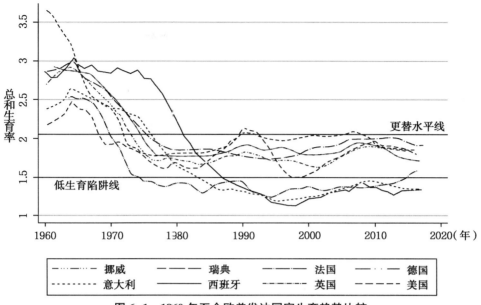

图 6-1　1960 年至今欧美发达国家生育趋势比较

资料来源：《联合国世界发展指数》（World Development Indicators）（2018）。

最低要求——更替水平线（2.1 个）。换言之，平均每对夫妇生育孩子数量少于 2 个，由此代际间人口规模将不断下降，尤其是在医疗卫生水平不断改善的情况下，人均预期生命大幅提高，年轻人群占比不断下降，预示着人口结构"倒金字塔"模式越发明显。也正是在此时，以北欧国家为代表的福利型发达国家，开始重视低生育导致的长期福利负担的问题，出台一系列意在鼓励多生多育的家庭政策。

进入 20 世纪 80 年代后，发达国家间生育趋势出现明显的分化趋势。一类是以北欧、英美系国家为代表，尽管总和生育率处于波动状态，但始终没有下降至低生育陷阱线。这里，低生育陷阱是一个人口学概念，学术界普遍认为当总和生育率下降至 1.5 及以下，平均一对育龄夫妇生育 1.5 个孩子，需要出台生育支持政策予以干预，否则一国人口生育可能陷入"恶性循环"，人口规模将不断萎缩。另一类国家，主要以南欧、东欧以及德语系地区为代表，自 20 世纪 80 年代后总和生育率保持下滑的态势，最终降低至低生育陷阱线以下。譬如，意大利 2017 年总和生育率为 1.34，属于极低生育水平，而且人口自然增长率为-0.12%，整体上处于人口负增长状态。

从图 6-1 可以看出，大致自 20 世纪 90 年代至 2010 年阶段，部分发达国家出现明显的生育回潮趋势，稳定在接近更替水平线。譬如，瑞典最低生育率从 1.5 回升至 1.9，挪威从 1.7 上升至 2.0，英国从 1.5 回升至 1.9，美国则从 1.7 上升至 2.1，达到更替水平线。一部分以南欧、东欧以及德语系地区为代表，总和生育率始终维持在低生育陷阱线之下，其中意大利、德国这一期间最低生育率均为 1.2，到 2010 年仅增加至 1.4，西班牙则从 1.1 升至 1.3。特别是，若采用世代生育率比较，意大利 1950 年生的女性群体平均生育 1.9 个，而出生于 1979 年的女性群体平均生育 1.5 个，德国两类女性群体则分别为 1.7 个和 1.6 个，西班牙两类女性群体则分别生育 2.2 和 1.4 个孩子，然而上述北欧与英美国家两类女性群体的世代生育率基本持平（Myrskylä et al.，2013）。总而言之，发达国家间生育演化存在两类明显不同的趋势，一类生育回潮稳定在更替水平上下，另一类则长期陷入低生育陷阱，无法摆脱人口困境[①]。

此外，2010 年以后上述发达国家的生育趋势有两点需要说明。一方面，出现生育回潮的国家总和生育率出现一定幅度的下降，但大多稳定在 1.7 ~ 2.0 的安全水平，这可能源于 2008 年金融危机导致的全球经济衰退，使面临家庭收入预算线收缩的个体选择推迟生育；另一方面，值得注意的是，在陷入低生育陷阱的意大利、西班牙以及德国中，德国总和生育率在 2016 年、2017 年分别为 1.59、1.57，重新回到低生育陷阱线之上，而其他两国总和生育率依然徘徊在 1.3 左右。这可能是得益于德国自 2007 年展开的生育支持政策系统性改革，由原来扶持低收入、有需要家庭的导向，转变为以降低各阶层群体生育机会成本为主，从而极大地调动不同人群多生多育的积极性，带来整体上总和生育率的提高。综上所述，通过研判发达国家的生育历史趋势与现状，可以将其归纳概括为以下主要特征：

---

① 需要说明的是，若纳入长期处于极低生育水平的日本、韩国、新加坡等东亚地区，则两类模式差异更为突出，将在第七章详细分析。

一、生育回潮与生育低迷模式并存

自 20 世纪 90 年代开始，整体上看发达国家生育水平基本上维持在更替水平之下，但若以低生育陷阱线为标准，则生育演化趋势又明显分为两类。一类以北欧、英美国家以及法国为代表，在总和生育率降至更替水平线下之后，虽然生育率继续下探，但并未触及低生育陷阱线。此类国家生育低点处于 1.6~1.7，此后则呈现出显著的回潮趋势，并稳定在接近更替水平。以南欧、东欧、德语区国家以及东亚地区，在生育率跌破更替水平线后，持续下滑并最终降至低生育陷阱线，此后生育率一直维持在低位。其中，南欧地区、韩国、日本以及新加坡总和生育率更是下降至 1.3 以下，属于世界范围内极低生育水平。正如 Myrskylä 等（2009）发表在自然杂志（*Nature*）上的文章所指出的，人类发展指数（Human Development Index）[①] 超过一定阈值的国家（HDI 窗口值为 0.86~0.9），才会呈现生育回潮现象。换言之，即使依据人均国民生产总值（GDP）划分归属于发达国家，但若人类发展指数上较弱，则生育水平依然处于低位徘徊。鉴于此，依据 Myrskylä 团队的划分标准，将发达国家划分为两类：曾出现生育回潮的国家与未曾出现生育回潮的国家，并依据新公布的 2019 年《世界人口展望报告》与 2018 年《全球性别差距报告》分别择取相关国家当前总和生育率水平及其世界排名、女性生育平均年龄等指标，具体数据如表 6-1 所示。

表 6-1　2019 年世界主要发达国家的生育率与女性生育平均年龄情况

曾出现生育回潮的国家			未曾出现生育回潮国家			
国家	生育率	排名	生育年龄	国家	生育率	排名	生育年龄
法国	1.852	135	30	德国	1.586	168	31
瑞典	1.851	136	31	意大利	1.33	189	32
澳大利亚	1.832	139	31	日本	1.37	187	31
美国	1.78	142	30	西班牙	1.33	190	32

[①]　人类发展指数由联合国计划开发署研制并每年发布一次，用于衡量国家间人类发展水平，弥补以往纯粹依据 GDP 或 GNP 标准方法，可能忽视人类发展中的不同维度，譬如人均寿命、知识水平以及健康医疗与福利保障方面。

曾出现生育回潮的国家			未曾出现生育回潮国家			
国家	生育率	排名	生育年龄	国家	生育率	排名	生育年龄
英国	1.75	150	30	希腊	1.302	192	31
比利时	1.715	154	31	葡萄牙	1.288	193	31
挪威	1.68	157	31	新加坡	1.209	197	31
荷兰	1.66	159	31	韩国	1.11	200	32

注：生育年龄为女性首次生育的平均年龄，以表征晚育程度。

由表6-1可知，进入21世纪至2010年具有两类不同生育演化趋势的国家，即使在2008年金融危机引致全球性经济衰退以及就业不安全上升的背景下，当前生育水平依然存在明显的差异。整体上看，左边曾出现生育回潮现象的国家，当前总和生育率处在1.7~1.9，居于发达国家前列；右边则是未曾出现生育回潮的发达国家，总和生育率除了德国以外，均处于低生育陷阱线之下，甚至部分国家生育率跌破1.3，属于极低生育水平，排名基本上处于世界范围内最低水平。从女性首次生育的平均年龄来看，曾出现生育回潮的国家平均在30.6岁左右，而生育低迷的国家平均则为31.4岁左右，推迟生育是影响社会整体生育水平的重要原因（Esping-Andersen and Billari，2015）。此外，许多研究表明，过去十几年内，在出现生育回潮的部分发达国家中，晚婚晚育、离婚率、婚姻稳定性、单身母亲等现象逐渐得以改善（Goldscheider et al.，2015），而且以往理论预期的上述人口学行为与教育、收入呈现负相关关系，在近期研究中并未得到支持。相反，婚姻稳定性等在高学历、高地位人群中呈现逐步改善的趋势（Salvini and Vignoli，2011）。与之相对，在生育低迷国家中，晚婚晚育等人口学现象依然突出，尤其在东亚地区，终生无子女的（Childless）比例逐年上升，在日本高达1/3的比例（Zeman et al.，2018）。此外，有研究表明，从理想家庭规模大小看，二孩家庭（Two-child Family），平均每个家庭生养两个孩子（一儿一女），曾经是大多数欧洲人的理想家庭模式，成为一种关于理想孩子数量的规范认同。但是，现有趋势表明这种规范认同正在瓦解，特别是中欧、东欧以及南欧地区，独生子女家庭模式（One-child Family）越来越普遍，家庭规模不断小型化、原子化（Frejka，2008）。可见，当前发达国家中存在两类显著不同的生育模式。

相比发达国家而言，我国 2019 年总和生育率为 1.69，居世界第 156 位，这一生育水平介于生育回潮国家与生育低迷国家之间。这意味着当前正是我国应该关注生育政策调整与完善的关键时刻，否则可能会落入低生育陷阱而加剧扭转人口趋势的难度。而且，我国女性平均生育年龄为 27 岁，显著低于发达国家平均水平，这是我国即刻调整生育政策以鼓励多生多育的有利条件，一旦如发达国家一样晚婚晚育成为一种时尚或规范，则必然加剧未来人口严峻形势。

二、高学历与低学历人群生育差距问题

上述研究表明，发达国家呈现不同的生育模式，晚婚晚育、婚姻稳定性、单身母亲以及终生无子女等人口学结果在两类国家中形成鲜明的对比。总体上，发达国家的生育水平，低于更替水平线，长久来看人口规模发展不可持续，因此部分发达国家适当放松移民限制，以应对老龄化以及劳动力短缺问题。此外，值得注意的现象或趋势，尤其是在低生育国家中，高学历、高收入人群生育水平普遍低于低收入、低学历人群，所谓的"逆弗林效应"①（刘章生等，2018）。据统计数字显示，德国社会中高学历女性群体平均生育率为 1.33，远低于低学历人群的 2.06，并且在 1963~1967 年出生的女性群体中，高学历女性群体中有接近 1/3 终生不育，而没有接受过高等教育的女性这一比例为 18%。同样，在美国社会中，出生于 1965~1969 年的女性，其中拥有大学学历的女性平均生育 1.81 个孩子，而同世代的其他未完成高中教育的女性则平均生育 2.56 个孩子，而且高学历女性中无子女者占比为 20%，低学历女性群体中则为 12%。此外，同一时期内，英国社会中高学历女性平均生育 1.4 个孩子，而低学历女性平均生育 2 个孩子，两个子群体中无子女者比例分别为 30%、15%（Ratcliff and Smith，2006）。

相较而言，北欧国家高学历与低学历人群生育差距较小。譬如，瑞典社

---

① 所谓"逆弗林效应"指的是，受教育程度与生育意愿及其行为负相关的事实，导致人口素质逆向淘汰，换言之，更加聪明的人群更可能不生育小孩，从而引发社会整体上的基因型智商或者"遗传智商"的下降。

会中高学历女性平均生育 1.8 个孩子，而低学历则平均生育 2.1 个孩子，并且高学历女性群体中无子女者占比为 18%，低学历女性群体中无子女者占比为 14%，可见两者相差不多。一项研究表明，芬兰社会中高学历、中等学历与低学历女性的 2011 年生育率分别为 1.94 个、1.61 个、1.71 个，同样，挪威分别为 2.01 个、1.42 个、1.72 个，在瑞典则分别为 2.00 个、1.67 个、2.04 个，而且上述三个国家中受教育程度与生育率间 U 型关系模式在 2007~2011 年均成立①。由此可见，对于北欧三国来说，低学历与高学历人群间生育差距问题并不严重。此外，Beaujouan 等（2016）研究表明，整体上，欧洲国家中不同学历人群的无子女比重发展趋势有收敛的迹象，但是高学历与中等学历人群的生育差距在西欧、南欧地区依然显著，而在东欧地区则有扩大的趋势。

上述研究表明，在除了北欧地区的发达国家中，高学历与低学历人群间生育水平存在明显的差距。长期来看，这种生育差距必然危及整个社会的人力资本积累与经济增长活力，并且会加剧未来财政支出负担。究其原因有以下两方面：一方面，高学历人群生育的机会成本要显著高于低学历人群，并且教育程度与自我价值实现等后现代主义价值观密切相关，因而学历越高，选择晚婚晚育甚至不育的比例越高；另一方面，西方发达国家的福利保障，多数面向低收入家庭而非普惠型政策，在此情况下，低学历、低收入人群由于生养孩子的直接与间接成本相对较低，因而福利保障可以有效鼓励低学历人群多生多育，但却无法有效刺激高学历人群的生育积极性。对此，一些发达国家已经意识到高学历与低学历人群生育差距可能造成的社会问题，并采取一些措施予以纠正，譬如德国、新加坡以及韩国等。德国政府在 2007 年进行全方位的生育政策改革，摒弃以往统一标准、费率固定的产假津贴政策，采用依据收入水平确定收入补偿的计算方法，从而得以大幅度地提高高学历、高收入女性的产假津贴。如此，在政策改革后 5 年时间内德国总和生育率出现一定幅度的上升，而且主要源于高学历女性的生育水平提高，意味着生育差距得以缩小（Raute，2017）。因此，生育支持政策应关注不同学历女性的

---

① 数据来源：https：//ec. europa. eu/eurostat/statistics-explained/index. php？。

机会成本差异，采用基于收入情况乘以一定比例的津贴补助计算方法，从而鼓励具有不同机会成本的女性生育意愿，实现社会人口结构的平衡发展。

　　同样，对于我国来说，也存在高学历与低学历生育差距现象。刘章生等（2018）基于2013年中国综合社会调查数据资料研究表明，受教育程度与我国城乡居民的生育意愿之间呈现显著的负相关，也就是说高学历人群普遍生育意愿较低。若实际生育水平也是如此模式，则会影响我国人力资本的长期积累与人口质量均衡，从而制约经济活力与创新力，而且可能加剧未来社会保障支出压力。由此可见，在工业化与现代化进程中，大多数国家都会面临"教育水平提高而生育率下降"问题，尤其是高学历人群生育不积极、终生无子女现象越发突出。因此，除了低生育危机以外，如何缩小生育差距问题也是生育支持政策需要予以关注的重要议题，以免出现"逆弗林效应"现象。关于如何缩小生育差距现象，Testa（2014）的研究给出一个解释逻辑，认为诸如北欧地区生育差距较小的原因在于，一系列政策安排与文化背景为高学历女性平衡工作与家庭提供了有效的制度保障与观念基础，从而高学历女性可以兼顾孩子质量与数量投资，而非新家庭经济学所预期的质量替代数量模式。因此，北欧政策模式值得借鉴，可以同时缓解低生育危机与缩小生育差距。

　　综上所述，在剖析欧美发达国家的人口生育趋势与现状的基础上，指出当下发达国家间生育存在明显的两类模式。一方面，以北欧、英美国家为代表，生育历史趋势从未跌破低生育陷阱线，而且自20世纪90年代中后期呈现一定的生育回潮趋势，相反其他诸如南欧、东欧以及东亚地区国家生育率在降至低生育陷阱线后持续低迷，甚至跌破极低生育陷阱线（1.3个以下）；另一方面，高学历与低学历人群的生育差距问题，也是发达国家人口实践中的一个突出特征，尤其是在低生育国家中，生育差距异常明显。此外，值得注意的是，生育回潮与生育差距缩小同时出现在北欧地区，而英美国家则同时有高生育水平以及较大的生育差距。可见，在生育模式上发达国家间呈现出显著的差异，而且与各国家庭政策模式、福利保障制度以及文化传统背景等密切相关（吴帆，2016）。在此基础上，可以根据家庭政策类型或模式来分析家庭政策对生育的影响，形成对政策与生育间关系的一定宏观认识。为此，在下一节中将以上述 8 个欧美发达国家为例，介绍各国的鼓励生育的政策经验，并比较其各自优劣，以期归纳出有益的政策逻辑与工具方法。

第二节　欧美发达国家的生育支持政策比较

欧洲各国是世界范围内最早关注低生育问题的地区。进入 20 世纪下半叶之际，经历短暂"婴儿潮"后，主要工业化国家生育率持续下滑，相继跌破更替水平线，引起注重福利保障的发达国家对社会可持续发展的担忧。因此，自 20 世纪 80 年代、90 年代各国纷纷依据经济发展水平、文化传统背景以及生育现状等特征，出台一系列意在鼓励生育的家庭支持政策。本章节意在通过分别介绍北欧地区、英美地区、西欧地区以及南欧地区的各自生育支持政策变革，归纳整理不同政策类型的建构逻辑、工具方法以及侧重点差异，进一步结合上述章节关于各国生育趋势与现状的分析结论，从宏观比较层面上建立政策类型与生育模式间的联系，提炼鼓励生育的有效政策逻辑所在，并通过宏观统计资料数据予以实证检验。

接下来，分别介绍欧洲各国与生育有关的家庭支持政策，无法详细介绍所有政策细节，但先行国家生育支持政策出发点无外乎以下两类：一是减轻生养孩子的直接经济负担；二是降低生养孩子的机会成本，如强化工作与家庭平衡能力等。主要涉及的施政领域包含以下三方面：现金支持与财政津贴、与工作相关的假期政策、儿童保育设施与服务供给，以及其他灵活工作时间安排、理念宣传活动等。

一、北欧模式：保障女性就业与强化性别平等并举

北欧地区各国素来以高福利著称，社会福利保障水平位居世界前列，但也正是高福利保障带来的财政支出压力，使北欧地区最早意识到低生育的社会风险，并于 20 世纪 70 年代即开始推行一系列鼓励生育的家庭支持政策与公共项目。如前所述，与其他发达国家相比，当前北欧地区各国既有较高的生育水平，同时女性就业率也位居前列。如此"高女性就业率"与"高生育率"并存模式似乎与以往经济理论预期不符，但经过政策梳理会发现"双高

模式"与北欧各国家庭支持改策中"强化性别平等"的导向特征密切相关。

（一）挪威

挪威政府为鼓励民众生育更多的孩子，建立了较为完善的家庭支持政策体系，主要包含两大类：一类是针对双职工家庭的政策工具（Dual-earner Policy Instruments），主要目的在于平衡在职父母的工作与家庭生活间冲突，保障女性的工作权利，促成家庭内外的两性平等，特别是男性介入并分担家务与育儿责任；另一类是面向所有家庭的一般性家庭政策工具（General Family Policy Instruments），增加与完善儿童保育基础设施以及提供育儿现金津贴，目的在于提高学龄前儿童的福利待遇，营造有利于儿童健康成长的物质与情感环境。

关于双职工家庭政策工具，主要包含以下措施：第一，带薪育儿假制度（paid parental leave）①。早在 1978 年，挪威政府已经初步建成带薪育儿假制度，起初为期 18 周，此后逐步增加时长，并于 1993 年形成延续至今的带薪育儿假制度。满足一定条件的在职父母（孩子出生前 10 个月出勤至少 6 个月以上的）在孩子年满 3 周岁前有两种带薪育儿假可供选择：一种是享受为期 54 周带薪育儿假，工资补偿额度为产前工资的 80%，另一种为期 44 周，工资补偿为产前工资的 100%；其中，个人收入超过国民保险基数六倍以上，超出部分不计入工资补偿额度计算，此外，多胎生育可延长育儿假 5~7 周。其他不满足申请带薪育儿假条件的母亲，则可以获得一次性免税现金津贴 6700 美元。而且，上述发放给在职父母的工资补偿由政府公共财政负担，无须企业雇主支付。在此基础上，如果有需要，在职母亲还可以申请额外的为期一年的无薪育儿假。第二，解雇保护制度。为了保障女性工作权利，挪威政府提供"解雇保护"，规定雇主不得解雇育儿期女性员工，休完育儿假（包含带薪与额外的无薪假）的在职母亲有权利重回原来的工作岗位。第三，父亲专属

① 需要说明的是，当前世界范围内各国政府的假期政策依据对象与功能可以大致分为以下三类：面向在职女性的产假政策（Maternity Leave）、面向在职男性的陪产假政策（Paternity Leave），以及面向在职父母的育儿假政策（Parental Leave），但各国政府政策名称并不统一，比如这里挪威就没有产假、陪产假的概念，而是统一的在职父母育儿假，父母有明确的份额。

育儿假制度。自 1993 年开始，为促成男性参与家务与育儿责任中，分担在职女性育儿压力，解构家庭内务传统的性别分工模式，挪威政府出台"父亲育儿假"政策，在职父亲可以申请为期 4 周的育儿假，此后逐年提高父亲育儿假时长至 10 周，而且若父亲无法使用则可以转让给妻子周围的其他人，以帮助母亲育儿，妻子分娩后两周定为"父亲日"，但父亲日期间政府不承担收入补偿，而由企业与员工间协议确定。此外，挪威法律规定在孩子年满 10 周岁前，在职父母有权利申请非全职工作安排，以便于照料孩子。

关于一般性家庭政策工具，主要包含儿童保育的基础设施建设与现金补贴等。一是为营造有利于儿童健康成长的物质环境，挪威政府加大儿童保育基础设施投入。相比其他欧洲国家，以挪威为代表的北欧国家，为育儿期父母提供了更多、更完善的儿童保育机构，譬如全天候的日托中心等。挪威的日托中心主要分为公共运营与私人运营两类，均享有来自政府财政的运营补贴。公共运营的日托中心占多数，所需费用由州、市两级政府以及父母分担，父母承担的份额相对较小的运营成本。自 2006 年，为了降低父母承担的费用，州政府加大了日托中心的财政补贴力度，市区与郊外地区每月入托平均费用分别为 448 美元、280 美元，此外，低收入家庭可获得 30% 的减免，多子女家庭中其他孩子入托费用减免一半。挪威政府通过提高对日托中心的财政补贴力度，不仅有助于育儿期父母的职业发展，而且也是为学龄前儿童提供有利于其健康成长的相对成熟、完善的教育与福利体系。二是为了鼓励父母多采用家庭内育儿形式，促进父母与孩子间互动，营造有利于儿童健康成长的情感环境，除了上述父母均可以申请育儿假以及特设的"父亲育儿假"制度外，挪威政府自 1998 年起为年满 1~3 周岁的儿童提供免税的现金津贴，提高了父母关于儿童看护安排的灵活度，为偏好在家育儿的父母提供现金补贴，并且政策规定若一周内孩子入托时间超过 32 小时的父母无法享受育儿津贴。此外，所有挪威家庭每年可以领取 11640 克朗的家庭津贴，直到孩子年满 17 周岁。

由上可知，挪威的生育支持政策有以下两方面的特色：一方面，无独立的产假或陪产假，而采用统一的父母育儿假，且为父亲保留固定份额，强化育儿责任中的夫妻平等，并且育儿假属于家庭权利而非个体权利，彼此可以进行一定时长的转让，核心目的在于协助在职母亲照料孩子；另一方面，关注儿童成长期内的福利保障，给予父母持续性的长期补贴，譬如育儿津贴、日托津贴等，提高托幼设施与服务覆盖率，解决学龄前儿童的照料需要。此外，挪威政府为鼓励亲代互动，给予不适用或者适用社会化托幼服务时间少于 32 小时一周的家庭一定财政津贴。

（二）瑞典

瑞典家庭政策并非以刺激生育为直接目的，其主要目标在于保障女性就业权利与促成性别平等，聚焦于强化个体兼顾职业发展与家庭责任能力。主要政策工具包含三大类：其一，建立完善的个人所得税与社会保障体系，目的在于改变传统的性别分工模式，保障个体（特别是女性）的就业权利。其二，基于收入水平的带薪育儿假政策，鼓励个体兼顾职业发展与育儿。其三，基于财政补贴的儿童保育服务供给，为育儿假结束后个体再就业提供儿童照料的便利。值得注意的是，瑞典家庭政策不仅关注女性职业发展，而且也鼓励男性介入家庭事务，积极参与育儿过程，从而促进家庭内外两性平等的发育。瑞典家庭政策由卫生与社会事务部负责制定、执行与评价，相关具体举措如下。

作为世界上第一个实施性别中性化育儿假制度（Parental-leave）的国家，与挪威一样，瑞典并无独立的产假、陪产假，而是采用统一的父母育儿假政策。瑞典政府早在 1974 年已经建立由在职父母共享的育儿假制度，此后经过多次调整形成当前高收入补偿、期限充足以及较高灵活性的育儿假政策。在职父母可以申请 16 个月的带薪育儿假，其中 3 个月按照国家最低收入标准补偿，其他 13 个月则可获得产前工资的 80% 补偿，最高每年不超过 32000 欧元，直至孩子 8~12 周岁为止，时间上可分多次申请灵活安排，相关收入补偿由公共财政负担，不会给企业雇主造成直接的经济成本。而且，育儿假中有 90 天予以保留且不可转让，其他假期在配偶签署知情同意书的情况下可以配偶间转让，或者转让给参与育儿的其他人，譬如单亲家庭等。进一步，为了鼓励男性介入家务与育儿事务中，由夫妻共担家务与育儿压力，瑞典政府首先于 1980 年引入为期 10 天的在职男性独享的"父亲日"（Daddy Days）假期，之后又于 1995 年调整原来夫妻可以依据各自喜好自由分配育儿假，强制规定育儿假中必须由夫妻各自申请起码 1 个月（后于 2002 年调整为 2 个月），即"父亲日"升级为"父亲月"（Daddy Month）。

此外，自 20 世纪 70 年代开始，瑞典政府不断加大公共运营的日托中心建设力度，实现高质量、全日制育儿服务的全覆盖，规定市级政府必须为 1~12 岁儿童提供公立育儿服务，并支持私人运营的儿童保育机构发展，鼓励在社区建立开放式日托中心，开设免费的育儿咨询服务、信息交流与综合服务项目，建立家庭式托幼机构（接收 3~5 个 12 岁以下儿童），以满足不同年龄段儿童照料需求。最后，在降低生养孩子的直接经济成本方面，瑞典政府设立一系列普惠型现金津贴政策，譬如婴儿奖励、育儿津贴、家庭津贴等，以减轻生养孩子的经济负担，瑞典家庭每年可以领取约为 12600 瑞典克朗的津贴，直到孩子年满 15 周岁为止。并且，在孩子年满 8 周岁前或者一年级前，在职父母有权利申请缩短工作时间，譬如减少 25% 的工作时间，但期间无报酬。

由上可知，瑞典生育支持政策呈现出"去家庭化"特征，突出国家政府以及社会组织在育儿中的重要责任，推动生育由家庭责任转变为社会责任。主要政策目标在于，强化女性平衡家庭与工作的能力，缓解因双重压力而不愿意生育的问题。一方面，制度保障上，采用期限较长的育儿假以及相关津贴，降低女性因生育造成的职业中断可能性及其收入损失；另一方面，通过在职父母共享育儿假、特设的父亲育儿假等政策，鼓励在职男性介入家庭与育儿，从而使育儿期夫妻双方互惠地分担压力。

综上可知，北欧地区作为发达国家鼓励生育的先行者，生育支持政策体系相对完善，以保障女性就业权益与强化性别平等为核心，并注重儿童成长期内持续的福利保障，从而切实地降低育龄夫妇（尤其是双职工家庭）生育的经济负担与机会成本，同时实现女性就业率与总和生育率的双双提高。瑞典与挪威的生育支持政策工具共同特点可以归纳如下：无独立的产假、陪产假政策，而统一采用父母育儿假政策，实现性别中性化的目的，而且育儿假保留固定份额必须由母亲和父亲单独使用，其他假期份额则可以在配偶间互相转让，甚至转让给其他人。此外，在理念宣传上，设置"父亲月"或"父亲日"等名称，以强化公众关于性别平等的认识。值得说明的是，北欧经验也提示我们，生育政策不以"刺激生育"为直接目的，同样可以实现生育鼓励效果。对于北欧各国来说，生育政策作为家庭支持政策的一个维度，是营造家庭友好型社会环境的举措之一，众多政策工具组合意在为年轻家庭创造美好的生活条件，从而间接地促成多生多育，带动整个社会生育率回升至合理水平。

二、英美模式：市场为主与政府为辅

从人口生育历史趋势看，与北欧国家一样，英美系国家并未经历过严重的生育危机，总和生育率在更替水平以下，但维持在 1.7 以上，甚至美国生育率常年在更替水平线上下波动。然而，与北欧国家相对完善的生育支持政策不同，英美系国家的生育支持政策在发达国家中并不突出，其中美国是发达国家中唯一没有实施带薪产假政策的国家。如此，为什么英美系国家可以保持较高的生育水平，成为许多学者关心的问题。有研究指出，英美系社会中市场组织活跃，家务外包市场发达以及丰富的兼职工作机会，有助于在职父母平衡工作与家庭，从而有较高的生育意愿与行为（Thévenon，2011）。尽管如此，梳理归纳英美系国家的生育政策依然有一定的借鉴意义，特别是北欧关于鼓励生育的高福利保障模式可能面临财政支出可持续性问题。因此，在北欧政策模式与英美国家政策模式之间寻找平衡点并博采众长，可能是缓解东亚社会低生育问题的更好途径。

（一）英国

与其他发达国家不同，英国生育支持政策体系呈现干预较少的特征，鼓励企业与员工协商达成有益于生育的规章制度，并提供与收入情况相关的有限津贴支持。在现金支持方面，所有英国家庭每年可以领取 1056 英镑的家庭津贴，并且可以申请额度为 2845 英镑的儿童税收抵扣，直到孩子年满 15 周岁，相关现金津贴约占平均家庭收入的 11%。与工作相关的假期政策规定，在职女性自产前 11 周即可申请为期 52 周的带薪产假，期间收入补偿前 6 周按照平日工资的 90% 发放且无上限规定，接下来的 33 周按照依然按照 90% 比例发放，但最高每周不超过 165.8 英镑，余下的 2 周无收入补偿。上述收入补偿均由企业雇主直接支付,但企业可以向英国税务总署申请国民保险抵扣优惠,大中型企业可以申请报销 92%,而小微企业则可申请超额报销费用 103%。

在职女性分娩后需要强制休假 2 周(若在工厂从事蓝领工作则为 4 周),此后可以申请重回工作岗位,在法定产假期间企业雇主安排女性员工最多不超过 10 天的工作量。上述法定带薪产假有一定资格条件,譬如女性员工产前需要连续工作 26 周以上等,其他不满足申请资格的母亲可享受一次性产假津贴,大约平均周工资的 90%,最高不超过每周 165.8 英镑,共计 39 周。而且,除了分娩后强制休假 2 周之外,在职母亲可以将余下所有的产假转让给在职父亲,即共享产假政策(Shared Parental Leave),但共享产假只能以周为单位申请,同时产假期内父母双方最多只能修改共享假期安排三次,同时法律规定企业雇主必须同意满足条件的员工申请。同样,英国在职男性可申请为期 1 周或 2 周的陪产假(取决于 1 周内工作天数),资格条件与收入补偿标准均与女性产假一致,必须在孩子出生后 56 天内一次性使用。可见,带薪产假意在鼓励员工在可以的情况下回归岗位,降低企业负担。此外,关于父母育儿假政策规定,在每个孩子 18 周岁之前,在职父母双方均享受为期 18 周的育儿假,以周为单位使用,期间无收入补偿,除非企业雇主同意,否则一年内不应超过 4 周,在多胎生育的情况下,育儿假相应地翻倍。但是,因员工休育儿假可能造成商业失败或经营困难,企业雇主有权利推迟育儿假申请最长 6 个月。

在儿童保育设施与服务供给上,托幼设施与服务供给则主要依靠市场提供,英国政府主要通过资金补助的形式,降低父母养育经济负担,譬如为每位新生儿设立一个封闭式信任基金账户,注入一笔启动资金,然后儿童家庭可以每年存入资金,交由市场化投资机构运营,确保育儿信托资金保值增值直至孩子年满 18 周岁,以保障每个孩子未来都有一笔可供支配的财产。此外,所有需要照料儿童的在职员工均有法定权利向企业申请缩短工作时间或者灵活安排工作,前提是至少已经为企业工作满 26 周以上,而企业雇主则有法定义务考虑员工申请,因业务原因可以拒绝申请但需要出具详细的书面解释。整体上看,英国政府注重鼓励企业与员工协商一致,确定产假、陪产假以及育儿假期限及其收入补偿标准,而法定最低标准作为备用方案。事实上,近年来英国社会越来越多的企业为员工提供高于法定最低标准的假期政策与收入补偿。

（二）美国

由于美国历史上并没面临严重的生育危机，总和生育率一直处于更替水平上下，故美国联邦政府层面未就鼓励生育出台支持政策。事实上，美国是唯一一个没有实施带薪产假政策的发达国家，但近年来部分州政府在联邦规定基础上推出各自的生育支持政策。

在现金支持方面，美国联邦与地方政府仅面向低收入有需要的家庭提供数额不等的临时性救助津贴，而且津贴大小不取决于家庭孩子数量，而是依据申请时家庭规模大小。也就是说，美国政府推行的现金福利政策并非为了鼓励生育，而是意在解决儿童贫困问题。关于与工作相关的假期政策方面，联邦政府 1993 年颁布《联邦家庭与医疗休假法案》，规定在职女性在婴儿满 1 周岁前可以申请为期 12 周的无薪产假，可分多次使用，灵活性较高。近年来，加利福尼亚、新泽西、纽约、华盛顿、马萨诸塞、阿肯色、密西西比等州与罗得岛地区纷纷在联邦政府规定基础上，调整假期政策规定在职母亲或者在职父母双方可以享受一定时长的带薪产假，共覆盖约 23% 美国人口。此外，为降低中小企业组织的经济负担，联邦政府豁免员工人数少于 50 人的私营企业、非营利组织，可不执行《联邦家庭与医疗休假法案》。进一步，于 2012 年在《平价保健法案》基础上修订而成的《公平劳动标准法案》，规定员工人数等于或大于 50 人的企业或组织，需要为其员工提供合理的休息时间，以满足哺育、照料不满 1 周岁新生儿的需要，同时企业需要配备免费、免打扰的哺乳室。为了保障女性就业不因生育而受到歧视或中断，在《反歧视法》与《民权法》支撑下，联邦政府将区别对待哺乳期女性员工界定为性别歧视，将面临严重的惩罚措施。

在儿童保育设施与服务供给方面，联邦或各州政府出资支持的公立托幼中心、幼儿园等主要面向低收入人群，而工薪阶层的托幼需求主要靠市场满足，以私人托幼机构为主，譬如日托中心、家庭日托以及家庭式早教服务等，而且不同于其他发达国家，私人营运的托幼机构并没有财政补贴。虽然有 3

岁以下婴幼儿保育服务，但政府财政对项目支持力度不够，并没有形成一套完善的儿童保育政策体系。尽管如此，为提升双职工家庭兼顾工作与家庭能力，美国政府出台倡导灵活工作的政策与工作分享项目，试图提高工作时间安排的合理性，以缓解工作与家庭冲突，譬如为此专门推出的《联邦雇员弹性和压缩的工作时间表法案》，并规定企业需要为兼职的临时员工提供合理的休息时间，用于哺育、抚养幼儿。此外，美国就业市场的灵活性，大量的兼职工作机会，很大程度上弥补了带薪育儿假政策缺失造成的工作与家庭冲突问题。

综上可知，由于低生育问题并不严重，美国政府并未建立一套体系完整的、支持生育的家庭政策，现有家庭支持政策仅针对低收入有需要的家庭，并且注重就业市场中女性权益保护，严格惩罚性别歧视。过去几十年，在缺乏完善的生育支持政策体系的情况下，依然保持着较高的女性就业率和总和生育率，可能与美国就业市场灵活性、家务外包市场发达以及丰富的兼职工作机会密不可分。

三、南欧模式：生育支持体系不完善

整体上看，南欧地区缺乏支持生育或工作与家庭平等的完善政策体系，在育儿支持上，既不是如北欧地区依托财政支持的公立机构提供质优价廉的育儿服务，在育儿服务行业发展上也不如英美地区发达。如此，南欧地区育龄夫妇在儿童照料上缺乏有效的支持，尤其是3岁以下儿童照料服务上，主要由祖辈、亲人、朋友以及邻居等非正式看护，因身体健康或者其他原因在效率上远不如专业化、社会化的正式育儿服务。而且，以家庭主义为核心的相对保守传统，使南欧各国与生育相关的假期、福利政策制定逻辑与传统的性别分工模式密切相连，注重母亲照料对儿童健康成长的重要性，如此在保障女性就业与强化性别平等上的政策力度远不如其他发达国家。加之，自20世纪90年代以来南欧各国普遍面临公共债务难以为继的风险，因此在现金支持上也捉襟见肘。上述各方面的制约因素，使南欧各国在过去十几年中一直是欧美发达国家中女性就业率与总和生育率都较低的地区，而女性就业率不足又反过来加剧公共债务问题。

（一）意大利

相比其他发达国家，意大利政府由于较高的公共债务，在支持生育的现金津贴方面力度较小且零散、不成体系，缺乏长期以及明确的目标。譬如，只要家庭应纳税收入中有 70% 来自工薪收入的家庭，就可以每年领取福利津贴 1092 欧元，直至孩子年满 17 周岁为止，并由企业支付费用，同时无工作的配偶也算作抚养对象，因而无子女家庭也可以领取家庭津贴；税收抵免政策则面向所有家庭，每年可以申请数额为 800 欧元的税收抵扣，到孩子 17 周岁为止；此外，2010 年意大利政府又推出临时性家庭福利措施，给予孩子未满 3 周岁的家庭一定现金补助，但仅针对有房有车家庭。

在与生育相关的假期方面。产假政策规定在职女性可申请为期 5 个月的带薪产假，其中产前 4 周为强制规定，若有早产等风险的孕妇或者经地区劳动部门鉴定不适合继续工作的孕妇可提前 2 个月休产假，工薪阶层收入补偿为平日工资的 80%，诸如个体经营者、农业季节性工作者收入补偿为法定基本收入的 80%，其他无固定期限工作者，可依据地方劳动部门鉴定的收入情况计算收入补偿。相关费用由国家社会保障基金支付，社保基金则由企业与员工按一定比例缴纳费用，并与养老金权益挂钩，女性员工因休产假而无法缴纳养老金费用由社保基金支付，但仅限于已工作满五年且申请时已参保。所有女性员工，包括加入社会保障计划的个体经营者，都有资格享受带薪产假政策。陪产假政策规定，孩子出生后 5 个月内，在职父亲可申请为期 5 天陪产假，工资待遇全额照付，其中 4 天为法定权利，额外 1 天为可选择项。

父母育儿假政策规定，在职父母双方各自享受为期 6 个月的儿童照料假，收入补偿标准为，在孩子未满 6 岁前按照平日工资的 30% 发放津贴，超过 6 岁后无收入补偿，且属于个体权利，不可彼此转让。同时，为鼓励在职父亲积极介入育儿，如果父亲申请使用育儿假时长超过 3 个月，则整个家庭可享受更长的育儿假，期间在职父母可获得养老金缴费优惠，不影响养老金权益。父母育儿假使用较为灵活，在孩子年满 12 周岁前，可在任何时间申请使用，在职父母可同时使用，此外产假结束后若在职母亲选择不休育儿假，则每月可获得 600 欧元津贴，以降低儿童保育费用，但在职父亲不享受此条款。意大利社会的假期政策覆盖大多数人群，资格标准门槛较低，意在强化职业女性与家庭主妇、非全日制工作的其他女性之间的同等权利。此外，多胎生育、单身母亲或父亲相应的育儿假加倍延长。

在儿童保育设施与服务供给方面，意大利儿童保育机构多为公立性质，覆盖率尚可，但灵活性不够，托管时间与在职父母工作时间不匹配，缺乏全日制托管服务，尤其 3 岁以下婴幼儿托幼设施严重不足。此外，意大利政策规定，在孩子年满 12 周岁前，女性员工可以向企业申请缩短工作时间以哺育、照料未成年子女，平日工作 6 小时可减少至每天 1 小时或更少，平日工作 6 小时以上则可减少至 2 小时内，期间工资待遇照付，在职父亲则需要满足一定条件情况下才可申请缩短工作时间，同时企业雇主有法律义务考虑员工缩短工作时间的申请，并可拒绝申请但需要出具详细的书面解释。

由上可知，意大利生育支持政策体系远未完善，整体上缺乏顶层设计，各领域政策间存在冲突的情况，尤其在儿童保育设施与服务方面，3 岁以下儿童托育机构供给不足以及开放时间欠缺灵活性，无法匹配在职父母的工作时间。此外，在女性就业权利保障与强化性别平等方面有待加强，尤其是当下意大利女性在教育、就业表现上都优于男性的情况下，难以兼容工作与家庭育儿，已经成为抑制女性生育的主要因素。

（二）西班牙

在现金支持上，西班牙政府推出新生儿奖励政策，每个新生儿可以领取 2500 欧元奖励，若已经有三个孩子的家庭则新生儿奖励 3500 欧元；除此之外，每个家庭可以每年领取 291 欧元的免税津贴，直至孩子年满 17 周岁，支持力度较低。

在与生育相关的假期政策上，带薪产假规定在职女性可享受时长为 16 周的带薪产假，其中分娩后 6 周为强制规定，期间收入补偿按照平日工资的 100% 发放，最高不超过美元 3751.2 欧元。所有女性员工均可申请产假，但只有申请时已经参保社会保险满 180 天的在职女性才可以获得假期津贴。不满足申请资格的女性员工，生育期间可以领取一次性生育津贴，为期 42 天，平均每天 17.84 欧元。相关费用由社会保险支付，社会保险由企业与员工共同缴纳。此外，受雇或自雇的怀孕女性，或者需要哺乳 9 个月以下婴儿的女性，有法定权利因工作岗位不利于健康的原因，申请调换岗位或者变更工作安排，若企业不能合理安排，则可获得工资全额照付的产假，直至婴儿满 9 个月。陪产假政策规定在职男性可以申请为期 2 天的生育假与为期 4 周的陪产假，期间收入补偿按照平日工资的 100% 补偿，其中陪产假津贴由社会保障基金支付，生育假津贴则由企业雇主直接支付，申请资格标准与产假规定相同。

关于父母育儿假政策，西班牙政府并未明确规定育儿假的期限，但在职父母双方均有权利在婴儿满 3 周岁前申请休假，期间无收入补偿，不过政策规定孩子出生后 1 年时间内企业不得辞退、解雇员工，员工有权利重回原工作岗位，接下来两年内员工有权利回到同类工作岗位。尽管部分地方政府曾在 2000 年后实施育儿假津贴政策，但由于财政危机在 2010 年左右基本被取消或大幅缩减津贴额度。此外，西班牙政府规定孩子出生后 9 个月内，在职父母双方每个工作日均可获得 1 小时的带薪休息时间，用于哺乳、照料婴儿，属于家庭福利，夫妻双方均可使用，但是若夫妻均全职工作，则只有一方可以使用，并且西班牙政府将孩子多寡与养老金额度挂钩，若父母在孩子出生前 9 个月到孩子年满 6 周岁期间失业，则每养育一个孩子将获得等价于 116 天到 260 天不等的养老金额度补贴（Pension Credit）。

在儿童保育设施与服务供给方面，虽然西班牙政府早在 20 世纪 70 年代已经将 0~6 岁学龄前儿童教育纳入教育系统的一般性法律框架，但实际上并没有约束力，尤其是 3 岁以下儿童托幼设施与服务供给严重不足。在此情况下，为便于在职父母照料儿童，西班牙政策规定在职父母有权利推迟年假至产假或陪产假之后使用，且孩子年满 12 周岁前，在职父母可申请缩短工作时间至一半，用于照顾儿童或残疾儿童，但期间没有工资报酬，一些地方政府则推出自己的收入补偿标准，但津贴额度普遍较低。

由上可知，相比其他欧洲国家，西班牙家庭政策对于与育儿相关的各方面支持力度均较低，围绕生育相关的家庭福利津贴占比财政支出低于欧洲国家平均值，在改善双职工家庭平衡工作与家庭能力上，也未如其他国家一样明文规定用于照料儿童的育儿假期限，且也未关注在职父母育儿假期间收入补偿问题。此外，儿童保育设施与服务体系也不健全，尤其缺乏 3 岁以下儿童保育设施与服务。

综上所述，以意大利、西班牙为代表的南欧模式，整体上政策逻辑建构在传统性别分工模式，强调母亲照料对儿童健康成长的重要性，主要体现在：一是与育儿相关的假期政策上男性角色关注度不够，多属于个人权利而无法在家庭成员间转让使用，而且假期津贴多由企业与员工共同缴纳的保险基金支付，如此可能导致就业市场上的性别偏见；二是儿童保育设施与服务供给，相比北欧国家而言，在公立机构占比、覆盖率、费用津贴以及开放时间上存在不足，尤其是 3 岁以下婴幼儿照料主要由来自祖辈或亲属等的非正式服务支持。因此，在职父母难以兼顾工作与家庭，生育意愿较低。总而言之，在工业化进程中，女性教育、就业率快速提高，但社会保障或支持系统却远未完善，如此情况下双职工家庭难以兼顾工作与家庭，成为推动生育率持续下降的重要因素。也正是如此，自 20 世纪 70 年代以来，南欧主要国家总和生育率大幅度下滑，到 90 年代末意大利与西班牙成为全球生育率最低的国家，接近 1.1 个，直到如今两国的生育率再也没有恢复到低生育陷阱线之上。

四、西欧模式：鼓励多孩家庭与政策范式变革

从生育趋势看，德国是陷入低生育陷阱的样本国家中唯一总和生育率重回低生育陷阱线之上的国家，这可能源于 2007 年德国生育政策的大幅度改革，调整带薪产假、育儿假政策以及加大托幼设施与服务供给。与德国不同，法国生育率从未跌至低生育陷阱，长期保持着较高水平，可能源于法国政府长期对多胎生育的奖励与支持，尤其是三孩以上家庭。整体上看，以往西欧国家生育政策模式与社会文化特征密切相关，但进入 21 世纪以来，多次生育政策革新均以保障女性就业权益与强化性别平等为导向，并关注儿童成长期内福利保障与照料看护设施、服务供给。

（一）德国

由于文化传统是相对保守，以往德国生育政策建立在传统的性别分工模式之上，强调母亲照料对儿童健康成长的重要性，倡导家庭育儿模式。在现金支持上，德国采用税收抵扣与儿童津贴两种方式；一种是所有有孩子的家

庭每年可以申请税收抵扣额度为 2208 欧元，直到孩子年满 18 周岁；另一种是直接发放儿童津贴，但主要面向低收入家庭，以保证父母不需要为抚养孩子而申请失业保障金或者社会福利金。在与育儿相关的假期政策上，带薪产假政策规定在职女性可申请为期 14 周的带薪产假，其中分娩休假 8 周为强制规定，期间收入补偿为依据产前 3 个月平均工资 100% 补偿，相关费用一部分由女性健康保险支付（每天 13 欧元），与产前平均工资的差额部分则由企业补足。所有收入补偿费用先由企业支付，然后企业可申请健康保险缴纳费用减免相应额度，其中每月收入低于 390 欧元的在职母亲产假津贴由保险全额支付，其他个体户或者无工作女性无法享受带薪产假政策，但可以向联邦社会保障基金申请每月 210 欧元的补助。相比其他发达国家，德国的产假申请资格标准比较宽泛，覆盖面较广，除了未缴纳社会保险的个体经营者之外，包括全职工作、临时雇员以及实习生等大多数女性均可申请。此外，德国政府为在职女性提供就业保护，规定产前 12 周至产后 4 个月内，企业不得辞退、解雇女性员工。

这里值得介绍的是，德国政府于 2007 年对产假政策进行大幅度调整，主要改变产假期间收入补偿的计算方法。产假改革前，政策主要针对低收入家庭，有两种福利补贴可供选择：一种是每月领取 300 欧元，持续 24 个月，共可获得生育津贴 7200 欧元；另一种是每月领取 450 欧元，持续 12 个月，共可获得生育津贴 5400 欧元，在 2006 年两种福利补贴方式分别覆盖 65%、10% 的女性。改革后，产假福利政策惠及全体德国女性，而且福利补贴额度取决于产前工资收入大小，在职女性可获得产前工资的 67% 作为生育津贴（产前无工作则为每月 300 欧元），持续 12 个月，如此依据收入大小确定津贴额度，德国女性可获得 3600 欧元到 21600 欧元不等的津贴，而且改革后政策覆盖率接近 100%。如上所述，德国产假政策的范式调整具有以下两个特点：其一，平均生育津贴额度大幅提高，改革前平均可获得 3850~4440 欧元，而改革后则平均获得 7080 欧元；其二，对于在职女性更为有利，在职女性平均可获得 10128 欧元的生育津贴。如此调整的逻辑在于，依据生育的机会成本差异确定津贴额度，有利于刺激高学历、高收入女性生育，而相对抑制低收入、低学历女性的生育意愿，从而可以削弱高学历与低学历人群的生育差距问题。

关于父母育儿假政策。德国政府规定在孩子年满 8 周岁前，在职父母双方各自可以申请为期 24 个月的育儿假，且在此期间受到职业保护。期间收入补偿标准有两类可供选择，一类基于产前收入发放一定比例津贴，另一类基于因照料孩子而减少工作时间带来的收入损失，按照一定比例予以补偿。两种标准的比例均为 65%，但津贴或补偿上、下限值不同，目的在于鼓励在职父母合理利用育儿假，从而兼顾工作与家庭需要。育儿假属于个体权利，父母双方可同时申请、获益，为鼓励父母双方分担育儿压力，如果在职父母均申请使用至少 2 个月的育儿假，则可获得额外的 2 个月带薪假期奖励，相关费用由德国联邦政府一般性财政税款支付。此外，与法国相似，德国政府政策设置一系列意在鼓励多生多育的支持政策，多子女家庭可依据子女数量与年龄情况调整并增加津贴额度，数量越大津贴越高，而多胞胎生育则可获得额外的每胎不少于每月 150 欧元的补贴。同时，父母育儿时间与养老金额度挂钩，每月养老金额度在西德与东德地区分别增加 28.14 欧元、25.74 欧元。换言之，由于生育的社会外部性问题，德国政策意在实现多生育多拿养老金。此外，祖父母可以享受相应的无薪育儿假，意在鼓励生育的代际支持，与德国传统的家庭主义价值理念有关。

在儿童保育设施与服务供给上，德国联邦政府出台《日托扩充法案》，明确提出推广 3 岁以下儿童托幼设施覆盖率，为地方政府建造公立托育设施与机构提供财政资金支持，并鼓励经过培训合格并官方认可的私人开设家庭式托幼中心，提供儿童照料服务。在扩大托幼服务覆盖率的基础上，2015 年 7 月，德国政府开始面向 2 周岁以下儿童推出保育津贴政策，对于那些未登记使用公立托幼设施与服务，或者选择在家育儿的父母，每月发放 150 欧元的儿童保育现金津贴（Cash-for-care）。此外，德国政府还鼓励企业支持营造家庭友好型工作环境，在职母亲每天享有法定哺乳权利，平均每天 60~90 分钟，且不影响工资福利待遇，选择在家工作的母亲则照发至少 75% 的工资。并且，育儿假结束 3 年内，在职父母有权利要求缩短工作时间至每周 15~30 小时，但该政策仅限于员工人数超过 15 人以上的企业。

（二）法国

法国生育支持政策整体上以鼓励多生多育为目标，尤其对三孩及以上家庭支持力度最大。在现金支持、假期政策以及儿童保育支持方面均体现孩子越多获利越大的特征。在现金支持方面，法国政府主要是发放统一标准的普惠型家庭津贴，津贴大小取决于孩子数量，只有 1 个孩子无津贴，有 2 个孩子的家庭，则每年每个孩子可以领取 747 欧元的津贴，直到孩子年满 19 周岁为止，多子女家庭同时享受住房补贴，并且出台"大家庭税收"政策，依据孩子数量减免税款。与工作相关的假期政策，规定在职女性可以享受为期 16 周的带薪产假，其中分娩前至少休假 3 周，期间收入补偿为平日工资的 100%，但每月不超过 3311 欧元。相关费用由健康保险基金承担，保险基金则由企业与员工共同缴纳。多胎生育情况下产假可延长至 22 周，若生育三胎以上则可获得 26 周带薪产假，并且所有在职女性与个体经营者均可申请使用带薪产假。陪产假政策规定，在职男性可享受为期 2 周的带薪陪产假，收入补偿、申请资格均与产假一致，但需要在孩子出生后 4 个月内使用。

关于父母育儿假政策，规定在孩子年满 3 周岁之前，在职父母可以申请为期最多不超过 24 个月的育儿假，属于个体权利不可彼此转让。期间收入补偿，取决于父母收入情况、是否工作以及工龄时长等，譬如无工作父母可获得每月 391 欧元补贴，工作时长低于全职时间一半的父母则可获得每月 253 欧元，工作时长占全职时长 50%~80% 则可获得每月 146 欧元，而且对低收入家庭会提高补助金额。相关费用由地方家庭津贴基金统筹安排，此基金由企业按照实发工资的 5.4% 缴费。此外，育儿假可以灵活使用，期间可以继续工作，但每周不低于 16 小时且不超过 32 小时。值得注意的是，虽然所有在职父母只要孩子出生前工作满 1 年即可申请育儿假，但为鼓励三胎及以上生育，法国育儿假津贴申请资格与孩子数量密切相关，譬如有 3 个孩子的父母只要孩子出生前 5 年出勤满 2 年以上即可享受，有 2 个孩子的在职父母需要产前 4 年出勤满 2 年才可享受津贴，而只有 1 个孩子的父母则需要产前 2 年全勤才可享受假期津贴。同时，政策规定企业有权力因业务需要而拒绝在职父母申请非全勤工作安排。

在儿童保育设施与服务供给上，法国政府依托家庭补助保险管理机构与地方政府、协会以及企业合作，积极推进 3 岁以下婴幼儿托幼设施建设，不仅扩大公立托幼机构、集体托幼服务的覆盖率，而且也鼓励私人开设托儿所，同时给予雇用儿童保育员的家庭一定补贴。此外，为提高工作时间安排的灵活性以满足照料儿童需要，法国政府虽无明文规定，但于 2004 年出台"家庭税收优惠政策"，鼓励企业为员工创造家庭友好型工作环境，满足条件的企业可以获得税收抵扣，最高每年不超过 50 万欧元。值得说明的是，此税收优惠政策存在漏洞，造成较大的税收损失与财政负担，因此法国政府在 2010 年修改政策，规定为正在休育儿假的父母提供培训项目或者为休育儿假的员工提供薪水补偿不再纳入政策优惠范围。

由上可知，法国政府着眼于三孩及以上生育，以缓解低生育问题，但相关政策存在不合理之处，譬如法国育儿假津贴政策中低收入家庭所获得的过高福利，可能削弱民众工作积极性，而且无益于降低在职父母的生育机会成本，这无疑将加重法国政府的财政负担，而且法国生育政策体系缺乏对女性就业权益的保障以及性别平等维度的关注。

第三节　推动生育回潮的政策逻辑与背后机理

上述章节在比较欧美发达国家生育历史趋势与现状基础上，将当前发达国家生育模式划分为两类：呈现生育回潮的国家与长期生育低迷的国家，并择取不同地区的代表性发达国家进行生育支持政策的梳理与归纳，如此从宏观国别比较中可获得关于"生育趋势与生育政策"间关系的一定认识。接下来的一节结合已有文献梳理与相关统计数据，具体地探究发达国家间生育政策的制定逻辑差异、政策工具比较及其生育支持力度，以期厘清促成生育回潮的政策逻辑与有效路径所在。

一、生育支持政策分类与比较

欧洲国家作为最早关注低生育问题的地区，各国围绕鼓励生育出台一系列鼓励生育的政策安排，政策关注点大致主要分为三类：现金奖励的经济支持、与工作相关的政策支持、儿童照料支持。其中，现金支持涉及生育的直接经济成本，而其他两类则既涉及经济负担，又与生育的机会成本密切相关，这是因为与工作相关的政策支持以及儿童照料支持，主要面向双职工家庭，选择生育、照料子女需要付出职业代价，面临高昂的机会成本，同时，加大儿童照料基础设施与服务供给不仅可以降低父母机会成本，而且采用补贴费用、育儿津贴以降低采用中性化育儿服务的经济负担。

依据国家、家庭与市场参与度，Esping-Andersen（1990）将家庭福利政策划分为三类模式：其一，基于市场原则的家庭政策，强调个体责任，必要的福利保障仅面向低收入有需要家庭，譬如美国等；其二，传统保守主义的家庭政策，突出家庭组织的责任，譬如德国、法国以及东亚等家庭主义气氛浓厚地区；其三，以公共财政兜底的家庭政策，强调社会责任与普惠型福利保障，譬如北欧各国。借鉴这一分类思路，并结合各国生育政策梳理，本书将发达国家关于生育的政策体系分为四类：北欧模式、英美模式、西欧模式、南欧模式。此外，日本、韩国以及新加坡作为当前世界范围内生育水平最低的国家，其政策应对相对较晚，普遍受到欧美发达国家的政策实践影响，因而各国间生育政策逻辑有差异，譬如新加坡以政府为主导的注重经济手段调节；韩国生育政策则体现家庭与市场组织的组合特征（Lee and Choi，2015），在此姑且以东亚模式在此一并介绍，将在下一章具体地介绍东亚生育模式与政策体系。上述五类生育政策模式的比较情况如表6-2所示，此外由于自20世纪七八十年代各国已经关注低生育问题并推行一系列生育政策，此期间，各国生育趋势呈现出明显分化现象，为此表中也列出各国时期生育率数据。

表 6-2　20 世纪 80 年代至 21 世纪初发达国家生育政策类型与总和生育率

政策模式	总体目标	现金支持	与工作相关	儿童照料	国家/生育率
北欧模式	对儿童与家庭长期福利关注；提升平衡工作—家庭能力，强调性别平等导向	中等水平普惠型现金津贴，其他儿童、家庭福利保障力度大	育儿假期限较长，收入补偿依据工资决定且较高；在职父母均可申请，且有父亲育儿假	以公立托幼中心为主，覆盖率高且开放时间灵活，费用较低，同时对私营机构进行补贴	瑞典（1.5/1.88）挪威（1.66/1.92）芬兰（1.59/1.84）丹麦（1.38/1.85）
西欧模式（法国、德语区）	立足于性别传统分工模式，根据父母就业情况提供不同支持；鼓励大家庭模式	中等或高等力度的现金支持	支持力度中等，部分国家有长期育儿假，但收入补偿较低；逐步关注父亲角色	公立托幼中心逐步完善，特别是 3 岁以下儿童保育机构；对私营机构补贴力度不够	德国（1.24/1.38）奥地利（1.33/1.40）瑞士（1.38/1.47）法国（1.73/1.99）
南欧模式	与职业关联，政策体系不系统；公共服务与私人服务混合；收入保障不健全	支持力度低；儿童贫困问题	支持力度低；父母育儿假较短且收入补偿低；假期灵活度不够，父亲角色缺失	支持力度低，儿童保育由家庭承担；公私托幼设施与服务覆盖率不足	意大利（1.19/1.41）希腊（1.23/1.43）西班牙（1.13/1.37）
英美模式	支持力度低，家庭政策主要扶持低收入有需要家庭；依靠市场力量	普惠型福利保障较低，对低收入有需要家庭支持力度较高	支持力度低，育儿假时长短、补偿少；美国无带薪育儿假，父亲角色缺失	支持力度低，儿童照料、托育服务主要依靠私立机构与市场供给	英国（1.63/1.86）美国（1.69/2.05）澳大利亚（1.73/1.95）
东亚模式	中高支持力度，加强育儿设施与服务供给，逐步突出性别平等	中高等水平生育、儿童津贴或税收抵扣	支持力度中等，产假、育儿假时间较长，积极关注父亲角色	公立托幼中心逐步完善，儿童保育行业发展不健全	日本（1.26/1.34）韩国（1.07/1.16）新加坡（1.15/1.24）

注：生育率括号内分别为 1980~2010 年间最低值以及 2005~2010 年间平均值，数据来自《世界发展指数》（World Development Indicators）。

（一）现金支持力度

在关于生育的现金支持力度方面，主要形式有一次性的新生儿奖励、孕妇补助，关注于儿童成长期内的儿童津贴、家庭津贴、儿童照料津贴以及相关税收抵扣优惠等。各国因社会文化特征、财政紧张程度等因素，给予家庭以不同程度的现金支持。对此，各国政府以降低父母生养孩子的长期经济负担为目标，有孩子的家庭可以每月领取一定家庭现金津贴或者税收抵扣，此外部分国家还为父母提供新生儿奖励、住房补贴、养老金优惠等，譬如西班牙、意大利以及新加坡等。整体上看，北欧模式中，各国政府提供适当水平的儿童、家庭现金津贴，结合其他福利保障措施，意在为儿童健康成长提供长期可持续性的普惠型家庭福利保障。与之相反，英美模式中关于生育的现金支持措施，主要面向低收入有需要的家庭，并未建立完善的普惠型家庭保障体系。西欧模式则介于北欧、英美之间，现金支持政策中既有普惠型津贴政策，也针对低收入家庭推出补充条款、提高额度以免出现儿童贫困问题，同时法国家庭规模越大则所获的现金福利越高。南欧各国由于财政危机、公共债务较高，生育津贴措施呈现碎片化、不成体系，且申请资格限制较多，不具有普惠性质。

总体而言，从生育率上看，现金支持政策应该着眼于长期视角，为各类家庭儿童成长全阶段提供持续性的普惠型福利保障，而非短期的现金奖励或者以扶持低收入家庭为主，从而调动各类人群的生育积极性。

（二）与生育相关的假期政策

在与工作相关的假期政策方面，以提高工作与家庭兼容性为主要目的，主要形式有带薪产假、陪产假以及父母育儿假。而且，一个显著的现象是，各国政府均意识到育儿中父亲角色的重要性，鼓励男性回归家庭并积极介入育儿，从而在保障女性就业的基础上，强化家庭内外的性别平等。对此，北欧各国假期政策最为完善、效果最好，当前北欧地区女性就业率与生育率都居于世界前列，突出特点是实施性别中性化的假期政策，并无独立的产假、陪产假，而是采用统一的育儿假模式，而且属于家庭权利而非个体权利，配偶甚至家庭成员间可彼此转让使用，以实现协助母亲照料儿童的目的，此外保留一定父亲专属份额，以资鼓励男性回归家庭，期间收入补偿水平足以抵消假期间收入损失（机会成本），且相关经费由财政兜底。西欧模式中当前的假期政策依然突出母亲照料的重要性，以带薪产假、母亲育儿假为主，并且意识到父亲角色重要性，设置一定期限的共享育儿假或者父亲专属份额，以延长假期鼓励父亲使用育儿假。但相较北欧模式而言，西欧模式的假期收入补偿较低、灵活性较低，而且属于个体权利而非家庭权利，成员间彼此不可转让，相关经费则由企业支付，虽然企业可申请税费或保险费用优惠抵扣，但依然不同于北欧模式的财政兜底。英美模式的假期政策以带薪产假为主，并未出台相关育儿假政策，尤其是美国联邦政府在带薪产假、陪产假以及育儿假方面均无明确规定。同时，英美国家注重鼓励企业与员工彼此协商达成有益于生育的假期政策，而政府规定则为备用选择。南欧模式假期政策突出母亲照料，以带薪产假为主，意大利推出女性育儿假但收入补偿较低，而西班牙则无育儿假政策，同时缺乏对父亲角色的关注，相关收入补偿来源由企业与员工共同缴纳的保险基金支付。此外，近年来东亚各国意识到传统文化中"重男轻女"对生育的不利影响，因而假期政策设计中纳入鼓励父亲回归家庭的成分，譬如日本、韩国均推出在职父母育儿假，且设置"父亲月"，但收入补偿相对较低。图 6-2 是各国育儿假期使用情况的男女比较。

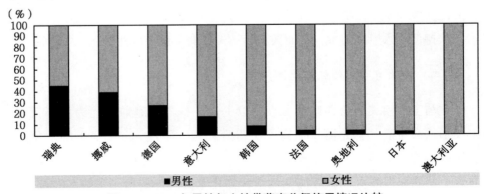

图 6-2　2016 年男性与女性带薪育儿假使用情况比较

资料来源：OECD Family Dataset（2016）；日本数据取自 2016 年"就业市场性别平等调查"，育儿假不包含产假、陪产假等。

由图 6-2 可见，两性使用育儿假的情况中北欧模式近乎平等，男性参与度普遍较高，长年以来保持在 40% 以上，有利于双职工家庭平衡工作与家庭，从而释放多生多育的意愿。进入 21 世纪以来，德国、意大利生育政策变革中逐步引入男性育儿假制度，若在职父亲使用一定时长的育儿假则奖励额外的带薪假期，男性使用育儿假占比分别达到 27.2%、17%。英美系国家在假期政策中并未突出父亲角色，男性使用育儿假比例较低，同样，其他德语系地区、法国、西班牙等政策逻辑与传统性别角色分工有关，因而育儿假也大多为女性使用，男性申请使用积极性不高。此外，东亚国家如日本、韩国近年来也非常重视育儿中男性角色，如韩国设置 "父亲月" 等活动，韩国男性育儿假使用比例由 2010 年的 2% 提高至 2016 年的 8.5%，日本社会虽然实施男性育儿假政策，但由于职场等级观念、加班文化盛行，男性使用育儿假的比例一直极低，2016 年仅为 3.2%。对此，从当前生育率角度看，由于女性在儿童照料上的天然优势，男性使用占比超过 40% 的北欧国家呈现生育回潮趋势，保持着较高水平的生育率，而德国自 2007 年生育政策范式变革以来，男性育儿假使用率逐步上升，总和生育率也于 2015 年前后重回低生育陷阱线之上；相反，南欧、东亚等地区由于文化传统上的性别刻板印象，即使在育儿假政策的激励下，男性使用育儿假积极性转变缓慢，从而不利于双职工父母平衡工作与家庭，生育水平持续低迷。总而言之，强化性别平等的假期政策，不仅有利于减弱就业市场的性别偏见与保障女性就业权益，而且有助于家庭内部在职夫妻共担育儿压力，从而形成一个生育友好型的家庭环境。

（三）儿童保育设施与服务供给

由于在职父母因工作而普遍缺乏儿童照料的时间与精力，加之较高的儿童照料服务价格，严重制约年轻人生育的重要因素，因此，通过加大中心化托育设施建设力度与提高托育服务覆盖率与灵活性，成为鼓励生育的有效政策途径。为此，上述发达国家普遍增加公立托育中心的资金支持，以津贴的形式支持多元化托育服务发展，譬如家庭日托服务、儿童保育员、集体托育等，尤其需要解决 3 岁以下儿童托育服务的供给 "瓶颈"。此外，部分国家对不登记使用公立托幼中心而选择在家育儿的家庭提供儿童照料津贴、雇用保姆补贴。其中，北欧模式主要以公立托幼中心为主，提供 0~6 岁儿童成长全周期社会化育儿服务，而且开放时间上较为灵活，譬如全天候托育中心。西欧各国近年来不断加大对专业化托育服务的支持力度，尤其是法国着力推广中心化托育普及率、建设社区集体托育机构，实现 100% 覆盖；德国则一方面加大公立托幼机构的资金支持力度，另一方面鼓励家庭日托中心发展，培训上岗专业儿童保育员等。与之不同，英美系国家的儿童保育设施与服务，主要由市场组织和私立日托中心提供，公立托育机构则主要面向贫困人群。南欧地区由于财政危机，公立托育设施与服务供给不足，近年来也着重解决 3 岁以下儿童托育问题，但来自祖辈、亲属、朋友以及邻居的非正式照料支持依然是普遍现象。此外，近年来东亚的日本政府不断加大公立托育设施的建设力度，并承诺 2020 年前实现全覆盖，然而事实上入托申请等待名单越来越长；韩国政府则注重公立与私立结合，加大公立托育中心建设的同时，支持私立托育服务发展，提供多元化儿童照料服务模式。从结果上看，当前各国的 3 岁以上学龄前儿童入托率普遍较高，甚至达到 100%，但在 0~2 岁的婴幼儿托育服务供给上存在显著差异，具体如图 6-3 所示。

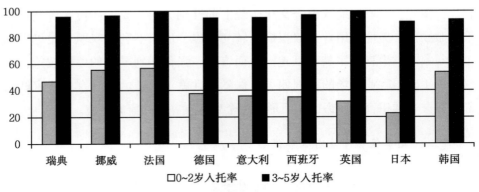

图 6-3 发达国家的儿童入托率比较

资料来源：OECD Family Dataset（2016）。

由图 6-3 所示，在 3~5 岁的入托率上发达国家几无差异，但需要注意的是各国中性化正式托育服务公立与私立占比不同，且费用上也有差异，因此各国民众实际承担与感知儿童照料成本大小不尽相同。譬如，北欧地区各国对公立与私立托幼中心有较高的资金支持与补贴力度，因而幼儿园费用较低，在公立与私立间差异也不大。并且，各国的幼儿园、学前班等托育中心开放时间上不一样，北欧各国普遍提供全天候托管服务，而南欧、西欧地区存在托管时间与在职父母工作时间不匹配的问题，从而托幼服务缓解父母工作与家庭冲突的效果不尽相同。因此，单从入托率上比较可能会掩盖托育设施服务的类型、特征细节对生育的影响。然而，从 0~2 岁入托率的直接比较依然可以获得一些托育服务对生育的影响。由于 0~2 岁属于婴幼儿，需要细致的照料，托育难度大，因而成为制约生育的服务"瓶颈"。北欧的瑞典、挪威及法国入托率长年超过 45%，同时，这些国家的总和生育率也接近更替水平，而德国近年来 3 岁以下入托率稳步提高由 2010 年的 26.8% 上升至 2016 年接近 40%，对其生育水平重回低生育线之上有积极作用。与此相反，意大利、西班牙等南欧地区托育设施建设力度较弱、起步较晚，0~2 岁儿童入托率直到近几年才提高至 30% 以上，这些国家生育水平持续低迷。同样，东亚地区中，韩国自 2006 年实施《应对低生育与老龄化社会计划纲要》确定的"两个五年计划"，大力推广中性化育儿服务，极大地提升了 0~2 岁儿童入托率，由 2010 年的 38.2% 提升至 2016 年的 53.4%；相反，尽管日本政府政策焦点一直关注公立托育中心建设，但入托率由 2010 年的 18.9% 仅仅提升至 2016 年的 22.5%，无法满足日本育龄夫妇的托育需要，申请登记名单越来越长。

此外，分析各国父母因儿童照料缺乏社会化支持而导致生育意愿不高，还可以从各国在职父母依赖祖辈、家人、亲朋以及邻居的非正式照料支持的比例上获得一定启示。譬如，北欧地区的挪威、瑞典、芬兰以及丹麦等国家，0~12 岁儿童需要非正式育儿支持比例不超过 5%，尤其是瑞典仅为 0.4%[①]。与之相反，以意大利为代表的南欧国家，非正式育儿支持比例达到 1/3，尤其是双职工家庭有 81% 需要祖父母帮忙照料孩子。总体而言，相比正式的社会化育儿服务，非正式的祖辈照料等由于身体健康原因，效率远没有前者高，特别是有意愿生育多孩的在职父母难以从祖辈家人获得足够的支持，在老龄化社会中祖辈照料还可能引发祖辈的工作与家庭冲突问题。

综上，首先，经过比较各国生育趋势，明确以下事实：过去 30 多年发达

---

① 资料来源：OECD 家庭数据库，http://www.oecd.org/els/family/database.htm。

国家间生育趋势存在两种明显不同的模式，一类以北欧国家为代表呈现生育回潮趋势，当前生育水平接近更替水平；另一类以南欧、东欧、东亚地区为代表生育水平持续低迷，自总和生育率降至低生育陷阱线至今维持在 1.5 个以下，尤其是南欧与东亚自 20 世纪 90 年代先后成为世界范围内生育率最低的地区。其次，梳理并比较各国与生育相关的家庭政策类型、逻辑以及工具差异，发现重视女性就业权益保护、强化性别平等的政策体系，可以有效提高双职工家庭平衡工作与家庭的能力，从而有助于鼓励生育。总体而言，在工业化进程中，随着女性教育、就业领域的参与度不断提高，甚至表现优于男性的情况下，社会公共领域内角色分工发生显著变化，而围绕家庭的福利保障体系或者政策变革并未跟上步伐，是部分发达国家生育率长期低迷的重要原因。而且，根植于文化传统的性别刻板印象，也极大地制约了南欧、东亚地区意在鼓励两性平等的政策效果，而社会心态上的价值观念则更难以快速转变，成为传统型地区鼓励生育所需面对的特有文化"障碍"。

如此，上述研究表明，意在保障女性就业权利与强化两性平等的政策逻辑有助于鼓励生育，那么实际上各国女性就业率、性别平等与生育率是否存在一定积极联系？为此，接下来利用经合组织（OECD）成员国的宏观统计数据对此进行实证检验，若成立则更加证实生育政策有必要关注性别平等维度。首先，女性就业权益保障属于性别平等的一个维度，即就业领域中招聘和福利待遇上女性享受同样的权利。依据新古典经济理论可知，女性就业与生育之间是不可调和的矛盾，如此其与生育率应该呈现负相关，但在当下，各国主张就业保护的政策体系下是否依然成立，若不成立则可确定保障女性就业权益有助于鼓励生育。其次，依据性别平等理论，性别平等概念分为两个维度，一是公共领域（教育、就业等）的性别平等，二是家庭内部家务分配上性别平等（Goldscheider et al.，2015）。因此我们选择多个学术界普遍认可的衡量性别平等的指标，即世界经济论坛发布的全球性别差距指数（Global Gender Gap Index）、联合国计划开发署发布的性别发展指数（Gender Development Index）以及依据各国两性家务劳动时间构建的家庭内部平等指数，以经合组织（OECD）国家为样本对象，分析家庭内外的性别平等与总和生育率间的关系，若呈现正相关，则意味着强化性别平等的政策导向有益于鼓励生育。

二、女性就业与生育间关系嬗变

以往新家庭经济学理论以及经验研究表明，女性劳动参与与生育之间呈现负相关关系，由于职业女性因生育造成职业中断，被注重自我价值实现的女性视作极高的机会成本，因此选择就业必然会挤出生育意愿与行为（Becker and Lewis，1973）。这一因果关系也得到20世纪80年代的数据支持，如图6-4所示，在1980年，大多数女性就业率较高的国家，也有较低的总和生育率。换言之，宏观比较表明，25～54岁女性群体中就业比例越高，则生育水平越低。

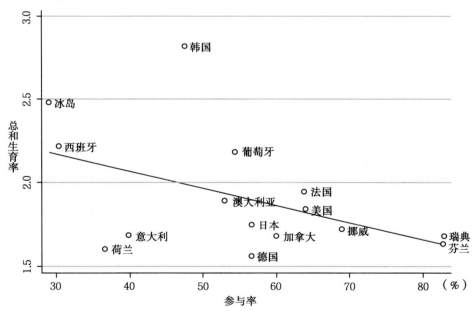

图6-4　1980年25～54岁女性劳动参与率与总和生育率的关系

资料来源：OECD（2016），部分国家劳动参与率数据缺失。

然而，采用2016年的统计数据表明，女性劳动参与率与总和生育率之间负相关关系不再成立。如图6-4所示，意大利、韩国、日本、波兰以及西班牙等国的总和生育率、女性劳动参与率都较低；与之相反，以瑞典、挪威等为代表的北欧地区以及英美系国家，女性劳动参与率与总和生育率均较高，如此宏观上两者不再是负相关关系而是正相关关系，就业与生育对于女性来说不再是非此即彼的单选。微观层面上，大量采用普查性调查资料的研究也表明，自 20 世纪 90 年代后，女性劳动参与与低生育之间的因果关系也不再明朗（Brewster and Rindfuss，2000），甚至一些经验证据表明，全职工作女性拥有更多的孩子（Goldscheider et al.，2013；Ken and Hertog，2017）。可见，来自宏观与微观两个层面的经验研究，表明女性就业不再是生养孩子的一个明显障碍。究其原因，Laat 和 Sevilla Sanz（2011）的文章提出，可以将孩子的"成功生养"视作夫妻间的一种"公共品"投资，而且具有门槛特征，成功养育孩子需要夫妻间最低的经济与精力投入，对此他们选取欧洲多国数据资料，并采用多层模型方法实证分析，发现一个社会整体上性别平等较高情况下，女性劳动参与与就业间正相关，譬如北欧地区，反之，在性别不平等的国家，两者呈现负相关，譬如南欧、地中海沿岸国家。其中，深层次原因在于，社会整体上较高的平等气氛有助于形成"男人干家务并不可耻"的共享认同，从而降低男性参与家务的情感成本，如此家庭内夫妻双方彼此互惠"共担"育儿压力，更容易实现育儿这一夫妻间"公共品"投入门槛，因此，在此类型国家生育水平较高，而且与就业参与有更高的兼容性。

依据上述观察与文献分析，女性劳动参与率与生育水平间负相关关系转变为正相关的时间是 20 世纪 90 年代，而此时间节点正是大多数工业化国家意识到低生育导致一系列社会问题而相继出台应对政策的高峰阶段。因此，有学者指出，上述宏观上女性就业率与生育水平间正相关，得益于各国不同的家庭政策工具与特有的就业结构，大大提高了女性平衡工作与家庭的能力（Thévenon，2011）。譬如，一类是北欧国家，对在职父母在生育、养育孩子期间提供持续性支持福利与政策，并强化家庭内外两性平等，鼓励在职父亲积极参与家务与育儿，分担在职女性的双重压力，构建家庭友好型的社会环境，一系列政策极大地帮助双职工家庭解决生养的后顾之忧；另一类以英美系国家为主，就业市场上灵活的工作安排、兼职的临时工作比例较高以及针对低收入家庭的儿童保育支持与福利津贴政策，再加上家务育儿外包市场服务价格低廉，可以为在职父母平衡家庭与工作提供多种方案可能。

如此，意在强化双职工家庭平衡工作与家庭能力的公共政策，同时刺激

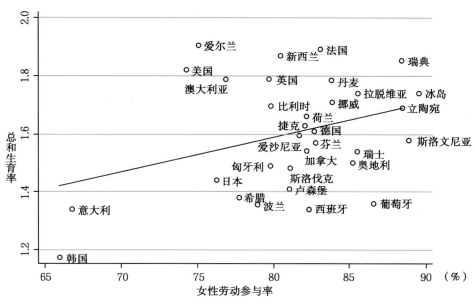

图 6-5　2016 年 25~54 岁女性劳动参与率与总和生育率的关系

资料来源：OECD（2016）。

女性就业参与和生育水平，而且较高的女性就业率也可以降低赡养比，减轻老龄化社会带来的养老金与社会福利支出压力。一方面，家庭支持政策使以往因生养孩子而中断工作的女性，重回就业市场，缓解劳动力短缺问题；另一方面，以往选择牺牲家庭而选择职业发展的女性，可以在公共政策支持下工作与生活两不误，释放生育意愿而生养更多的孩子。

综上所述，影响生育的重要因素在于个体是否可以兼顾工作与家庭，尤其是女性群体的双重压力问题。现有发达国家政策经验表明，有两种有效途径可以缓解女性母亲角色与职业女性角色间的矛盾。一种是制度保障上，通过一系列工作与家庭平衡的公共政策，保障女性享有与男性同等的就业权利，消除就业歧视与灵活安排工作时间，为生养孩子提供长期的持续性经济支持，最终降低家庭的经济负担与女性生育的机会成本；另一种是社会文化心态上，关注男性在育儿中的角色问题，通过一定的经济政策激励与理念宣传，鼓励在职父亲回归家庭，使生育的共同决策者"夫妻"二人共担家务育儿压力，从而实现家庭内部的两性平等，继而夫妻互惠地推动生育水平回升。因此，正如过去人口学中性别平等理论所指出的，性别平等转型可能是部分发达国家呈现生育回潮的重要推动力（Goldscheider et al.，2015）。

三、性别平等推动生育回潮

如前所述，过去十几年部分发达国家的人口发展趋势，呈现出与以往经济理论或人口理论所预期相反态势。不管是基于理性经济人的新家庭经济学（Becker and Lewis，1973），还是关注价值观念变迁的第二次人口转变理论（Lesthaeghe，2010），均断言"社会经济的不断发展必然导致生育水平持续下降至危险水平"。如此，"低生育、低死亡、低增长"似乎是工业化国家所无法避免的人口阶段，这也符合 20 世纪 60 年代的短暂"婴儿潮"之后大多数工业化国家经历长期生育下滑的经验事实。然而，进入 21 世纪后，一个根本性转变发生，Myrskylä 等（2009）在自然杂志（Nature）上发文指出，基于全球 100 余个国家的数据比较，表明社会经济发展指数与生育水平间呈现 U 型关系，发展指数超过一定阈值的发达国家出现生育回潮趋势，人口规模维持在更替水平左右（2.1 个）。这一与上述理论预期格格不入的典型回潮趋势一经披露，引起人口学、经济学、社会学等领域学者的极大关注，试图揭示生育回潮与发达国家间不同生育现状的深层次原因。

近年来，人口学中的性别平等理论受到广泛关注，该理论较好地解释了工业化国家生育率经历先降后升的历史趋势。依据性别平等理论的逻辑，性别角色或者性别平等转型经历两个阶段。处于平等转型第一阶段的社会，随着经济高速发展与女性就业参与度提高，催生公共领域（教育、就业、政治等）中性别平等意识、行为以及制度的发育，即传统的性别分工"男主外女主内"转向"男女均主外"的模式，而家庭内部依然固守传统的"女主内"模式，此时家庭组织承受压力，个体难以兼顾职业发展与家庭责任，导致育儿劳动力不足等问题，从而降低生育水平及其意愿，这构成了"婴儿潮"后长期生育下滑的微观逻辑。一旦性别平等转型进入第二阶段，平等观念逐步由公共领域深入到家庭内部，譬如家庭照料上，受家庭内部平等观念的驱动，"女主内"的传统模式转变为"男女均可主内"，男性积极参与到家务从而分担家务压力，此时家庭组织得以强化，两性在公共领域和家庭照料上的平等共识均得以达成，从而家庭互惠带动生育回升到更替水平（Goldscheider et al.，2015）。可见，一个社会两性平等程度，成为生育趋势是否回升的关键所在，而这一理论逻辑也符合前述发达国家生育政策经验梳理获得的结论——意在保障女性就业权利与强化两性平等的家庭支持政策更有利于鼓励生育。为检验上述逻辑是否成立，本章节以经合组织成员国为分析对象，选择学术界普遍认可的刻画性别平等的两大指标：全球性别差距指数（Global Gender Gap Index）与性别发展指数（Gender Development Index），从宏观比较层面考察性别平等与总和生育率的关系。

（一）性别差距指数与总和生育率关系

性别差距指数由世界经济论坛发布，用于展示男女间在经济机会（薪酬与工作机会）、学习机会（教育）、政治参与以及医疗健康及生存四个领域中差距的指标。作为衡量性别平等的重要指标，从概念含义与度量方法上强调的是两性的机会公平，即获取资源与机会方面的差距，取值范围 0~1，数值越大表示两性平等越强。性别差距指数与总和生育率的关系如图 6-6 所示。

从图 6-6 可以看出，整体上，性别差异指数越大，总和生育率越高。换言之，一国两性平等程度越强或差异越小，则生育水平越高。进一步分析，由于性别差距指数衡量的是两性在家庭之外的社会公共领域获得资源与机会的差异，同时考虑到性别平等转型由公共领域到家庭内部渐进发育特征，因此性别差异指数越小，则意味着公共场域与家庭内部两性平等间张力越大，此时依据性别平等转型阶段划分属于第一阶段，公共场域性别平等逐步完善而家庭内部两性关系依然保持着传统取向，在这种情况下职业母亲将承担大部分家务与育儿压力，来自职业发展与母亲角色间的冲突，严重抑制女性的生育意愿，从而整个社会生育水平较低。人口学家普遍将总和生育率为 1.5 视作一个社会生育趋势的关键拐点，低于 1.5 的国家将陷入"低生育陷阱"，严重威胁人口规模稳定。鉴于此，从图 6-6 中可以看出，若以 1.5 为临界值，处于临界值以下的国家有日本、韩国、希腊、意大利、葡萄牙以及西班牙等，主要分布在东亚与南欧地区。从人类文化学角度看，这类国家属于家庭主义、科层等级、父权特征较为突出的传统型地区，社会分工建立在"男主外女主

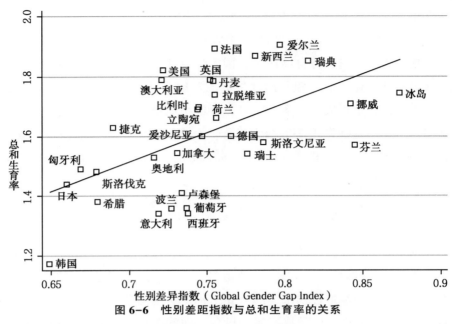

图 6-6　性别差距指数与总和生育率的关系

资料来源:《全球性别差异指数报告》(Golab Gender Gap Report)(2016)。

内"的传统架构之上,因而相比北欧、英美地区,工业化与现代化进程并未显著改善女性社会地位,尤其是家庭内部。

与之相反,处于临界值之上的国家,主要包含瑞典、挪威等北欧国家以及新西兰、爱尔兰、澳大利亚等英美系国家,甚至部分国家的总和生育率已经接近更替水平。如前所述,这类国家普遍有较高的女性就业率,而且家庭支持政策逻辑强调保障女性就业权益与强化两性平等,同时在政策设计与理念宣传上也鼓励在职父亲回归家庭并积极介入育儿。如此性别平等在公共场域内日臻完善,继而带动家庭内部两性平等快速发育,最终实现性别平等在家庭内外的协调发展而逐步收敛,完成性别平等转型的第二阶段,此时家庭多生多育有了一定的制度保障与观念基础,尤其是双职工家庭不需要牺牲家庭而追求职业发展,社会整体生育水平将恢复到可更替水平上下。综上所述,一个社会完成性别平等转型,是生育水平呈现回暖的重要推动力,而且从发达国家间生育现状的显著差异看,即使一个社会经济发展水平已经步入较高的序列,但两性关系却保持着传统不平等取向,则社会整体上生育水平依然会长期处于低生育陷阱之中，譬如东亚、南欧等地区。

（二）家庭内部性别不平等指数与总和生育率关系

由于性别平等包含两个维度：公共领域（就业、教育等）与家庭内部，上述性别差距指数仅衡量两性在公共领域内获取资源与机会的差异，而没有涉及家庭内部无报酬劳动的不平等分配。事实上，性别平等推动生育回潮，或者两性平等鼓励生育，其重要逻辑就在于，家庭内部两性关系转变上，由"男主外女主内"转变"男女均可主内"，因此家庭内部两性平等与否是重要一环。譬如，Laat 和 Sevilla Sanz（2011）基于欧洲数据的研究，表明社会整体的平等气氛有助于家庭内部两性平等的发育，从而鼓励男性参与家务，继而提高生育水平。基于同样的理论逻辑，Brinton 和 Nagase（2017）以日本社会为例，发现相比西方发达国家，日本社会共享着"男主外女主内"传统观念以及严重的"加班文化"，为日本男性参与家务提供了"负激励"，如此形成家务分配严重不平等，极大地限制了日本双职工家庭生育二孩的意愿与行为。然而，当前关于家庭内部两性平等关系的统计指标处于空白，不过《全球性别差距报告》中统计了各国男女平均每天花费在无报酬的家务劳动时间，为度量家庭内部不平等程度提供了可能。为此，本章节以女性家务时间与男性家务时间之比，表征家庭内部两性平等程度，数值越高则意味着两性间家务分配越不平等，女性肩负更大的家务压力。鉴于此，依据性别平等理论的逻辑，家庭内部两性不平等程度越强，则女性感知来自工作与家庭的双重压力越大，无法兼顾的情况下只能舍此即彼，因而生育意愿与水平越低；反之，家务劳动在夫妻间公平分配，则女性双重压力降低，而男性积极介入家务，会显著提高婚姻质量，有利于营造良好的家庭环境，因而生育可能性越高。综上所述，家庭内部两性不平等程度与总和生育率呈现负相关。家庭内部性别不平等指数与总和生育率关系如图6-7所示。

从图6-7可以看出，整本上，世界范围各国内相比男性，女性均承担着更大份额的家务劳动，其中，以韩国、日本为代表的东亚社会最为不平衡，女性家务劳动时间是男性的将近5倍。其次是以意大利、葡萄牙为代表的南欧地区，传统性别分工导致女性承担家务接近男性的3倍。相对而言，北欧

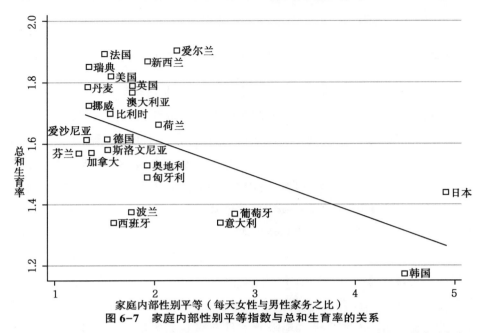

图 6-7　家庭内部性别平等指数与总和生育率的关系

资料来源：《全球性别差异指数报告》（Golab Gender Gap Report）（2016），样本对象为 OECD 成员国，由于部分国家数据缺失予以剔除。

与英美系国家男女家务分配上趋于平等，不过仍有差距，因此世界各国并没有任何一个国家真正地实现两性的完全平等。有学者指出，推动北欧与英美系国家家务分配较为平等的原因可能存在不同，北欧地区主要依靠强化两性平等导向的公共政策，激励男性主动介入家务，而英美系则源于发达的家务外部市场，低廉的价格使在职父母可以通过市场采购降低家务育儿劳动总量（Thévenon，2011）。进一步比较其与社会整体生育水平间关系，符合理论预期，一个社会家务分配不平等程度越强，则总和生育率越低。这一结论与大量的基于普查资料的微观研究结论相似，夫妻间平等分配家务劳动或者就家务分配有更高的公平感知，有助于鼓励家庭多生多育（Goldscheider et al.，2013）。这也就意味着，长期以来日本、新加坡等国围绕鼓励生育的一系列家庭政策，并没有扭转生育水平不断下降的趋势，其深层次原因可能在于建立在父权特征基础上的公共政策，并没有关注或者难以触及家庭内部两性关系。因此，生育支持政策不能简单地照搬以往发达国家的成功经验，而应将当地社会发展阶段与文化传统特征纳入考量，设计侧重点不同的有针对性的政策体系。近年来，日本政府家庭政策导向转向关注父亲的家庭角色以及抑制"加班文化"，是一种非常有意义的尝试，其效果有待时间的检验与观察。

（三）性别发展指数与总和生育率关系

如上所述，利用《全球性别差距报告》发布的性别差异指标以及构建家庭内部两性平等指标，表明家庭内外两性关系是否平等与社会整体生育水平密切相关，一个社会整体上两性关系越平等，家务分配越公平，则总和生育率越高。接下来，本章节选择另一个学术界较为认可的性别平等指标——性别发展指数（Gender Development Index），重新检验上述结论，该指数在概念含义与度量方法上均与性别差异指数存在差异。性别发展指数是联合国计划开发署设计与发布的一项体现男女平等程度的综合指标，用以刻画不同性别在人类基本能力上的不平等程度，主要涵盖 3 个维度。一是分性别的预期寿命，以出生时预期寿命表示；二是分性别的受教育程度，以成年人识字率和小学、中学、大学毛入学率表示；三是调整两性的实际收入，以所得收入估计值表示，数值越大，表明两性在结果成就上差异越小，即更为平等。相比性别差距指数强调机会公平或平等而言，性别发展指数则聚焦男女两性在实际成就结果上的不平等。此外，《联合国人类发展报告》还发布了分性别的人类发展指数，即女性发展指数、男性发展指数，用于反映女性及男性在人类发展基本维度方面的成就。接下来，同样地选择 2016 年经合组织成员国数据样本，并采用《2016 年人类发展指数报告》中的性别发展指数（GDI）、女性发展指数以及男性发展指数等 3 个指标，分析其与社会整体的总和生育率之间的关系，具体如图 6-8 所示。

从图 6-8 中可以看出，即使在发达国家中，两性发展水平上也呈现一定差异，发展指数上下限表明男性发展水平高于女性发展水平，而据《联合国人类发展指数报告（2016）》显示，女性的平均 HDI 值为 0.705，比男性（0.749）低 5.9%，因此世界范围内男性及女性在人类发展基本维度的成就依然存在一定差异。从性别发展指数与生育指标关系上看，两性在人类发展成就上差异越小，则社会的总和生育率越高，与基于性别差异指数的研究结论一致。进一步分析表明，男性与女性发展指数均与总和生育率呈现正相关，

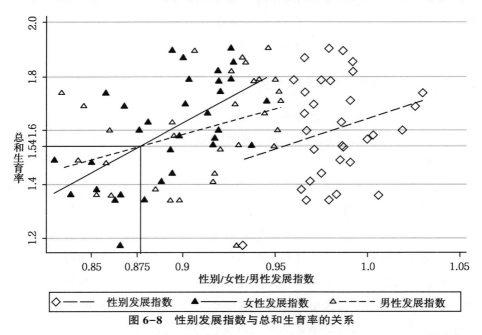

图 6-8　性别发展指数与总和生育率的关系

资料来源：《联合国人类发展指数报告》（Human Development Index）（2016），样本为OECD 国家。

但比较两者与总和生育率间斜率可知，女性发展指数与生育率间关系相比男性更为密切，也就是说，在当下育儿工作主要由女性承担的情况下，一个社会对于女性权益的保护以及两性平等的增强，可以显著提高社会整体生育水平，尤其是在人类发展指数比较高的国家中更为突出。这一点体现在图 6-8中，男性发展指数、女性发展指数与总和生育率关系直线相交，而交点坐标为（0.875，1.54）正好位于"低生育陷阱"警戒线——总和生育率 1.5 附近，这意味着一个社会人类发展指数较低而处于交点水平之下时，生育水平主要取决于男性发展指数，这类社会特点在于男性主导社会各方面工作，因而生育多少与男性收入、发展成就相关性更强，而女性发展水平较弱，在工业化与现代化过程中，需要付出或牺牲家庭以实现与男性同等地位与发展，因而生育水平较低，整个社会将陷入低生育陷阱。与之相反，人类发展水平越过阈值之上，生育多少与女性发展水平更为相关，此类型国家中，继续保持关注女性权益保障与夯实两性平等，则生育率会继续上扬，从而达到人口规模的更替水平之上，譬如北欧地区。

此外，图中交点横坐标为 0.875，意味着当人类发展水平接近阈值情况下，生育率可能出现反转，这与 Myrskylä 等（2009）的文章发现"生育率先下降后上升"的窗口期"人类发展指数（HDI）"介于 0.86~0.9 是一致的。同时，他们的文章指出当 HDI 提高 0.05 的情况下，总和生育率上升 0.2，而在图 6-8 中采用经性别平等调整后的人类发展指数，即性别发展指数（GDI），发现 GDI 提高 0.05 的情况下，总和生育率上升 0.1 左右，这表明人类发展中性别平等维度并不足以完全解释生育水平的回升幅度，但解释贡献接近 50% 左右。譬如，自 2008 年金融危机以来，全球经济不景气削弱了整体上发达国家生育回暖趋势，经济因素依然是重要一环。

综上所述，以最早面临低生育问题且人口发展趋势不尽相同的发达国家为分析对象，结合刻画公共领域、家庭内部两性关系平等程度的不同指标，研究发现，性别平等转型是推动生育回潮的重要力量。一个社会若想维持人口规模可持续发展，则政策需要更多地关注女性群体，保障在家庭内外获取资源、机会以及成就上的同等权利，并鼓励男性回归家庭与积极介入育儿事务中，从而夯实性别平等的制度保障与观念基础，营造一个女性友好型、育儿友好型、家庭友好型的社会环境。总而言之，上述实证发现与当前呈现生育回潮的部分发达国家生育支持政策中强调"女性权益"与"性别平等"导向相互契合。

第七章　东亚地区生育模式及其支持性政策

第六章基于欧美发达国家归纳已有不同类型生育支持政策的逻辑与经验，呈现出的结论是，聚焦于女性就业权益保障与强化性别平等的政策取向，并关注儿童成长期内的长期持续育儿支持，有利于营造儿童友好型、家庭友好型的物质与精神环境，从而带动生育回暖。在本章，将以东亚的韩国、日本以及东南亚的新加坡为对象，梳理归纳生育政策的东亚经验。

与南欧、东欧以及德语系地区一样，东亚社会自 20 世纪 80 年代起（日本则自 60 年代起）总和生育率降至更替水平之下，此后保持下滑趋势，长期陷入低生育困境。尤其进入 21 世纪后，韩国、新加坡以及日本的总和生育率一直位列发达国家以及全世界国家的末尾，尤其是韩国、新加坡生育率已经属于极低生育水平（平均 1.2 个以下）。不同的是，由于"二战"后人口爆炸引发对人口过剩的担忧，除日本外（50 年代短暂地关注人口质量优化），东亚各国基本上都经历了以控制人口过快增长并优化人口质量为导向的长期生育计划阶段。由于生育计划成效显著，20 世纪 80 年代日本、韩国、新加坡相继意识到低生育可能导致的人口危机与老龄化问题，因此纷纷终止生育计划政策而调整为鼓励生育，先后推出一系列生育支持政策与项目。

在历史文化传统上，新加坡、日本、韩国以及我国都属于儒家文化圈，也都经历了长期的人口控制政策，而且当下我国社会正处于人口政策调整的十字路口，因此梳理东亚各国生育支持政策实践及其转变过程，并归纳其中的"得与失"，可以为构建契合我国发展阶段与文化特征的生育支持政策体系提供更有意义的参考与借鉴，以避免"前车之鉴"。为此，下文首先从人口生育历史角度，分析东亚四国的生育现状与趋势；其次分别归纳各国的生育政策的不同侧重点及其主要特征；最后围绕东亚所特有的文化传统，解析当下东亚社会政策难以扭转生育趋势的深层次原因，可为未来政策制定与项目设计提供有针对性的思路方向。

第一节 东亚各国的人口生育趋势与现状

为横向比较东亚各国生育趋势，从 2018 年《联合国世界发展指数》
（World Development Indicators）择取 1960~2017 年各国总和生育率数据，获得
的各国生育水平演化趋势如图 7-1 所示。从图中可以看出，"二战"后，20
世纪 50~60 年代，除日本以外的东亚社会女性平均生育 5~7 个孩子，近乎欧
美发达地区的两倍，加上庞大的人口基数，因此各国纷纷推行计划生育政策
也不足为奇。进入 70~80 年代则正是韩国、新加坡"如火如荼"般地推行生
育计划时期，同时也是东亚各国经济快速发展与工业化进程加快的"井喷
期"，总和生育率却相继跌破更替水平线，这意味着长期来看，人口规模无法
维持稳定，而进入 90 年代中前期，日本、韩国与新加坡的总和生育率又先后
落入低生育陷阱线之下，人口趋势可能陷入恶性循环。

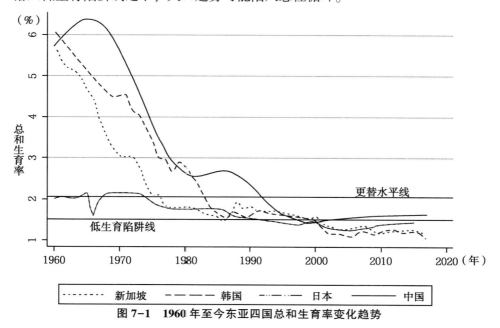

图 7-1 1960 年至今东亚四国总和生育率变化趋势

资料来源：《联合国世界发展指数》（World Development Indicators）（2018）。

具体而言，韩国社会总和生育率于 1983 年起首次低于更替水平后，生育水平持续下滑，并于 1998 年下降至低生育陷阱水平之下，仅仅 3 年后韩国社会总和生育率又跌破 1.3，属于极低生育水平，是面临严重人口危机的强烈信号。2017 年，韩国生育率为 1.05 个达到历史最低点，已经是世界最低水平。同样，自"二战"后经历 60 年代"婴儿潮"后，新加坡生育率于 1975 年首次跌破更替水平线，并于 1998 年再次跌破低生育陷阱线，此后保持下降态势，2003~2016 年，新加坡总和生育率一直稳定在 1.2~1.3，属于极低生育水平，2017 年甚至跌破 1.2，总和生育率达到历史最低点为 1.16。与东亚其他国家不同，"二战"后日本生育率一直处于低位，自 20 世纪 60 年代起，总和生育率最早降至已更替水平之下，这可能与当时日本政策优生优育政策导向有关，并于 1993 年首次跌破低生育陷阱线，此后生育水平不断下滑，维持在 1.3 左右，被归类为极低生育水平国家。不过，自 2009 年以来日本总和生育率呈现一定微弱幅度的上升趋势，2017 年总和生育率为 1.43 个，依然属于不可持续状态。

相对于东亚其他国家而言，新中国成立后我国生育水平经历了一段时间的上升期，进入 70 年代由于"晚、稀、少"的生育政策方针逐步确定，总和生育率持续大幅下降，而进入 80 年代开始正式推行独生子女政策，总和生育率进一步下滑，并于 1992 年首次跌破更替水平线。随着经济高速发展与社会价值观念变迁，进入 21 世纪前后我国总和生育率短暂跌破低生育陷阱线（1999 年、2000 年分别为 1.494、1.497），此后总和生育率维持在 1.5~1.7。在 2015 年全面放开二孩政策情况下，总和生育率有小幅提高，从 2015 年的 1.617 提高至 2017 年的 1.631，但远不及政策预期效果，而且据调查显示我国城乡居民在二孩政策全面放开后二孩生育意愿并不积极（刘章生等，2018），更为严重的是，与其他国家不同，普查性资料显示我国城乡居民生育意愿数量长期低于 2 个（吴帆，2016）。如此，生育意愿数量与实际生育数量均低于更替水平线，意味着我国人口发展将面临复杂不确定的危险局面。

综上所述，"二战"后东亚地区经历短暂的"婴儿潮"，由于担忧社会发展难以满足人口增长的需要，各国将人口过剩问题列入政策关注重点。此后20 余年在计划生育助推下，随着工业化快速发展，东亚地区生育水平持续下滑，日本、韩国与新加坡相继落入低生育陷阱。在意识到低生育危机的情况下，各国自 20 世纪 80 年代开始相继推出一系列意在鼓励生育的支持政策，然而生育趋势并没有扭转，甚至继续恶化成为世界范围内生育水平最低的地区。据 2019 年最新公布的《世界人口展望》（World Population Prospects）显示，2019 年韩国总和生育率为 1.11，排名 200 个目录国家中倒数第一，新加坡生育率为 1.21，排名 197 位，日本生育率为 1.37，排名 187 位，我国总和生育率为 1.69，排名 156 位。面对如此严峻的人口形势，东亚各国政府不得不思考生育支持政策的不足之处，为什么没有如北欧国家一样成功扭转生育下滑趋势，甚至未如德国一样摆脱低生育陷阱。在回答这些问题之前，需要对日本、新加坡以及韩国的生育支持政策体系进行一番梳理，并解释其中政策逻辑以及主要特征。

第二节　东亚地区生育支持性政策实践及其不足

由于经历"二战"后人口爆炸引发的人口过剩担忧，韩国、新加坡以及日本起初的生育政策基调基本上都是以控制人口过快增长与优化人口质量为导向。譬如，韩国政府自 20 世纪 60 年代开始，推行计划生育政策，废止避孕生产与进口法律，进入 70 年代则以《母婴保健法》为基础提倡二孩家庭、宣传健康避孕措施以及绝育手术免费化等，进入 80 年代韩国政府进一步强化生育控制，通过各种宣传手段、税收、医疗政策优惠等，大力提倡一孩家庭模式，推广绝育以及可逆节育技术。在意识到低生育问题的情况下，韩国政府于 90 年代取消对一孩家庭的相关优待措施与社会支持，政策导向调整为重视人口质量与结构。直至 2005 年韩国社会意识到低生育可能引发的严重社会问题，最终彻底摒弃生育控制导向，转变为以恢复生育率、应对老龄化并保障经济增长为目标的鼓励生育导向。

同样，新加坡政府在经历"婴儿潮"后，不仅意识到人口过剩的危机，而且更在意人口结构上不均衡问题，相对高学历、高收入群体而言，低学历低收入群体生育太多的孩子，无疑加剧公共财政负担。对此，自

20世纪60年代到80年代中后期，新加坡政府一直致力于抑制低收入、低地位家庭生育，推广使用避孕技术，同时发起"两个就够了"的政策项目，提倡小规模家庭，对二孩以上多胎生育取消带薪产假、提高医疗费用、名校择校限制等，该项目执行效果非常显著，甚至有学者指出"过于成功"。由于生育计划收效显著，意识到低生育导致人口危机的新加坡政策，于1987年调整生育政策导向，人口政策进入重视人口质量与鼓励生育并举的第二阶段，取消所有生育控制政策，堕胎、绝育需要接受强制性咨询辅导，实施"如果可以养活，生三个或者更多"政策项目。与韩国、新加坡不同，日本自"二战"后人口生育水平已经接近更替水平，因此在50年代中前期生育政策主要关注人口质量与结构问题，仅仅几年后日本总和生育率就跌破更替水平，这也促使日本政府进入60年代调整政策立场转向中立，此后长达25年"不鼓励，不控制"的政策时期，日本生育水平持续下滑并于90年代跌破低生育陷阱线，在此情况下日本政策导向再次调整，转向鼓励生育阶段持续至今。

然而，考虑到长期以来东亚三国生育率始终未重新站上低生育陷阱线之上（如图7-1所示），可以说，东亚人口实践历史表明"计划管用"而"奖励无效"。在人口过剩的情况下，各国政府推行生育计划政策抑制人口过快增长成效显著，但转向鼓励生育的政策导向时，刺激生育收效甚微。这说明，一方面，生育水平高低可能是内嵌于整个社会发展大背景下的必然结果，而非以往生育控制政策的约束；另一方面，可能是生育支持政策开错了"药方"，没有考虑到社会发展阶段与文化传统特征而"对症下药"。与之相反，同样曾经落入低生育陷阱的德国社会，通过2007年的生育政策全方位改革，总和生育率已于2015年重回1.5以上。因此，下文将分别介绍新加坡、日本以及韩国政府推出的生育支持政策与项目，并指出相比欧洲政策的不足之处，然后就欧美地区与东亚地区进行比较，解析东亚地区鼓励生育所需应对的特有"障碍"：教育狂热与性别不平等。考虑到我国同样经历长期的生育计划，并且处在政策调整的"窗口期"，相比欧美发达国家政策经验而言，东亚国家政策实践中"得与失"无疑为我国构建契合经济发展阶段与文化传统特征的生育支持政策提供了更有意义的借鉴。

一、日本：渐进式的生育政策变革

由于"战后"日本总和生育率已经处于更替水平附近，因此不同于其他东亚国家，起初日本生育政策并不以控制人口增长为导向，而是关注人口质量问题，推行"优生优育"政策。此后长达 25 年，日本政府的生育政策立场一直保持中立，既不鼓励也不限制，然而，生育率持续下滑先后跌破更替水平线、低生育陷阱线，经历长期的"婴儿荒"。1990 年，意识到低生育危机的情况下，日本政府调整政策导向转为鼓励生育，时至如今日本生育政策变革轨迹大致经历由单一经济干预转向多管齐下、由重视经济激励转向重视女性权益保护以及性别平等的过程。

在现金支持方面，早在 1972 年，日本已经实施儿童津贴政策，主要面向低收入家庭 3~6 岁儿童每月发放一定补贴，以解决儿童贫困问题，而非鼓励生育。进入 90 年代，日本政府为鼓励生育，建立跨部门协调委员会"为生养孩子创造美好环境"，大幅度提高生育津贴标准，但依然延续之前的资格标准，主要针对低收入有需要的家庭。然而，在生育水平持续低迷情况下，日本政府在 2010 年取消儿童津贴的家庭收入限制并扩大政策对象年龄范围，实施普惠型津贴政策。为降低生养孩子的经济负担，日本政策规定未满 15 周岁的青少年均可每月领取 1.3 万日元津贴，并于 2012 年再次提高津贴额度与年龄限制，并实施差异化补贴政策，规定 3 岁以下婴幼儿与 3~13 岁青少年可分别每月领取 1.5 万、1 万日元的儿童津贴。此外，给予孕妇一次性育儿补助金 30 万日元（约合人民币 22592 元）。

在与工作相关的生育支持政策方面，日本政府于 1991 年出台《儿童照料休假法》（Child Care Leave Law），规定全职员工可享受无薪酬补偿的育儿假，进一步在 2001 年修订上述法案，规定企业雇主不得因女性员工休育儿假而解雇、辞退或者降级聘用。此后，为提高双职工家庭兼顾工作与家庭的能力，日本政府推出带薪产假政策，女性员工享受为期 14 周带薪产假，其中分娩后 6 周为强制性规定，期间收入补偿按照平日工资的 67% 发放，由职工健康保险支付，但未参保的女性员工无法享受假期津贴。并且，产后 6 周，身体健康允许的情况下，女性员工有权利重返岗位，并设立"妇女就业促进与援助中心"，每年举办妇女产后再就业培训。进一步，围绕育儿需求，日本政府推出父母育儿假政策，规定儿童年满 1 周岁前，在职父母可以申请假期 12 个月，其中 180 天收入补偿为平日工资的 67%，其余天数为 50%，为了鼓励夫妻共担育儿责任，若在职父母均申请使用过育儿假则可以延长至 14 个月，并且若孩子需要特殊护理，或者已经登记申请托幼服务，但处于等待期，则父母育儿假可进一步延长至 24 个月。值得说明的是，当前日本政府并未制定面向在职父亲的陪产假制度。此外，为使处于哺乳期的女性员工可以灵活安排工作时间，法律规定女性员工每天可以两次无薪中断工作 30 分钟以上，用于哺乳或者其他育儿事务，譬如提前下班去日托中心接送孩子。并且，在孩子年满 3 周岁前，已工作年满一年的在职父母有权利要求缩短日常工作时间，譬如每天工作 6 小时，但减少的工作时间无报酬。有学龄前儿童的家庭，在职父母每月加班时间不得超过 24 小时，一年加班时间不得超过 150 小时，不得安排晚上 10 点至凌晨 5 点的夜班工作，除非员工同意。

在儿童保育设施与服务供给方面，首先，日本政府先后推出"天使计划"（Angel Plan）、"加一个计划"（Plus One）、"新天使计划"（New Angel Plan），不断加大公立日托中心、保育所、儿童寄养设施、课后活动等支持服务的财政投入力度，并且补贴私营托幼机构与服务发展，设定每年增加保育设施数量，并于 2018 年设定目标在 2020 年实现公立托幼服务全覆盖。其次，为满足 3 周岁以下婴幼儿照料需要，日本政府一方面增设儿童保育机构数量，延长托育时间、推广休息日托育、临时保育以及夜间保育模式；另一方面鼓励代际间育儿支持，推出"祖辈给孙辈缴纳学费免税"以及"带孙子假"政策。最后，日本政府推出"支持下一代行动法案"，鼓励企业营造家庭友好型工作环境，有效地提高员工平衡工作与家庭能力。譬如，员工人数超过 100 人的企业必须建立行动计划，而员工少于 100 人的企业则需要做出努力姿态，政府会为建立行动计划并满足一定条件的企业颁发证书，并给予其税收优惠，同时禁止企业区别对待申请育儿假的在职员工，并有义务避免或组织其他员工对休假员工的排斥等可能有损儿童友好型工作环境的举动。

在公共项目与理念宣传上，为唤起全社会对家庭、生育的关注，将每年10月设定为"工作与家庭思考月"，将每年11月的第3个星期日设定为"家庭日"，将这一天前后一周设定为"家庭周"。并且，为引起民众意识到生育危机的严重性，日本政府于2018年将低生育问题升级为国家危机，设定生育目标值在2026年实现总和生育率恢复到1.8个以上。

综上所述，日本政府自20世纪90年代开始，为应对生育危机，日本生育政策经历一系列的渐进式变革，形成当前全方位的家庭支持政策体系，主要涉及现金奖励、强化工作与家庭平衡力、儿童保育设施供给以及理念宣传活动。然而，相比欧美发达国家而言，日本生育支持政策存在以下不足：一是女性就业权益保障效果欠佳，大部分女性员工在分娩后退出就业市场而成为家庭主妇。譬如统计资料显示，1985～2009年，女性产前就业率由61.4%增至70.7%，女性就业率提高了9.3%，然而女性分娩后重返就业岗位或再就业的比例仅从24%增加至26.8%（Vainio，2017）。二是与生育有关的假期时长与津贴相对不足，尤其是儿童成长期内育儿假不够灵活，仅关注未满1周岁的婴儿，而忽视儿童成长期内亲代抚养陪伴需要，同时对在职父亲角色关注度不够。三是日本政府的儿童保育设施与服务供给速度，并没有跟上政策目标水平，近年来公立日托机构的入托申请"等待名单"（waiting list）越来越长，使民众不得不质疑其承诺2020年前实现育儿服务全覆盖目标是否可行。此外，由于社会文化心态上的"男主外女主内"模式历来已久，日本社会相关经济政策、福利保障以及就业政策均建立在传统的性别分工模式，而忽视性别平等维度，譬如日本所得税制度意味着双职工家庭所需缴纳的税费大大高于一人工作的家庭，不利于女性就业权益保障，加之工作环境中视加班为荣耀的舆论气氛，使鼓励男性回归家庭并积极参与育儿异常困难，如此严重抑制生育支持政策的鼓励效果。

二、韩国：相对滞后但完备的生育政策体系

韩国的与生育相关的家庭政策演化过程，大致分为三个阶段，每一阶段的政策逻辑不同。第一阶段，1988 年以前处于萌芽期，家庭政策干预有限，以控制人口过快增长为导向，生育决策主要间接地受儒家家庭主义（Confucian Familism）影响；第二阶段，1988~2003 年，韩国政府一定程度上意识到低生育问题，将生育政策调整为中立立场，既不限制，也不鼓励，而是以调控严重的性别比失调为主要目的，此期间政府干预程度依然较小，主要起指导作用，生养成本依然主要由家庭或市场负担，并且政策逻辑建立在父权制特征基础上，维持传统的性别角色分工模式；第三阶段，2003 年至今，家庭政策出现重大转变，以鼓励生育为政策目标，政府积极介入家庭育儿并鼓励社会各界承担育儿的社会责任，试图通过养育成本"去家庭化"，以降低家庭育儿经济负担，此时期的政策逻辑建立在强调性别平等的新家庭主义（Neo-familism）之上，有利于营造家庭友好型或支持型社会环境（Lee，2018）。

由于韩国政府应对低生育的政策反应相对滞后，直到 2005 年才正式出台《关于低生育与老龄化社会的基础法律》确立政府积极鼓励生育的立场。为此，韩国政府在借鉴其他发达国家政策经验基础上，形成一套组织结构完备、政策法律体系完善以及重视性别平等的全方位政策体系。然而，可能由于应对人口低生育水平为时过晚（韩国社会总和生育率在 1998 年已经跌破低生育陷阱线），也可能源于政策体系建立不久有待贯彻执行，目前韩国社会生育水平并未回升反而继续下滑至世界最低水平。即使如此，韩国生育支持政策的完善全面依然值得借鉴。具体地，将韩国政府"应对低生育与老龄化社会的基础计划纲要"整理归纳如表 7-1、表 7-2 所示，该计划的要点有两方面：其一，强调生养孩子的社会责任，降低家庭生养孩子的经济成本（表 7-1）；其二，营造家庭友好型与性别平等型社会文化气氛（表 7-2），具体包含政策目标、施政领域以及相关具体措施细节。

表 7-1　韩国应对低生育与老龄化社会的基础计划纲要（经济手段）

政策目标	政策领域	具体措施
减轻家庭关于育儿看护的社会经济压力	加强儿童看护与学龄前教育支出补贴	以财政补贴的方式，为 0~4 岁儿童提供日托服务与学前教育；为 4 岁儿童提供免费的日托服务与学前教育；为两个以上子家庭提供日托服务与教育资助
	扩大课后活动，以减轻家庭的经济压力	完善校外教育体系，资助低收入家庭；向低收入家庭发放优惠券；扩建婴幼儿日托基础设施；整合课外教育与日托服务；改善家庭网络远程教育
	针对多孩家庭实施税收与社会保险优惠	修订税制有利于多子家庭；修订有利于多子家庭的医疗保险费用评估制度；建立国民年金的信用制度
	为育儿家庭提供多种经济激励	提供住房补贴；保障具有其所；优先使用日托设施
	强化领养家庭的支持力度	加强传统改善公众对领养的认识；加强对领养家庭的资助；降低领养费用；提供免费日托服务与学龄前教育；建立领养津贴制度；提高领养残疾儿童的补贴与医疗资助
加强儿童看护基础设施建设，提供多元化、高质量托儿服务	建设公共与企业托儿基础设施	扩大公共托儿机构供给；建立综合日托中心；鼓励企业建立托儿组织
	改善私人托儿服务质量	支持私人托儿机构服务质量提高；制定儿童保育机构评估标准
	扩大育儿服务以满足多样化需求	提供可延长的日托服务；扩建全日制托儿学校；补贴日托机构临时工；丰富日托机构中的文化活动服务
扩大对女性妊娠与分娩的支持力度	建立完善的妇幼保健与营养体系	建立专业的妇幼保健中心；建立新生儿健康管理系统；提供关于分娩与育儿的可靠信息与咨询服务；实施生殖健康项目；提供国家疫苗接种；加强妇幼健康诊断与营养管理；降低不良流产对女性的影响；提倡与支持母婴喂养
	为不孕不育夫妇提供经济支持	补贴试管婴儿费用
	资助贫困家庭的产后护理与新生婴儿照顾	为孕妇提供助产士服务

资料来源：参照 Lee 和 Choi（2015）一文整理。

表 7-2 韩国应对低生育与老龄化社会的基础计划纲要（家庭友好型环境）

政策目标	政策领域	具体措施
提高个体平衡家庭与工作的能力	提高关于产假制度的政府拨款	补贴中小企业因女性员工休产假造成的损失；拨款补贴流产、死产休假；建立配偶陪产育儿假
	多元化的育儿假制以及灵活的就业条件	建立育儿假制度；鼓励企业缩减育儿期员工的工作时间；提高工作模式的灵活性
	支持因生育而职业中断女性再就业	提高因生育造成职业中断女性补贴力度；鼓励并补贴企业持续雇用处于分娩期临时工；推动实施家庭主妇再就业项目；建立职业中断女性就业介绍中心
	表彰并支持家庭友好型企业	树立支持家庭友好型工作环境建设的企业典型榜样；支持家庭优化型企业经营，并颁发证书；发起并推广家庭友好教育项目
塑造两性平等的家庭与社会文化环境	加强学校与社会的宣传教育	学校与社会教育加强性别平等的宣传与理念传播
	强化家庭成员间关系纽带	提供关于家庭生活的教育项目与咨询服务；支持家庭休闲与文化活动；营造良好的家庭优化型社区环境

资料来源：参照 Lee 和 Choi（2015）一文整理。

在意识到人口危机的严重性情况下，韩国政府 2006 年将原来负责推进生育支持政策的"老龄化与未来社会委员会"升级为"老龄化与人口政策总统委员会"，确立鼓励生育与应对老龄化的政策优先级。在现金支持方面，韩国的儿童津贴相比日本要高一些，所有 0~5 岁婴幼儿均可领取每月 20 万韩元的儿童保育津贴或家庭育儿津贴，并为鼓励代际育儿支持专门设置祖辈照料儿童补贴。在假期方面上，韩国法律规定女性员工可享受为期 90 天的带薪产假，期间收入补偿为，前 60 天由企业支付扣除奖金、加班费后的全额工资，后 30 天由就业保险基金全额支付，但不超过 160 万韩元，其中产假津贴申请资格需要满足已工作满 180 天且参保就业保险。其中，为降低中小企业的经济负担，产假津贴由就业保险基金承担，但差额需企业补足。在妻子分娩后30 天内，在职男性员工可申请为期 3~5 天的陪产假，其中前 3 天企业需要照发全额工资，后 2 天为无薪陪产假。另外，父母育儿假规定，在孩子年满 8周岁或者小学二年级之前，在职父母可以申请为期 1 年的育儿假，属于个人权利不可夫妻间彼此转让，期间收入补偿前三个月按照工资的 80% 发放，其余九个月则按照 40%。值得说明的是，为鼓励在职父母灵活多次使用育儿假，以保障企业营运连续性和降低企业成本，对于分多次使用育儿假的员工，期间收入补偿均按照 80% 比例支付。同时，为提高在职父亲使用育儿假的积极性，韩国政府推出"父亲月"项目，若在职父母分别依次使用育儿假，则可获得全额工资的收入补偿，反之，若父母同时使用育儿假则只有一人可获得收入补偿。而且，育儿假可选择兼职模式（part-time），假期期间可以继续工作，每月不超过 30 小时，每周不超过 15 小时，假期津贴依据工作时数比例发放。

在儿童保育设施与服务供给上，韩国政府在 2006 年修订《婴儿保健法案》，强化儿童成长期内福利保障，摒弃原有扶持低收入家庭，而转向关注所有儿童及其家庭的整体福利保障。自 2000 年起，韩国政府大幅度提高儿童保育的财政支出预算，但多用于补助育儿期父母与家庭，而非投入公立儿童保育设施建设上，截至 2009 年，公立托育机构仅占比 5.4%，覆盖约 11.1% 的儿童。具体而言，儿童保育津贴政策规定，中央与地方两极政府需要为育儿家庭提供基于收入情况的看护津贴，直到孩子年满 6 周岁为止。其中，申请资格与津贴额度大小，取决于孩子年龄、家庭收入以及孩子数量等，补贴金额占比育儿费用（譬如日托中心）的 30%~100% 不等，家庭孩子数量越多，育儿津贴越高。由于公立托育机构占比不高，韩国政府为提高父母对社会化育儿机构的信任，推行"国家儿童保育服务认证系统"项目，意在建立国家层面上的儿童保育服务的行业标准与评价体系，提高在职父母选择社会化托幼服务的积极性与认可度。此外，《婴儿保育法》与《平等就业与工作家庭平衡法案》规定女性员工超过 300 人或者员工总数超过 500 人的企业，需要建立配套的非营利儿童保育中心，为员工工作期间照料孩子提供基础设施。企业雇主需要承担育儿中心运营所需费用至少 50%，若企业没有能力建立配套育儿中心，则可以采用其他形式为员工提供育儿支持服务，譬如联合其他企业共同建设、与当地育儿机构合作或者直接提供儿童保育津贴。对于建立配套育儿中心的企业，政府给予一定的财政资助与税收优惠。

此外，为营造家庭友好型社会环境，韩国政府颁布《家庭健康框架法》，意在创造健康的家庭与社区环境，强化家庭的福利保障与生活质量。该法案要求地方政府建立"家庭健康支持中心"等机构，配备国家认证的家庭健康咨询专家，为所有家庭提供系统性、预防性的家庭咨询服务。截至2010年，韩国已建成超过100家支持中心，形成"中央—省—市"三级家庭服务体系，并建立完善的培训、业务、质量评价体系。家庭健康支持中心，结合本地条件，主要提供以下服务与推进相关项目：家庭生活方式宣传（提高生活质量、缓解家庭矛盾、未成年教育、夫妻互动、丈夫参与家务等）、家庭事务咨询服务（离婚调解等）、家庭优化型社会环境项目（志愿者、家庭娱乐以及邻居彼此互动项目）、补充性儿童保育服务（学校假期临时托幼服务、课后活动项目、低收入残疾家庭支持）、特殊家庭紧急救助（单亲、再婚、残疾以及青少年父母家庭支持，以及代际间育儿支持咨询）以及以社区为基础构建纳入社区组织、学校以及当地政府的系统性家庭生活支持网络（社区内资源调动、信息共享）。

综上所述，韩国政府为鼓励生育建立一套由中央政府牵头、地方政府予以协助、企业雇主配合以及社区组织积极介入的家庭支持政策体系。其核心目的在于构建一个有利于生育的家庭友好型环境，包含生养成本"去家庭化"的经济激励手段以及强化性别平等、构建和谐家庭环境的非经济手段。然而，韩国的生育支持政策体系中有以下三方面不足：一是与日本一样，与生育相关的假期期限较短且津贴额度可能不足以抵消生育的机会成本，而且相关费用由企业直接负担而非财政支付，可能加剧就业市场上的性别偏见，从而削弱女性就业权益保障效果，降低在职女性生育意愿。二是儿童保育行业中公立机构占比偏低，由于东亚社会信任的差序格局特征，因而民众对社会化的私营托与服务认可度不够，儿童保育服务行业发展需要时间，此外，以育儿补贴为主可能会导致父母将津贴用于已有孩子质量投资而非数量上，原因在于激烈的社会竞争，譬如"教育狂热"现象。三是同属儒家文化圈，社会文化心态上的"重男轻女"同样会制约生育支持政策的鼓励效果，而实现观念上的转变并非一朝一夕，因此韩国生育支持政策是否能将其从极低生育陷阱中解脱出来，仍有待时间的检验。

三、新加坡：以经济激励为主的生育政策调整

自 20 世纪 60 年代到 80 年代，新加坡政府推行"晚婚晚育、两个孩子刚刚好"计划生育政策，在不到 20 年时间内生育率下滑，并于 1975 年跌破更替水平。进入 80 年代，在尚未老龄化之前，新加坡政府意识到人口结构转型与生育率急速下降趋势之后，终止生育计划政策，并于 1986 年明确低生育率为国家最严峻的问题之一，积极地推行替代方案——鼓励有条件的民众生育 3 个或者更多的孩子，打出"无论生男生女，两个远远不够"的宣传口号，标志着新加坡生育政策基调彻底由"合理控制"转向"积极鼓励"。然而，生育率还是在 2000 年左右跌入极低生育陷阱，持续至今，平均每位女性仅生育 1.2 个孩子。

多年来，新加坡政府制定一系列涉及诸多方面的生育奖励政策，并推出诸多公共项目以帮助国民实现结婚生子的愿望，大致可以归纳为以下三个方面：

一是基于削弱养育的经济负担，提供多方面的金钱激励（financial incentives），包括生育津贴、税收抵扣、共同储蓄计划、购房优惠等。自 2000 年开始，为帮助父母支付生养孩子的费用，政府提供一次性婴儿现金奖励，譬如对一孩到四孩生育每个孩子奖励 6000 美元，并于 2015 年再次提高奖励金额并缩短发放周期，一孩、二孩生育奖励 8000 美元，三孩及其以上则奖励 1 万美元，并提供孩子教育与医疗保健津贴。在此基础上推出"父母政府"共同储蓄计划（co-saving plan），设立儿童发展储蓄账户，公共财政按照 1∶1 的比例匹配父母存入金额。此外，为降低儿童成长期内的经济成本，基于完善的税收体系，新加坡政府推出一系列涉及诸多方面的税收抵扣优惠政策，譬如针对职业女性的"子女估税回扣"（Working Mother's Child Relief），子女数量越多，抵扣比例与额度越高，同时雇用外籍女佣、12 岁以下儿童由（外）祖父母照料、有未满 16 周岁或在校读书的家庭均可申请抵扣一定比例税款。值得说明的是，祖辈代际育儿支持抵税，正是新加坡政府考虑到儒家文化的亲情纽带特征，而提出的针对性政策优惠。据 2017 年一项研究估算，在子女年满 18 周岁前，新

加坡政府的一系列经济激励措施可以分别为低收入、中等收入以及高收入女性平均提供折算为 57000 美元、50467 美元、68000 美元的财政津贴与税收抵扣。

二是为帮助在职父母平衡家庭与工作责任，新加坡政府自 2004 年将带薪产假由 8 周提高到 12 周，又于 2008 年再次提高至 16 周，同时为鼓励夫妻共担育儿责任，2013 年引入陪产假制度，父亲可带薪休假 1~2 周，此外子女年满 7 周岁前在职父母每年享有 6 天的带薪育儿假。假期期间收入补偿依据平日工资的 100%，由政府财政负担。并且，为保障女性就业权利与鼓励产后再就业，推行"工作—生活平衡补助计划"和"职业转换计划"。

三是在儿童保育基础设施与服务供给上同样注重政府津贴，加大对托幼中心等育儿机构的财政补贴力度，为有子女家庭提供社区关怀资金、儿童照顾津贴，并推出"幼儿园费用援助计划"和"课后儿童俱乐部"等公共项目。此外，新加坡政府注重利用社区为载体，成立国家社会服务委员会，为家庭提供关于儿童保育、青少年成长等信息、资讯等社会服务。

综上所述，新加坡的生育支持政策逻辑以"经济激励"为核心，不断加码现金奖励、财政津贴的额度并缩短发放周期，以及扩大围绕育儿的税收抵扣范围。然而，这种基于降低生养负担的举措在提升生育水平方面尚未起到明显效果，至今新加坡总和生育率依然处于极低水平。进入 21 世纪以后，新加坡政府将低生育归结为年轻人晚婚晚育甚至不育，因此将生育政策转向家庭婚姻领域，譬如官方认证并资助的约会、婚姻中介结构，提供私人定制约会与婚姻匹配机制，以帮助单身人士找到心仪伴侣，这一项目每年为 10 万单身人士提供社交约会机会与补贴。此外，新加坡政府通过住房政策改革，大幅度提高具有经济适用房属性的公寓供给，年轻夫妇可申请中央公积金优先且优惠购买公共住房，从而降低成家的经济负担。

然而，从欧洲发达国家生育政策实践与经验来看，新加坡政府这一政策转向依然没有脱离直接的经济刺激范畴，当前极低生育水平也说明政策效果不甚理想。事实上，注重经济激励的新加坡生育政策补贴力度不可谓不大，但相比家庭抚养孩子成年所需的高昂费用而言依然是"杯水车薪"。从与北欧国家政策比较的视角可知，新加坡生育政策存在以下两方面的不足：一是过于注重经济激励手段以刺激生育，而对生养孩子的机会成本关注不够。譬如，新加坡政府虽然施行收入津贴较高的带薪产假政策并引入一定时间的陪产假、育儿假，但相对欧洲国家以及儿童成长期而言，子女 7 周岁前每年为期 7 天的育儿假较短，并不足以使在职父母兼顾家庭与工作。二是与日本社会一样，同属儒家文化圈内新加坡社会整体上父权制特征明显，性别角色规范依然保持着传统的"男主外女主内"认识，而这也是建构一系列家庭政策的理念基础，难以触及家庭内部两性不平等关系，这一局面与整体现代化变迁进程格格不入，是鼓励生育的最大阻力来源。事实上，新加坡与北欧国家的一个重要区别在于，与工作相关的生育政策推动了女性就业参与，女性就业率从 1991 年的 48%上升至 2018 年的 68.7%，但生育水平却没有回暖而处于极低水平。也就是说，新加坡家庭支持政策，仅实现保障女性就业权益的目的，而没有扭转生育下滑趋势，原因可能在于政策体系缺乏对性别平等的关注。

鉴于此，新加坡生育支持政策未来调整应抛弃以"刺激生育"为直接导向，在保持目前的经济激励基础上，将丰富的财政资源投入强化包括家庭内部在内的社会各领域性别平等，鼓励男性回归家庭并积极参与育儿，从而有利于提高婚姻质量以及营造一个家庭友好型的物质与精神环境。

第三节　比较视角下东亚鼓励生育所面临的困难解析

"二战"后工业化国家大多经历短暂的"婴儿潮"现象，但相比欧美发达国家而言，20 世纪五六十年代东亚地区的韩国、新加坡以及中国的人口模式可谓"人口爆炸"，平均每个家庭拥有 5~7 个孩子，接近欧美地区的两倍以上。加之，东亚地区庞大的人口基数，使各国政府纷纷以控制人口过快增长与优化人口质量作为政策首要目标。此后，主要工业化国家的总和生育率相继跌至更替水平线以下，北欧地区相对较早地意识到低生育引发的潜在社会问题，也是世界范围内最早出台生育鼓励导向的家庭支持政策。相对地，东亚地区应对低生育的政策启动相对滞后，日本、新加坡在 90 年代前后才彻底摒弃计划生育的政策取向。而韩国则相对更晚，以至于东亚各国成为目前世界范围内生育水平最低的地区。总而言之，东亚各国的生育政策变革大致经历三个阶段：生育控制—政策中立—鼓励生育。

鉴于此，有必要将 20 世纪至 21 世纪初日本、韩国、新加坡的生育政策导向以及调整时机进行归纳，并与人口生育趋势联系起来，以便于为我国及时确定生育政策导向及其调整时刻选择提供参考。具体地，20 世纪后半叶至今的东亚各国的生育政策变革与时机选择如表 7-3 所示。

表 7-3　日本、韩国、新加坡以及中国生育政策变革与时机选择

国家	计划生育起始年份	降至更替水平	低生育陷阱	生育政策调整的年份	调整时生育率	低生育陷阱至鼓励生育的时长	2019 年生育率
日本	1950	1957	1993	60 年代转为中立；1990 年转为鼓励	2.0 1.54	-3	1.37
韩国	1962	1983	1998	1996 年转为中立；2005 年转为鼓励	1.57 1.07	7	1.11
新加坡	1965	1975	1998	1984 年转为双向；1987 年转为鼓励	1.62 1.62	-11	1.21
中国	1980	1992	—	2014 年单独二孩；2016 年全面二孩	1.62 1.61	—	1.69

资料来源：受汤梦君（2013）一文启发调整补充而成，总和生育率摘自 http：//worldpopulationreview.com/。

依据表 7-3 可以获得以下结论：

其一，在总和生育率跌破更替水平线的情况下，一段时间内并未引起东亚各国足够的重视，虽然有政策导向调整，但多采取中立立场而未转向鼓励生育。譬如，日本政府于 20 世纪 60 年代将重视优化人口质量的政策导向调整为中立立场，并持续长达 25 年，期间日本生育率持续下降，最终困于低生育陷阱。同样，新加坡政府在 70 年代末生育率降至更替水平线时，并未及时调整生育政策，而是 9 年后停止全面计划生育导向转变为双向调控，即限制低学历人群生育，鼓励高学历人群生育，但效果不甚理想，最终于 1987 年彻底终止人口控制政策，转向鼓励全社会女性多生多育。相比日本、新加坡而言，韩国政府政策反应更为迟缓，同时也是当前生育率最低的国家，在 80 年代初总和生育率已经接近更替水平，直至 90 年代中期才

终止计划生育导向转为中立立场。

其二，当总和生育率降至低生育陷阱线附近时，日本、新加坡分别提前 3 年、11 年明确实施鼓励生育政策，而韩国则在生育率跌破低生育陷阱线后 7 年，政策导向才全方位地转向鼓励生育。日本与新加坡政府鼓励生育的政策调整时机符合人口学理论的建议：人口学界普遍提示，当总和生育率降至低生育陷阱线，则意味着政府必须调整政策鼓励生育，否则人口趋势将更为严峻（Lutz，2006）。从当下生育现状看，日本政府自 90 年代开始一系列的渐进式政策变革，由物质激励逐步转向重视两性共同参与，生育率在此期间曾跌入 1.3 以下，但近年来呈现微弱幅度的增长态势，维持在 1.4 左右，依然属于不可持续状态。新加坡政策长久以来一直注重经济激励手段，生育鼓励效果并不理想，生育率持续下滑，当前已经处于危险的极低水平（1.21 个）。相比日本、新加坡，韩国政府生育鼓励导向调整时机严重滞后，当前生育率甚至下滑至 1.11 个的世界最低水平。

基于欧美以及东亚发达国家的人口实践经验可知，所有总和生育率跌破低生育陷阱线（即平均每对夫妇生育 1.5 个孩子）的国家中，很少有国家有能力将生育水平重新提升至 1.5 个以上，甚至部分发达国家生育率继续下滑至 1.3 个以下，属于极低生育陷阱，而生育率恢复到更替水平的国家历史上生育率从未降至低生育陷阱线。其中，德国是个例外，在 2007 年彻底进行生育政策全方位改革后，德国总和生育率在 2015 年左右重新站上低生育陷阱线之上。上述事实提示各国政府应根据人口生育发展趋势，及时地调整生育政策导向，以避免生育率陷入低生育陷阱无法自拔，否则将加剧鼓励生育的政策难度。

综上所述，生育政策调整时机选择对于政策发挥效果至关重要，在降至低生育陷阱线之前，就应提前布局生育政策调整转向全面鼓励生育。近年来，我国总和生育率在 1.5~1.7 波动，正是生育政策转向鼓励生育的合适"窗口期"，因而有必要及时地从顶层设计的视角出发，推进一系列体系完善的生育支持政策与公共项目，在物质与精神两方面上，为育龄夫妇营造一个有利于生育、有利于家庭的社会环境。然而，生育政策的制定逻辑，必须考量社会发展阶段与文化环境特征。对于东亚社会来说，文化传统上与西方发达国家迥异，以"拿来主义"的照搬思路并不可取，甚至可能适得其反。接下来，将解析东亚社会鼓励生育过程中可能面临的特有文化"障碍"，主要有两点：一是"教育狂热"现象，二是"重男轻女"的社会文化心态，分别涉及生养孩子的直接成本与机会成本概念。

一、生养之忧："教育狂热"

随着近年来东亚各主要发达国家成为世界范围内生育水平最低地区，尤其是日本、韩国、新加坡都曾经历或者正在经历极低生育水平，总和生育率跌破人类史前所未有的 1.1 个以下，不少学者关注与欧美发达国家相比，东亚地区的极低生育水平的社会与文化根源。同时，在生育政策比较中，探究为什么持续 20 余年的生育鼓励政策，难以扭转下滑的生育趋势。

其中，许多学者从生养孩子的直接经济成本角度，指出东亚地区的"教育狂热"（Education Fever）现象，导致生养孩子的经济成本异常高昂，是东亚地区极低生育水平的重要原因之一（Tan et al.，2016）。换言之，依据新家庭经济学的"质量与数量"替代逻辑，高昂的生养成本使东亚家庭无法养育多个子女，在家庭预算约束情况下，把有限的资源与精力投入 1~2 个孩子的质量或者人力资本上，对于质量的关注取代了数量上的追求。具体体现在，东亚地区家庭重视"名校效应"及其带来的工作优势，家庭开支中很大一部分投入子女教育中，包括学校教育学费、补习班、家教以及课外活动项目等，而且在高度竞争性的社会中由于"攀比效应""不能输在起跑线上"的诉求，围绕子女教育的家庭开支往往难以理性判断，即使在各国政府加大教育财政投入的上升期，这种家庭间围绕教育的竞争似乎没有缓解的迹象（Anderson and Kohler，2013）。为了形象地刻画东亚地区"教育狂热"现象，依据关于子女成长期内家庭教育开支占比 GDP 比重，将各国教育支出情况绘制如图 7-2 所示。

从图 7-2 中可以看出，从家庭教育开支程度上可以将样本国家划分为四类：第一类是由日本、韩国构成的东亚地区，家庭教育开支占比 GDP 比重接

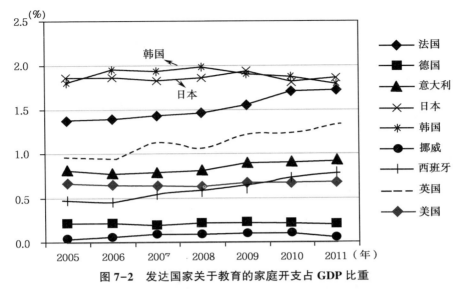

图7-2 发达国家关于教育的家庭开支占GDP比重

资料来源：依据OECD统计资料绘制，为保证样本国家数据完整性选择2011年为止。

近2%[1]；第二类是以英国、美国为代表，家庭教育开支占比在1.5%左右，这可能源于英美系国家教育市场多依靠市场提供，私立学校费用较高；第三类以法国、意大利与西班牙为代表的南欧、西欧国家，占比GDP在0.5~1%；第四类则以瑞典、挪威为代表的北欧地区，家庭教育开支占比GDP在0.4%以下，这与北欧地区福利型保障型国家相关。依据前述章节关于生育现状的梳理，总和生育率也大致与家庭教育开支呈一定负相关关系，北欧地区最高，其次是西欧、南欧，最次为东亚地区。有趣的是，英美系国家有较高的家庭教育开支，但生育水平也较高，究其原因可能在影响生育存在两大成本概念：直接成本与机会成本，家庭教育开支属于直接成本范畴，而机会成本也是影响生育的重要因素，有学者研究指出，英美系国家发达的家务外部市场以及灵活的就业市场有助于在职女性平衡工作与家庭，继而降低生育机会成本（Thévenon，2011）。

需要说明的是，日本、韩国家庭开支中教育占比异常高，并非源于公共

---

[1] 这一比例可能低估东亚各国家庭教育开支，具体参见Tan等（2016）一文归纳不同学者对影子教育（shadow education）开支的不同估算方法与数据来源，他们总结日本、韩国家庭教育开支占比GDP分别为2%、3%，显著高于欧洲国家平均水平0.4%。

教育的财政开支较低，譬如 2016 年韩国政府的公共教育财政开支占比 GDP 分别为 4.13% ①，高于欧洲国家的平均水平 3.9%，也处于经合组织成员国的中上水平。而且，自 2008 年以来，韩国政府不断加大公共教育财政投入，在公共开支上升的情况下，家庭关于教育的支出并未显著下降。不同的是，日本政府公共教育财政开支占 GDP 的比例仅为 2.93%，属于发达国家中较低水平，但若以包含政府与其他私立机构（不包含家庭支出）在内的全社会的教育投入来看，日本和韩国社会的非家庭教育开支占比 GPD 比重排在发达国家中上水平，2016 年剔除家庭教育开支以外的私立机构在教育上的投入占比 GDP 的比重，韩国为 1.67%，居经合组织的第 5 名，日本则为 1.14%，居第 8 名，一定程度上契合东亚社会中"教育狂热"引发的"投资热"。

综上，以家庭教育支出表征生养孩子的直接经济成本，相比欧美发达国家而言，东亚社会因传统文化中重视教育、名校情结及其工作优势等，形成竞争激烈的"教育狂热"现象，使家庭教育开支常年维持在高位，可能是东亚社会当前极低生育水平的重要原因之一。此外，上述生养孩子的直接成本中，如果纳入养育子女的"衣食住行"成本，那么东亚家庭育儿家庭开支占比 GDP 比重可能更高。鉴于此，由于在文化传统上属于"同根同源"，我国家庭对子女教育的重视以及对名校的诉求丝毫不亚于其他东亚国家。据"2017 年中国教育财政家庭调查（CIEF-HS）"显示，2016 年我国家庭教育总开支约为 1.9 万亿元，占 GDP 比重约为 2.48% ②。尽管统计指标与方法上存在差异，但这一数据高于日本、韩国数据，再加之由于教育资源分布不均导致的学区房投资热，意味着我国家庭在生养孩子上承担着更大的家庭开支压力。在此情况下，高昂的养育成本无疑会加剧子女质量对数量的替代效应，从而生育率难以回暖。

此外，教育狂热现象也使同样基于现金奖励或财政津贴的生育鼓励政策在东亚地区效果并不显著，在充斥着"教育狂热"现象及其引发民众间犹如"军备竞赛"（Arms Race）般的教育投入攀比情况下，有限的育儿津贴可能更

---

① 本章节统计数据均择取自经合组织统计局（OECD stats.），https：//data.oecd.org。

② https：//edu.qq.com/a/20171230/005853.htm。

多地被用于孩子质量投资上而非对孩子数量的追求。譬如，新加坡政府推出的一系列现金福利与税收抵扣优惠，对家庭养育子女的补贴力度不可谓不大，但相对子女成人前所需养育费用来说占比依然较小。据 2017 年统计核算，新加坡政府为低收入、中等收入、高收入职业女性家庭提供的育儿补助金额占比三类家庭养育子女成人所需成本的 20%、9% 以及 11%。总而言之，高昂的养育成本、犹如"军备竞赛"的教育环境，加之长时间的通勤与飞涨的住房价格，以及现代化进程中自我价值实现诉求，可能促使东亚各国民众推迟婚姻生育，甚至于不婚主义盛行，从而导致极低的生育水平。

二、文化障碍："性别不平等"

上一节指出，教育狂热现象加剧生养的直接经济负担，从而抑制东亚地区民众多生多育的意愿与可能性，而教育狂热既是转型期激烈的外部竞争环境所致，也有文化传统上的根源。接下来，本节将阐述东亚社会鼓励生育面临的另一文化"障碍"——社会文化心态上"重男轻女"导致的两性关系不平等，其出发点在于性别不平等的社会气氛，会加剧双职工家庭平衡工作与家庭的困难，从而提高生育的机会成本，降低年轻人的生育积极性。

理论上，正如前述章节关于部分发达国家出现生育回潮的探讨，越来越多的研究表明性别平等转型是生育回暖的重要推动力（Miettinen et al.，2011）。究其原因，主要有以下两方面：一方面，公共领域（如教育、就业等）内性别平等，意味着两性在就业机会与权利上平等，既可以避免招聘市场中的性别歧视，也可以降低在职女性产后职业中断风险，从而在职女性不再需要以牺牲职业来支付生育的代价；另一方面，家庭内部性别平等，意味着男性回归家庭并积极参与家务、育儿事务中，可以有效地分担女性双重压力，并且有益于提高婚姻质量与营造生育友好型家庭环境。可见，性别平等主要通过降低生育的机会成本，缓解在职父母工作与家庭冲突来鼓励多生多育，而且实现前提是公共领域与家庭内部两性平等关系协调发展，否则两个领域内性别平等有一方缺失，就会加剧工作与家庭冲突烈度，从而抑制在职父母的生育意愿与行为（Mcdonald，2013）。

然而，相比欧美发达国家而言，东亚社会的性别平等程度在公共领域与家庭内部都有改善的空间。据 2018 年《全球性别差距报告》显示，在性别差距指标上，韩国排名世界第 115 位，日本排名第 110 位，新加坡排名 67 位，我国排名第 103 位，而且性别差距指数主要涉及经济、教育以及医疗健康等公共领域，而没有涵盖家庭内部，因此考虑到当前东亚社会家务主要由女性承担，则实际上性别平等排名可能更为靠后。可见，东亚社会中传统的"男主外女主内"分工模式依然占据主流。在此情况下，相关公共政策制很大程度上建立在父权制基础之上，而忽视性别平等维度，从而成为抑制生育的一大障碍。进一步，由于过去工业化快速发展的需要，东亚社会性别平等在公共领域内有所改善，尤其是教育领域，甚至女性整体上教育表现优于男性。然而，受教育程度与经济独立、自我价值实现等诉求密切相关，如此高学历女性更不愿意牺牲职业而回归家庭，对当下家庭内部两性关系不平等越为不满，从而无法保障婚姻质量，导致晚婚晚育以及不婚不育现象突出。对此，有研究指出，性别平等共识较高的社会中，婚姻市场上持有相同平等认同的男女匹配可能性越高，从而有助于婚姻稳定性，继而提高同型匹配家庭的生育水平（Feichtinger et al.，2017）。显然，东亚社会整体上性别平等共识气氛并不浓厚，因而婚恋市场上的同型匹配难度较高，剩女剩男现象突出。

因此，在双职工家庭模式成为主流的时代背景下，通过政策设计与理念宣传，强化家庭内外的性别平等观念基础，是推动生育水平回升的重要且有效途径之一。然而，据 2018 年《全球性别差距报告》测算，若保持当前性别平等发展速率不变，则东亚社会完成性别平等转型至少需要 171 年，属于世界范围内最长①。这也就意味着，纯粹依靠性别平等的"内生增长"，生育回潮难以快速实现，因此当下东亚各国生育支持政策，不仅应关注儿童成长期内的经济资助，以降低经济负担，而且也需要关注性别平等维度，加速性别平等转型，以达到刺激生育回潮的阈值水平。

综上所述，本节从生养孩子的直接成本与机会成本概念出发，指出"教

① 这里需要说明，依据性别差距指数来看，世界范围内并没有完全意义上的性别平等国家，譬如欧洲国家两性差距完全抹平，也需要 61 年之久。但研究表明性别平等程度超过一定阈值水平，生育就会呈现回潮趋势（Myrskylä et al.，2011；Arpino et al.，2015）。因此，强化性别平等对鼓励生育依然意义重大。

育狂热"现象与社会文化心态上"重男轻女"是东亚各国政府鼓励多生多育所面临的两大难点。一方面，相比其他发达国家，教育狂热现象加剧家庭养育孩子的直接经济成本，使父母更重视孩子质量投资而非数量；另一方面，社会心态上"两性不平等"使女性承担大部分育儿压力，同时也会抑制男性回归家庭并介入育儿的积极性，如此生养孩子的"两个重要责任主体"难以互惠合作地平衡工作与家庭，因而面临高昂的机会成本，造成多生多育积极性与可能性不高。可见，为实现生育支持政策的鼓励效果，东亚各国政府政策体系不仅应关注直接成本，为家庭养育孩子提供长期可持续性的补贴以降低经济负担，而且也需着力于降低生育机会成本，在制度保障与理念宣传上强化家庭内外两性平等，鼓励男性回归家庭，营造一种有利于生育、家庭的友好社会文化心态。

第八章　生育支持政策的效果评估

经过上述发达国家的家庭政策梳理，以欧洲为代表的发达国家为应对低生育引发的一系列社会问题已经形成一套比较完善的家庭支持政策。然而，由于政治体系、社会结构、文化传统等方面因素的不同，各国家庭支持政策的制定逻辑与出发点有不同的侧重点。依据 Esping-Andersen（1990）的类型划分思路，从政府、家庭与市场介入育儿的程度差异出发，可以将发达国家的家庭政策分为三类：其一，以英美为代表的依靠市场供给的自由主义家庭政策，强调个体的育儿责任，育儿设施与服务则主要由市场上私人运营的托幼中心供给，政府财政仅为有需要的低收入家庭提供必要的帮助补贴；其二，以南欧国家以及德语系地区为代表的保守主义家庭政策，由于文化传统上的家庭主义特征明显，因而强调育儿责任应由家庭承担，育儿设施与服务由公立或私立托幼中心承担，政府主要提供诸如儿童、家庭以及育儿假津贴等经济激励与优待措施；其三，以北欧国家为代表的社会民主主义家庭政策，通过完善的福利保障使育儿责任"去家庭化"，强调政府、企业雇主应承担更大的社会责任，育儿设施与服务主要由财政支持的公立机构提供，而且此类政策注重促成育儿责任中性别平等。

尽管生育支持政策制定逻辑与出发点各异，但依据新家庭经济学理论，可以将具体以鼓励生育为目标的政策工具分为两大类：一类是以降低生养孩子的直接经济成本为目的的传统型政策，包含现金形式的婴儿奖金、育儿津贴等经济奖励工具，以税收优惠或抵扣等形式的优待措施；另一类是从降低育儿的机会成本角度出发，以提高个体兼顾工作与家庭能力为目的的性别平等型政策，譬如带薪产假、陪产假以及育儿假政策，加大育儿设施与服务的财政投入以提高覆盖率，鼓励企业雇主设立哺乳室、托幼中心并提高育儿期在职员工的工作时间灵活性。此外，为增强年轻人关于就业工作的安全感，并降低对未来生活的忧虑，一些发达国家为在职夫妇提供育儿期"解雇保护",并规定育儿期结束后有权利回到同等级工作岗位,或者为再就业创造良好条件。这两类不同导向的家庭政策对生育的影响路径如图 8-1 所示。

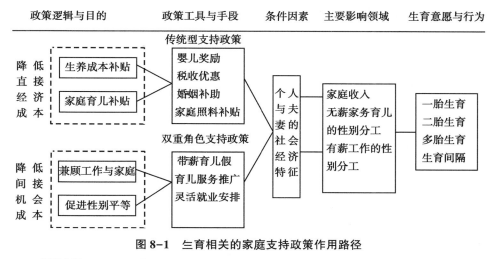

图 8-1 生育相关的家庭支持政策作用路径

资料来源:Billingsley 和 Ferrarini(2014)。

如图 8-1 所示,由于两类政策导向分别可以降低生养孩子的直接成本与机会成本,因而理论上具有鼓励生育的效果。但是,学者对于家庭支持政策是否会提高生育率以及影响大小上看法不一致(Oláh,2011)。从宏观层面上观察,有研究指出,家庭政策模式的不同一定程度上导致了各国的生育率差异(McDnoald,2013)。譬如,家庭主义观念较强的东亚、南欧、东欧以及德语系地区,家庭支持政策的制定逻辑中突出家庭组织的传统育儿功能与性别固有分工模式,主要为家庭育儿提供经济上的激励与补贴。这类国家女性就业率较低、生育率长期处于低生育水平。相反,关注在职父母的工作与育儿双重角色兼容问题,实施"工作—家庭友好型"支持政策的地区,如瑞典、芬兰等北欧国家以及法国等,女性就业率较高,同时生育率也保持在较高水平。微观层面上,一些学者关注利用微观统计调查资料研究不同类型政策对于个体生育意愿与决策(包括一胎、二胎以及多胎以及生育间隔)的影响机制,发现生育支持政策的促进效果因个体的社会经济条件、价值观念不同而异,而且生育政策是否有效与各国所处社会经济发展阶段以及文化环境特征密切相关(Baizan et al.,2016)。

鉴于此，下文主要梳理归纳宏观与微观两方面的经验研究，以期获得关于不同类型生育支持政策效果评估的清晰结论，厘清生育政策影响个体生育决策的微观逻辑，从而为制定符合我国发展阶段与文化情景的生育支持政策提供翔实的理论基础。

第一节　现金激励与财政津贴的效果评估

理论上，现金激励与财政津贴可以降低生养孩子的经济负担，因而具有生育激励作用（Becker，1981），但基于发达国家的经验检验结果并不一致。已有关于生育支持政策效果评估的实证研究，采用两种分析视角：一种是基于宏观层面多国比较数据，主要以总和生育率、累计生育率等生育指标为被解释变量，构建相关政策量化指数，分析各国生育支持政策对生育水平与趋势的影响；另一种是基于微观层面统计或普查资料，关注于不同政策工具背景下个体的生育意愿与决策，被解释变量主要有生育意愿、生育序列以及生育间隔等。其中，关于现金激励与财政津贴对生育的影响，实证研究大致呈现以下结论：

一、纯粹的现金奖励与津贴效果有限

以新生儿奖励、生育津贴、税收优惠等为主要形式的现金奖励①对生育有一定的积极影响，但效果大小有限（Jang et al.，2017）。相对于其他政策工具，经济激励手段容易量化，研究者通常将分娩津贴、家庭津贴以及税收优惠折算成现金补贴力度，或者关于育儿的财政支出，或者占比工资收入的比例大小，以表征基于财政津贴的经济激励程度，从而研究其与生育水平间的关系。一些基于跨国比较或者时间序列数据的宏观研究表明，现金奖励与税收减免可以增加个体的可支配收入，从而提高了社会整体的总和生育率，多数研究以欧美发达国家为对象（Gauthier，2007）。然而，有学者认为，经济激励的生育促进效果可能较弱，特别是与带薪产

---

①　这里财政补贴不包含育儿假期间收入补偿，将在带薪育儿假政策效果评估一节分析。

假、儿童保育服务可及性等政策工具相比（Luci and Thévenon，2011）。早期研究中，Blanchet 和 Ekert-Jaffé（1994）采用 1970~1983 年的 11 个工业化国家数据，构建一个纳入现金收益、税收优惠以及育儿假补贴等家庭政策指数（Family Policy Index），依据各国的财政资助额度大小评估政策效果，发现基于经济奖励的家庭政策刺激生育的效果相当有限。具体而言，相比英国社会，法国政府关于育儿津贴的财政开支较大，但每位女性平均生育孩子数量仅提高了 0.17 个。同时，研究也发现，国家间总和生育率的差异只有很小一部分，源于家庭政策中现金津贴额度的差异。整体上看，基于物质激励的家庭政策，尝试降低生养孩子的经济成本，以刺激生育的政策愿望并未实现。

　　进一步，这一结论也获得更大时空范围的计量检验的支持，Gauthier 和 Hatzius（1997）采用 22 个 OECD 国家样本，考察了 1970~1990 年各国生育政策与实际生育水平的关系。研究发现，产假时间长短、产假期间现金津贴额度与总和生育率间没有显著相关性。而且作者估算表明，当关于育儿的津贴总额提高 25% 的情况下，总和生育率（即每位女性一生平均生育孩子数量）仅能增加 0.07 个。Luci 和 Thévenon（2011）则利用 18 个 OECD 成员国 1982~2007 年数据，比较了带薪育儿假、育儿服务可及性以及财政津贴三类家庭政策对生育水平的影响大小，结果表明，虽然上述三类家庭政策在提高总和生育率上都发挥了一定的积极作用，但相比关于分娩生育的财政津贴，育儿期间的现金福利以及 3 岁以下儿童保育服务覆盖率具有更强的生育激励作用。此外，也有研究表明无条件的现金转移支付对总体生育水平无影响，Palermo 等（2016）利用津巴布韦儿童津贴项目契机，构建准自然实验，发现对于 5 岁以下儿童的无差别现金转移支付对总体生育没有任何影响。Kalwij（2010）基于西欧多国数据研究也发现，家庭津贴对于生育时间与累计生育率均无显著影响，原因可能在于家庭津贴只是降低生养孩子的直接成本，却未改变机会成本，有限的家庭津贴更多地被用于改善包括教育、人力资本的孩子质量提升上。可见，纯粹的经济激励手段虽然有一定的积极作用，但效果并非如理论预期的那么理想。

二、现金奖励与津贴对生育水平的长期影响不明确

基于经济诱因的政策考量，可能仅仅短期内刺激民众提前生育，却无法提高生育孩子的总数量。虽然已有丰富的研究表明生育津贴等经济激励手段对生育有一定的促进效果，但是较少有研究关注现金收益的长期影响。一些实证检验显示，生育支持政策，特别是关于生育的家庭津贴（Family Allowance）仅对于头胎生育有显著的促进作用（Gauthier 和 Hatzius，1997）。同样，Billingsley 和 Ferrarini（2014）基于 22 个欧盟成员国数据的研究，也表明诸如现金奖励、税收优惠以及育儿津贴构成的家庭支持政策，只与民众头胎生育意愿有关（未来 3 年打算生育的意愿），而与二胎以及多胎意愿无关。进一步，Katharina 和 Ferrarini（2017）分析了 1995~2011 年共 33 个发达国家的家庭政策与生育率间的关系，通过将政策维度划分为"传统型支持政策"与"工作与照料双重角色支持政策"，前者包含现金奖励与财政津贴，用于增加家庭可支配收入与预算，后者则意在增强在职父母平衡工作与家庭能力。结果表明，前者对总和生育率无显著影响，而后者则可以显著提高总和生育率。也就是说，以降低生养孩子的直接成本的经济激励政策工具，可能仅仅短期内刺激无子女个体将生育计划提前，而没有提高他们想要生育孩子的数量，或者终生累积生育水平。为了实证检验生育津贴政策的长期影响，Kim（2014）利用加拿大已经实施十几年的"新生儿津贴"政策构造了一个准自然实验，检验该政策对不同世代女性累积生育水平的影响。该研究结果表明，长期来看，新生儿津贴对于生育的影响十分有限。这一结论意味着前述现金或税收优惠等激励手段的有限效果，可能只是短期内民众将生育时间提前造成的，而非提高整体的终生生育率（lifetime fertility level）或累计生育水平（completed fertility level）。

三、经济激励政策效果因人群而异

现金奖励或财政津贴政策工具，因个体的社会经济特征、文化价值观念而异。

一是有研究表明，不同学历、收入层次人群对生育政策的反应不同（Tanetal.，2016)。由于低收入、低学历群体生养孩子的机会成本较低，因而受到现金津贴的鼓励会保持较高的生育水平；与之相反，由于现金津贴无法覆盖高学历、高收入人群的育儿成本（特别是机会成本），从而生育水平较低，如此形成两类群体间生育孩子数量的差距，长久看来将导致社会整体的人口素质"逆向淘汰"，人力资本式微势必危及社会经济持续发展，即所谓的"逆弗林效应"（刘章生等，2018)，并且可能加剧未来社会福利支出压力。因此，着眼于经济激励的生育政策不应仅局限于扶持低投入人群，或者设定同样标准的津贴政策，而应该依据收入水平调整经济激励大小，充分考虑不同人群的育儿成本感知差异，从而有利于人口结构优化与平衡（Raute，2017)。

二是有研究表明，经济激励的政策工具对生育的促进效果，因个体不同的价值倾向而异。理论上讲，与生育相关的公共政策目的在于，降低生养孩子的负担，从而使多生多育对于个体来说具有经济上的吸引力，并且在个体理性前提下，政策反应不应因个体价值取向而异。然而，Jang 等（2017）基于"国际社会调查项目"数据库，收集了 37 个国家共 56000 个体样本，结合各个国家关于家庭福利（教育、医疗等）财政开支数据，采用多层统计方法分析与生育相关的财政开支对不同价值取向[①]个体生育意愿的影响。结果表明，首先，整体上为个体生育提供金钱激励的家庭政策工具对个体生育意愿无显著影响；其次，关于家庭福利的公共开支越大，则生活在该国家的民众生育意愿越高，但这一效应仅对持有传统型性别角色与婚姻观念的个体成立，而对持有现代平等型性别角色与婚恋观念的个体无显著影响。与之类似，Aassve 和 Lappegard（2009）发现，挪威社会中传统型家庭（即男主外女主内）更可能申请现金奖励，并显著地刺激此类家庭生育二胎。上述结论意味着在家庭政策型塑个体生育意愿与行为过程中，文化价值观扮演着重要调节作用。因此，生育政策的设计，不仅应考虑不同收入、教育水平群体的成本

---

① 作者关注性别角色态度与婚恋观两个价值取向维度，并采用"国际社会调查项目"问项测度。测度性别角色认同的问题是"男人负责挣钱养家，女人负责照顾家庭与孩子"测度个体关于性别角色观念，同意这一表述的归类为传统型，反对则为现代平等型；测度婚恋观的问题是"想要孩子必须结婚"与"一对夫妇不打算结婚也可以同居"，支持前者与反对后者归类为传统型婚恋观，其他归类为现代型婚恋观，即一定程度上接受并认可婚外同居或生育现象。

感知差异，而且也需要将文化价值观念纳入考量。

四、儿童照料津贴对生育的影响

有学者指出，财政津贴等经济激励工具若要发挥鼓励生育的作用，需要注重提供贯穿儿童成长期的持续性补贴，譬如可每月领取的儿童照料津贴，降低日托中心服务价格，以满足父母对质优价廉的保育服务需要，从而提高工作与育儿兼容性。Kim（2014）研究表明，一次性婴儿奖励计划对生育水平没有显著影响，而基于长期育儿成本的税收抵扣与补贴则整体上对生育水平有显著的积极影响。Mörk 等（2008）利用瑞典政府 2001 年采用补贴形式降低儿童照料服务价格的契机，研究该政策实施后 18 月内的生育情况，研究发现，即使在儿童保育服务覆盖率很高的瑞典社会，儿童保育服务价格降低，可以显著提高民众的生育水平。具体而言，每 1000 位女性多生育 3~5 个孩子，相当于生育率提高 4%~6%，可以解释政策实施后瑞典生育率变化的一半。而且，保育价格降低主要刺激兼职工作的女性群体生育，而非全职工作女性，究其原因在于全职工作女性因生育造成的收入损失与工资降低，相比因政策改革导致的保育服务价格优惠，属于杯水车薪，因而无法鼓励高学历人群生育。同样，Aassve 和 Lappegard（2009）分析挪威政府于 1998 年实施的儿童保育津贴政策对后续生育的影响，政策对象为那些选择在家育儿而非公共托幼中心，或者每周托幼低于 32 小时，意在鼓励父母在家育儿，提供多种类型育儿方式选择。研究发现，低学历、低收入的传统型家庭更可能领取儿童保育津贴，而且领取现金津贴的家庭生育二孩、三孩的时间间隔显著变短，意味着儿童保育津贴起到了刺激生育的目的，但对于高学历女性来说效果不显著。此外，Laroque 和 Salanié（2004）利用法国数据与家庭政策进行仿真模拟研究，发现加大 3 岁以下儿童福利保障与现金补贴，可以有效提高法国生育水平。Thevenon 和 Solaz（2013）也发现，针对 0~3 岁婴幼儿的现金转移支付（Cash Transfer）对生育有显著的促进效果。

综上所述，基于发达国家的经验研究表明，单纯依靠现金形式的经济激励工具，对生育的影响有限，可能仅仅刺激民众提前生育计划，而非提高生育孩子的数量，而且激励效果因个体社会经济特征以及价值观念而异。金钱激励政策建立在理性经济人假设之上，目标在于降低生养孩子的直接经济成本，从而鼓励多生多育，其中的关键在于激励大小在多大程度上补贴家庭因生养孩子的支出。如此有理由推测，受儒家文化传统影响的东亚地区，由于教育狂热现象，导致家庭教育开支（包括家教、补习班、课后活动等）相比欧美发达国家更高，因而金钱激励效果可能更为有限。然而，关注于儿童成长期内长期福利保障的现金津贴对生育有积极影响，譬如针对 0~6 岁儿童照料津贴等，究其原因在于质优价廉的保育服务（日托中心、幼儿园等），可以有效缓解父母因工作而无法照料儿童的矛盾，从而提高生育积极性。也就是说，区别于一次性婴儿奖励或福利金，聚焦为儿童成长提供长期持续的福利保障的经济手段既可以降低养育负担，又可以起到降低生育机会成本，如此有利于生育。

第二节　带薪育儿假政策的效果评估

与生育相关的假期政策，包括产假、陪产假以及父母育儿假等，政策逻辑包含两方面：一方面，依据新家庭经济学框架，带薪产假制度可以降低在职父母因育儿导致的机会成本，特别是在职母亲因职业中断而承担较大成本；另一方面，强化个体平衡工作与家庭生活的能力，突出家庭内外的两性平等，从而强化家庭组织的育儿功能。特别是，男性的陪产假以及在职父母均可申请的育儿假制度，鼓励男性参与家务与育儿，切实分担女性压力，实现家庭内部的两性平等，有利于提高婚姻质量与营造家庭和谐气氛，从而促进育龄夫妇生育更多的孩子。一般情况下，学者关注育儿假政策对生育的影响有两个角度：一是育儿假申请使用或者期限长短对生育的鼓励作用，特别是在职父亲的育儿假使用情况；二是育儿假期间工资补偿额度以及补偿计算方法对生育的影响，譬如统一标准的或依据产前收入调整的方式。此外，学者也关注带薪产假制度对不同收入、学历层次人群的不同影响（Raute，2017）。

一、育儿假政策对生育的影响

Lalive 和 Zweimuller（2009）利用 20 世纪 90 年代奥地利的延长育儿假政策改革契机，采用准自然实验的方法，分析育儿假延长 1 年对生育的影响。该研究表明，育儿假延长 1 年政策实施后 3 年内已育有一子的女性生育二孩的比例提高了 5%，而无子女的女性群体生育水平提高了 7%，而且 10 年内生育二孩的比例提高了 3%。换言之，奥地利的育儿假延长改革，不仅提高了短期生育水平，而且也提高了长期生育水平。但是，延长的育儿假短期内对于就业市场产生不利影响，女性重回就业岗位或再就业的比例短期内显著下降，不利于社会经济发展。因此，1996 年，奥地利政府重新调整育儿假时长，缩短为 1 年 6 个月，笔者发现，此次时长缩短并未影响生育孩子的数量，却可以改善过长的育儿假造成的就业与收入短期下降的问题。

进一步，基于挪威数据的实证研究，Lappegard（2010）发现，不同类型的政策对于不同胎次生育有不同的影响，育儿假制度对于二胎生育有积极影响，特别是当父亲育儿假使用程度越高，则二孩生育可能性越大，而且时间间隔越短。这意味着鼓励父亲参与家务与育儿的生育支持政策，对于二胎生育有积极影响，原因可能在于性别平等理论所预期的，家庭内外的两性平等，特别是男性介入家庭可有效分担家务压力，提高夫妻关于家务公平分配感知，继而营造有利于生育的婚姻质量与和谐环境（Goldscheider et al.，2015），但在职父母的育儿假使用情况与三胎生育间无显著相关性，反而育儿津贴的现金奖励措施具有较高的积极影响。同样，Billingsley 和 Ferrarini（2014）将生育支持的家庭政策处理为两个维度：一是以婴儿奖励、税收优惠、婚姻补贴以及家庭育儿津贴构成的传统家庭支持政策；二是以鼓励女性就业与促进性别平等为目的，由收入相关的育儿假政策和育儿设施与服务供给构成的"两性共担养家顾家的支持政策"（Gender Egalitarian Earner-carer Family Support），并采用多层模型分析 22 个欧洲国家数据，表明上述两个家庭支持政策维度对于个体头胎生育意愿均有促进作用，但只有包含产假、陪产假、育儿假以及育儿服务供给的家庭支持政策对个体的二胎生育意愿有显著的促进作用。总体而言，以提高工作与家庭平衡能力为目的的育儿假政策，对于二胎生育的重要性高于其他注重经济激励的政策工具。

二、父亲育儿假使用情况对生育的影响

一些学者关注"男性育儿假"政策对生育的影响。以北欧国家为代表，生育支持政策突出父亲角色，设置父亲育儿假政策，或者育儿假由在职父母共享，意在通过父亲介入家务与育儿来分担女性双重压力，从而鼓励育龄夫妇多生育。对此，以瑞典为分析对象，Oláh（2003）发现，相比育儿假主要由母亲使用的家庭，那些由父亲申请并使用育儿假的家庭生育二孩的可能性高出 15%，而且与以往教育与生育负相关不同，高学历女性群体二孩生育比例较高，原因在于高学历促成家庭内部议价能力强，夫妻间家务分配达成一致，且男性更多地申请使用育儿假。Duvander 和 Andersson（2006）基于瑞典社会的关于育儿假等级申请信息的序贯数据，采用历史事件分析方法（Event-history Analysis）[①]，分析父亲育儿假使用时长与生育间关系，该研究发现，虽然瑞典社会在职男性申请育儿假时长较短，但适当的父亲育儿假显著地提高了在职夫妇生育二胎、三胎的可能性。进一步，Duvander 等（2010）比较了瑞典、挪威两个国家在职且已育父母使用育儿假时长对继续生育的影响，结果表明，在职父亲申请使用育儿假可以鼓励继续生育，即已育有一子的父母生育二孩、已育有二子的父母生育三孩的可能性均提高。这一促进效果在瑞典社会更强，原因可能在于瑞典与挪威的政策背景差异，瑞典始终贯彻两性平等的目标导向，从而个体兼顾家庭与工作的能力更强，有助于多胎生育。因此，有学者指出，以往教育程度与生育间负相关关系，在宏观层面与微观层面已经逐渐弱化甚至正相关，其中重要原因在于高学历的在职父亲申请使用育儿假，更多地介入家务与育儿工作（Oláh，2011）。

同样，Baizan 等（2016）基于欧洲多国数据研究表明，降低男性工作时长可以显著地提高个体的累积生育水平，原因在于在职男性积极介入家务与

---

① 历史事件分析法（event-history models）主要用于从个体层面分析家庭政策对生育决策的影响，具有方法上的优势，可以避免宏观层面上结论混淆。原因在于不同国家间生育政策差异显著，且生育政策包含着丰富的维度，简单构造复合指数并不是评估政策的有效手段，而在跨国比较中应尽量简化政策复杂性，突出关键维度。

育儿，从而削弱传统性别分工对生育的不利影响。Billingsley 和 Ferrarini（2014）研究表明，父亲申请育儿假而介入育儿工作中，可以促进生育意愿提高，特别是二孩生育意愿。进一步，Unterhofer 和 Wrohlich（2017）利用德国 2007 年的育儿假改革契机，研究一定父亲专属假期份额对于民众关于性别分工认同程度、父亲使用育儿假行为的影响，结果表明，父亲专属份额的引入，极大地提高了在职父亲使用育儿假的比例，并且改变了祖辈对传统性别角色分工的认同，通过构建改革前后对比的"准自然"实验，作者发现育儿假制度改革不仅直接影响目标群体的行为反应，而且通过社会交互、社会网络进一步影响社会整体关于性别角色的观念态度。事实上，大量实证研究表明，不管在现代平等型地区（如北欧、英美），还是性别观念上传统的地区（如南欧、中欧、东亚），男性参与家务与育儿，增强家庭内部两性平等，都有助于提高生育意愿与水平，特别是生育二孩及以上的意愿或可能性（Torr and Short，2004；Goldscheider et al.，2013；Kato，2018），这可能是上述父亲育儿假的积极作用的深层次原因。

三、育儿假期间收入补偿对生育的影响

关于育儿假期间的工资补偿对生育的影响，Raute（2017）利用德国政府 2007 年的育儿假政策改革契机构造"准自然实验"，通过采用双重差分法发现，在将德国以往统一标准、扶持低收入的育儿假补偿机制，调整为基于产前工资的育儿假收入补偿机制（earnings-dependent maternity leave benefits）情况下，相比低学历女性群体，政策改革后 5 年内高学历女性的生育率提高了 22%。也就是说，政策改革对德国社会生育率有显著的促进作用，而且主要来自中等收入及其以上的高学历女性生育水平回升，从而避免因改革前统一补偿标准造成的人口素质"逆弗林效应"，有利于长期的人口结构优化、降低财政负担与促进经济增长。此外，Kalwij（2010）基于西欧多国数据，比较了家庭津贴、产假与育儿假收入补偿以及育儿补贴三类经济激励手段对生育的影响，发现只有关注于工作与家庭平衡（家庭友好型）的带薪产假、育儿假以及儿童保育服务津贴对于生育有显著促进作用，譬如育儿假收益每增加 10%，可以显著地降低 36~40 岁群体中终生不育的比例 3.2%，也就是说，提

高了整个社会的终生生育率。由此笔者指出，整体上看，政府增加财政支出，用于支持个体（尤其是女性）平衡工作与家庭能力，从而降低生养孩子的机会成本，可以显著提高生育水平，换言之，增加带薪产假与育儿假支出以及育儿服务可及性，不仅可以刺激生育提前，缓解晚婚晚育现象，而且还可以提高生育孩子的总数。

综上所述，已有研究表明，慷慨的带薪育儿假制度是促进多胎生育的有效工具，尤其是二孩生育，原因在于突出两性平等与家庭工作平衡的政策，可以有效降低生养孩子的机会成本，同时保障了育儿期间家庭收入水平，从而提高民众生育二胎的积极性与可能性，但是该政策对三胎及以上生育影响不显著。这对进一步调整优化当下我国社会全面二孩政策，将城乡居民的二孩意愿转换为实际二孩生育具有重要的借鉴作用。此外，育儿假期间的工资或收入补偿不应采用统一标准或者仅扶持低收入人群，而应该采用基于平时工资收入的比例调节算法，如此可以有效地降低不同收入、学历群体的机会成本，特别是高收入、高学历、具有较高人力资本的人群，从而缩小高收入与低收入人群间生育水平差距，避免可能出现的人口素质"逆向淘汰"现象，有助于增进社会整体的人力资本与维持社会经济的长期可持续发展。

第三节　儿童保育设施与服务供给的效果评估

应对低生育现实，各国政府加大财政投入，增加与育儿相关的基础设施供给，譬如不同年龄段儿童的日托中心、保育机构、社区咨询场所等。该政策目的包含两方面：一方面，可供选择的多类型育儿机构可以减轻在职父母的工作与家庭冲突；另一方面，完善的育儿体系可以为儿童健康成长提供良好的福利环境与保障。育儿基础设施建设、儿童保育服务可及性对生育的积极影响是显而易见的，随着价低质优的儿童护理、保育服务的推广，职业发展对在职父母生育的消极影响会得到改善，从而有助于生育水平的回升。然而，早期的基于微观层面的实证研究表明，育儿服务可及性与生育间关系并不明确（Rindfuss et al.，2011）。以美国社会为分析对象，部分研究表明，育儿服务可及性对个体生育有一定的促进作用（Blau and Robins，1989；Presser

and Baldwin, 1980），而其他研究则未发现显著的相关性（Mason and Ku-
lthau, 1992）。同样，早期基于欧洲国家的实证分析也没有获得一致的结果，
而且育儿服务可及性对生育的促进效果较弱，这些研究的分析对象多为传统
型地区，比如意大利（Del Boca, 2002）、德国（Hank and Kreyenfeld, 2004）。
此外，Andersson 等（2004）分析儿童保育设施覆盖率、儿童与保育员配比以
及入托费用对瑞典母亲再生育的影响，发现儿童保育服务的不同维度对再生
育均无显著影响，可能源于瑞典社会完善的家庭支持政策使儿童保育服务的
地区差异较小。之所以早期实证研究结论不统一，原因在于数据资料不完善
与统计方法限制，而且以往研究模型可能存在遗漏变量导致的内生性问题
（Rindfuss et al., 2011）。随着数据资料的不断完善，近年来相关研究获得的
结论较为一致，育儿服务可及性对个体生育有积极的促进作用。譬如，基于
挪威社会的研究，Rindfuss 等（2007）发现，儿童保育中心可及性可以显著
刺激个体生育，头胎生育时间提前。换言之，在儿童保育中心充足的地区，
民众头胎生育的年龄越小。在此基础上，Rindfuss 等（2011）基于挪威社会
的序贯数据的研究表明，高质量、价格低廉以及工作友好型的育儿服务可及
性，可以显著地提高累计生育水平，而且这种积极影响对不同胎次的生育均
成立。具体而言，相比没有学龄前儿童保育服务的情况下，育儿服务覆盖率
提高到60%，可以使女性平均多生育0.5~0.7个孩子。

　　基于宏观跨国或者一国内跨地区的比较研究则获得相对一致的结论，即
育儿服务可及性对生育有积极影响，一个地区育儿服务或设施覆盖率越广，
则生育率越高。Castles（2003）基于经合组织成员国数据的比较研究，指出
0~3岁育儿设施与服务供给，有利于育儿期在职父母的就业或再就业，成为
推动宏观上女性就业率与生育率正相关现象的重要因素；进一步，Hilgeman
和Butts（2009）利用21个欧洲国家数据，发现育儿服务可及性不仅可有效地
提高生育水平，而且可促进女性劳动就业率。Baizán（2009）则比较了西班
牙国内不同地区育儿服务覆盖率对当地民众生育的影响，发现一个地区的3
岁以下育儿服务覆盖率越高，则当地民众生养孩子数量越大。Bauernschuster
等（2016）利用德国育儿服务政策改革的机会，采用双重差分方法，发现育
儿服务可及性对生育有显著的积极作用。具体而言，公共育儿机构覆盖率提

高 10%，则生育率提高 1.2‰。Baizan 等（2016）采用多层统计方法研究 16 个欧洲国家数据表明，国家层面上儿童保育服务覆盖率与个体累积生育水平显著正相关，而其他家庭津贴、就业安排灵活性以及带薪产假虽然对生育有积极促进作用，但统计上并不显著。此外，Neels 和 Woods（2012）研究表明，相比家庭津贴政策，儿童保育服务可及性可以解释更大比例的国家间生育水平差异。可见，育儿设施与服务的覆盖率可能是发达国家间生育模式差异的重要原因。

同样，基于东亚社会的实证研究也获得相似结论。譬如，基于韩国社会的研究表明，5 岁以下儿童入托率较高的地区，生育两孩的比例也相对较高，即增加托幼服务与机构有利于多胎生育（金敏子和金亨锡，2014）。基于日本社会的研究，表明缺乏足够的儿童保育中心或托幼服务，使在职父母申请入托等待时间较长，是日本社会长期陷入低生育陷阱的重要原因（Lee and Lee，2014）。进一步，Fukai（2017）采用 2000~2010 年日本市级人口普查资料发现，育儿服务可及性的提高，对于育龄女性生育率有较弱但显著的促进作用，但是这一效果仅出现在当地女性有较强的工作倾向的地区，在其他地区则没有显著影响。这说明在平衡工作与家庭的难度较高的地区，在职父母对育儿服务与设施有更高的需求，此时提高育儿服务与设施的覆盖率，可以有效削弱来自工作与家庭的双重压力，从而提高生育水平。此外，Hank 和 Kreyen-feld（2004）以西德为对象，研究正式与非正式儿童保育服务对德国女性生育的影响，发现公立育儿机构的可及性或覆盖率与生育之间无显著相关性，但非正式的来自祖辈或亲缘网络的育儿支持可以显著地鼓励德国女性生育。其中原因有两方面：一方面，与北欧国家相比，德国的公立托幼机构主要针对学龄前儿童，3 岁以下托幼机构较少，且开放时间不足，无法满足女性兼顾工作与家庭的需要；另一方面，德国文化传统中家庭主义浓厚，来自亲缘网络的非正式育儿支持较为普遍而且信任度高。如此，削弱了公立育儿服务对生育的积极作用。

最后，值得说明的是，上述实证分析表明，关于育儿服务可及性与生育间关系的研究获得不明确或者较弱关系，主要以美国、意大利、德国等缺乏女性就业保障的社会，特别是美国是唯一一个没有实施带薪育儿假制度的发达国家。相反，发现两者呈现显著正相关的研究则多以挪威、瑞典等北欧国家为分析对象，这类国家生育政策的重点聚焦于强化个体兼顾工作与家庭的能力。可见，育儿设施、服务供给与覆盖率对生育的支持与促进作用，可能需要配套其他政策措施为前提，比如足够长的育儿假制度、完善的工作保障措施。究其原因在于，制约生育与否的首要因素是个体无法兼顾职业发展与育儿责任，凭借完善的工作保障与育儿假制度，个体无须担忧生育导致职业中断，从而会有动力生养孩子，而当育儿假结束之后，育儿服务可及性的重要性才会凸显出来，在职父母对托幼服务的需求增加，此时育儿服务覆盖率越广，则可以有效缓解工作与育儿间的冲突，继而对生育产生正向的鼓励作用。

第四节　需要政策组合而非单一政策

单一的政策工具往往不足以调动民众的生育积极性，而需要一系列政策组合为生养孩子提供全方位的支持体系。Andersen 等（2018）研究挪威 1998 年实施的儿童保育现金补贴政策（Cash-for-care Policy）的影响，比较有资格申请与没有资格申请两类群体 4 年内生育水平，与理论预期不符，保育现金补贴居然推迟获得补贴的母亲生育二孩的时间，即扩大了生育间隔与降低短期生育水平，而且该现金补贴政策短期内没有提高任何组别女性的生育水平。究其原因，作者指出，该政策与业已完善的带薪育儿假政策间存在一定冲突关系，由于挪威女性可以在带薪产假结束后申请额外的无薪育儿假，因此有较高机会成本的在职女性会将儿童保育津贴视作无薪假期的收入补偿，从而推迟重回就业岗位，继而影响后续生育。这说明一个政策是否鼓励生育，需要纳入整个政策框架内考量，否则可能因与其他政策工具冲突，而产生非政策预期的结果。

同样，日本可以作为一个反面教材以说明政策组合的重要性。近年来，虽然日本政府推出了为期 52 个月的父母育儿假政策，一定程度上增强了在职父母平衡工作与家庭的能力，但民众生育意愿依然不高。其中的重要原因在于，日本政府所承诺的公立托育机构全覆盖并未实现，尤其是 3 岁以下儿童

保育设施，日本 3 岁以下儿童入托率仅由 2010 年的 18.9% 提升至 2016 年的 22.5%，过去三年申请公立托幼机构的"入托等待名单"不断延长，如此严重打击民众对政府承诺于 2020 年实现公立保育设施全覆盖的信心，使预期到育儿支持不足的父母选择推迟生育甚至不育（Lee and Lee，2014）。换言之，育儿假政策要发挥鼓励生育的作用，必须解决休假结束后儿童照料设施与服务的短缺，从而使父母不再担忧工作与育儿的冲突问题。

综上所述，在大量的围绕政策与生育关系的实证检验工作基础上，学者形成以下共识：首先，单纯地依靠物质属性的经济激励，对生育的促进效果有限；其次，关注于职业发展与家庭育儿间平衡的政策，对生育的刺激效果更强，譬如育儿服务可及性、儿童保育基础设施、育儿假等；最后，若想实现有效阻止生育下滑继而实现促进生育水平回升，单一的政策并不能发挥作用，需要多种政策组合为父母育儿提供全方面的外部支持。譬如，育儿假制度对生育的积极影响，需要配套其他政策工具为育儿提供持续性的支持，在育儿假结束之后，是否有充足的儿童保育服务供给，成为在职父母决定是否生育的重要前提。也就是说，多种政策工具的互补与持续性，可以增强育龄夫妇对政策体系有效性的信任感，以解决生养照料之忧虑，从而才能使生育支持政策有效发挥作用（Thévenon，2011）。

第九章　完善我国生育支持政策体系的若干建议

在 2015 年底我国全面实施二孩政策背景下，通过归纳 2016 年以后二孩意愿调查资料，表明当下城乡居民二孩生育积极性不高，而且考虑到仅有二孩生育的情况下总和生育率很难实现接近更替水平之上，因此我国未来人口发展趋势不容乐观。此外，调查资料显示，制约二孩生育的因素主要有：经济负担、儿童照料缺失、职业发展的需要。对此，接下来在横向比较我国与发达国家生育支持政策差异基础上，主要从与生育相关的现金支持、假期政策、儿童照料以及企业单位、社区组织角色等方面，探究构架契合我国经济发展阶段与社会文化特征的生育支持体系的制定思路、优化方向以及具体的政策工具。整体而言，构建包含物质与情感属性的家庭友好型社会环境，从而实现鼓励生育的目的，乃是需要各级政府、企业、社会组织以及家庭共同协调努力的一项系统工程。

第一节　长期持续性现金津贴与税收抵扣

依据新家庭经济学理论可知，直接的经济负担是制约家庭生育的重要因素，而各国政府施政焦点之一，也在于为儿童成长期内提供足够的家庭福利保障。但考虑到第七章中指出的东亚地区特有"教育狂热"现象，有限的儿童、家庭津贴等经济激励可能无法有效地鼓励多生多育，而更有可能结果是父母在津贴用于已有孩子的质量（教育、人力资本）投资上而非孩子数量。譬如，新加坡政府在发达国家中给予有孩子家庭的福利津贴与税收抵扣额度最高，但也仅占新加坡家庭抚养孩子成人花费的 9%～20%，而且鼓励效果非常有限，当前新加坡总和生育率已处于世界最低水平。因此，为鼓励多生多育，降低生养的经济负担需要辅之以其他政策手段的完善政策体系。尽管如此，在财政可承受范围

内，依然可以采取以下经济激励手段降低父母生养之忧，核心在于构建有益于儿童健康成长的长期持续性福利保障而非短期的刺激手段。

一是适当的现金津贴与税收抵扣。目前各国意在降低生养直接成本的现金奖励工具主要有：一次性的新生儿奖励、孕妇津贴以及生育津贴，关注长期生养成本的可每月领取的儿童津贴、儿童照料补贴、家庭津贴以及针对低收入有需要家庭、残疾儿童等额外福利津贴以及相关的税收抵扣优惠。据经合组织统计资料表明，当前发达国家围绕育儿相关的家庭现金福利占家庭平均收入的比重为 2%~15%，其中北欧、西欧现金津贴力度较大，且属于普惠型的累进式津贴，孩子越多则获得福利津贴越高，而南欧国家则因财政危机与公共债务问题，津贴力度较低且限制条件较多，不具普惠性质。对此，我国生育支持政策体系中现金支持维度，应在财政能力合理范围内，依据家庭收入情况或生养成本估算提供累进式儿童、家庭津贴，尤其是多子女家庭现金支持，孩子越多获得福利津贴越多，从而鼓励大家庭模式与多生多育。

二是多生育多拿养老金。由于低生育问题直接造成老龄化、危及国家养老保障体系安全性，尤其是在现收现付制的养老金政策情况下。因此，可以借鉴法国、德国以及南欧地区，将生育孩子数量与养老金优惠挂钩，实现孩子数量越多，获得养老金补贴越高。这符合当下生育外部性问题越来越突出的情景，生养孩子不再是家庭养儿防老的需要，更是一个国家经济活力与养老体制的保障基础。

三是儿童照料上的祖辈支持税收抵扣项目。考虑到东亚地区文化传统中儿童照料上祖辈、家人有意愿予以帮助，而且在专业化、社会化的托幼设施与服务发展无法短时间内成型的情况下，可以优化税收结构支持祖辈帮助父母照料儿童，给予在职父母税收抵扣或者现金津贴，甚至可以出台"祖辈儿童照料假"，以支持儿童照料上的代际间支持。这类措施在家庭主义气氛浓厚的地区较为常见，譬如日本、韩国、新加坡以及德语系国家、南欧地区均出台影响的祖辈照料支持方案。此外，有必要面向低收入家庭提供转移支付、医疗救助等，以保障不因生养孩子而致贫。

总而言之，借鉴发达国家现金支持政策经验，并考虑东亚特有的文化特征，意在降低生养经济负担的经济优待政策，不应仅关注短期的、有对象限制的生育刺激，而应该着眼于长期视角，关注儿童成长期内持续性的、普惠型的家庭福利保障，从而创建家庭友好型的物质环境。但需要指出的是，单纯依靠经济激励与优待措施对生育的鼓励效果有限，必须配套其他一系列聚焦兼顾家庭工作平衡能力、儿童照料设施与服务供给等的完整政策工具，方可有效地调动有不同生养成本的各类人群的生育积极性，从而将社会整体生育率稳定在更替水平线上下。

第二节　强化性别平等的带薪育儿假政策

我国产假政策分为国务院规定与各省市地方性规定两类。根据国务院《女职工劳动保护特别规定》第七条规定：女职工生育享受 98 天产假，其中产前可以休假 15 天；生育多胞胎，每多生育 1 个婴儿，增加产假 15 天；其他难产、流产等也均可休产假。各省市以不低于上述规定情况自行制定地方性产假政策。其中，广东省产假时间最长，共 178 天，山东、河北、安徽、山西、江西、宁夏、辽宁、四川、福建、青海等地在国务院规定基础上延长 60 天，共 158 天；广西则增加 50 天共 148 天；北京、天津、浙江、湖北、上海等地则延长 30 天，共计 128 天。并且，在规定假期内全额照发工资，不影响福利待遇以及相关评奖。

我国中央政府层面没有颁布陪产假政策，但除新疆、西藏两地，各省市均实施时间不等的陪产假地方性政策。山东、天津的假期时长最短为 7 天，云南、甘肃以及河南假期最长为 30 天，其他省市中，广西规定护理假为 25 天，北京、广东、山西、江西、浙江、湖北、辽宁、福建、河北、陕西、青海等地陪产假（或护理假）为 15 天，四川、宁夏护理假为 20 天，上海、安徽护理假为 10 天，夫妻异地生活则可延长为 20 天。并且，与产假规定一样，陪产假期间工资全额照发，且不影响福利待遇以及相关评奖。这里需要说明的是，各地方政府的男方假期概念与含义上属于陪产假范畴，意在鼓励男方在女性生育期间积极照料，而中央与地方两级政府的生育假期政策体系中，还没有涉及关于育儿的"父母假"规定，即规定在婴幼儿成长至一定岁数前在职父母双方均可以申请一定期限的育儿、照料假。因此，从法律法规角度看，生育重担依然落在女性肩上，男性介入度不够。世界各国主要发达国家以及我国关于生育的带薪假期政策比较如表 9-1 所示。

表 9-1　2016 年各国生育相关带薪假期市场与收入补偿

国家	产假		女性育儿假		陪产假		男性育儿假		补偿来源
	时长	收入补偿	时长	收入补偿	时长	收入补偿	时长	收入补偿	
挪威	13	97.9	78	41.3	0.0	0.0	10.0	97.9	公共财政
瑞典	12.9	77.5	42.9	57.7	1.4	61.2	12.9	77.6	公共财政
法国	16	94.2	26	14.5	2.0	92.8	26.0	14.5	公共财政
德国	14.0	100.0	44.0	65.0	0.0	0.0	8.7	65.0	公共财政
英国	39.0	30.9	0.0	0.0	2.0	20.2	0.0	0.0	公共财政
美国	0.0	0.0	0.0	0.0	0.0	0.0	0.0	0.0	—
意大利	21.7	80.0	26.0	30.0	0.4	100.0	0.0	0.0	保险基金
西班牙	16.0	100.0	0.0	0.0	2.1	100.0	0.0	0.0	保险基金
日本	14.0	67.0	44.0	59.9	0.0	0.0	52.0	58.4	公共财政
韩国	12.9	79.5	52.0	28.5	0.6	100.0	52.0	32.0	保险基金
新加坡	16	100	0.0	0.0	1	100	0.0	0.0	公共财政
中国	14	100	0.0	0.0	1	100	0.0	0.0	保险基金

注：虽然我国中央政府没有制定陪产假政策，但除新疆、西藏两地，各省均出台时间不等的陪产假地方性规定；美国则是唯一没有建立国家层面的带薪产假、陪产假以及育儿假制度的发达国家，多种类型的生育现金补贴主要针对低收入、有需要家庭。

资料来源：产假、陪产假以及育儿假指标依据 OECD（2016）统计资料整理，时长单位为周，收入补偿为津贴占比平日工资比例；收入补偿来源依据《全球性别差异报告》（Global Gender Report）（2016）整理，公共财政表示由政府税收兜底，或者经由企业支付再申请全额税收抵扣，保险基金则为企业与员工共同缴纳。

如表 9-1 所示，整体上看，我国与生育相关的假期规定呈现以下特点与不足：一是产假、陪产假时长适中，假期期间工资全额照发，相比英美国家收入补偿较高，且不影响相关福利待遇以及评奖，很大程度上保障在职父母假期间的权益，但过高的收入补偿可能加剧财政或企业负担。二是尚未规定关于儿童成长期内因照料、抚养所需的“父母假”，而这对于双职工家庭平衡工作与家庭责任至关重要，也是增进父母孩子互动并构建家庭友好型环境的有效途径之一。三是假期政策规定中"男方角色"不足，应鼓励在职父母分担育儿压力，而不仅仅是产假期间的配偶照顾，有助于缓解在职女性的双重压力，提高婚姻质量与营造家庭友好型环境。四是假期期间收入补偿来源上，我国目前规定由企业缴纳费用的生育基金支付，相当于将员工生育成本直接落在企业身上，这无疑增加企业运营成本，从而可能加剧就业市场上性别歧视现象。对此，尽管多数省市要求男性员工也需纳入生育保险，并给予一定期限的带薪陪产假，北京甚至规定假期间不得辞退、解聘员工，但相关费用依然由企业支付负担，因此趋利的企业可能着力避免雇用育龄女性，从而无助于缓解性别歧视。为保障女性就业与强化性别平等，除英美之外的大多数发达国家假期内收入补偿，参照产前收入情况一定比例由政府公共财政支付，从而企业无须增添直接的运营成本，最大限度上降低就业市场的性别歧视问题，同时将企业可能承担的"直接成本"转变为财政支付的"间接成本"，符合当前国家倡导减税降费提升企业经营效率的大政方针，有利于保持经济活力与长期发展。

综上所述，虽然我国产假、陪产假时长相比发达国家政策而言较为适中，甚至收入补偿比例上更优，但政策体系中父母假的缺失以及男性角色的不足，无益于缓解双职工家庭兼顾工作与家庭的难度，因而我国现有与生育相关的假期政策无法有效鼓励在职父母多生多育。换言之，产假、陪产假解决了"生小"之忧，但现有政策无法缓解"养小"之虑。对此，应及时推出父母育儿假政策，规定在儿童年满 12 周岁以前在职父母可申请使用儿童照料假，并设定一定比例的假期津贴作为收入补偿，以平抑生育的机会成本，甚至可以引入明确的解雇保护机制，在育儿假中应保留一定份额由父亲专门使用，设立"父亲月"等活动以增强民众接受度与响应度。

第三节　加强托育基础设施与服务供给

学龄前儿童的保育服务与照料需要，是影响在职父母平衡工作与家庭的重要因素，也是致力于鼓励生育的各国政府政策关注焦点，但各国在服务供给主体、经费来源以及项目设计上存在差异，大致上现有 0~7 岁学龄前儿童

保育设施与服务主要分为以下三类:

第一类是中心化日托服务(Centre-based Day-care)。采用家庭外的经许可设立的公立或私立托幼中心,提供全日制或非全日制婴幼儿、儿童保育托管服务,譬如幼稚园、日托中心、寓教于乐的儿童游戏学校以及家庭集体运营的团体托幼等,主要面向未到学前教育年龄的婴幼儿群体。此年龄段的正式社会化育儿服务供给,通常由教育部门、社会事务部门主管,但在供给主体、经费来源等在不同国家间存在差异。譬如,在欧陆国家主要有公立托幼机构组成,入托费用由父母直接承担,但可以申请税收优惠、领取儿童津贴以及儿童照料津贴予以抵扣,因而这些国家的儿童照料服务价格合宜并且保障服务质量。在其他英美系国家中,私立托幼机构在保育市场中占主流,公立托幼中心主要针对低收入有需要人群。此外,在一些发达国家中,中心化托育服务还包括少量的团体家庭日托、小型托儿所以及父母经营的托儿中心,这类托幼组织起初通常由一些父母为解决自己儿童照料服务需要而创立的,随后逐步获得政府的资质认可与资金补助,从而面向社会提供婴幼儿照料服务。

第二类是家庭日托服务(Family Day Care)。主要指在家庭内进行儿童保育的传统方式,譬如经过注册、培训、持有证书的居家式儿童保育员、保姆等,或者在有资格证的保育员家进行家庭日托服务,这类服务的孩子数量通常为3~4个,主要面向3岁以下幼儿群体。这类组织通常在中心化日托中心覆盖率不足以及父母偏好家庭环境育儿的地区较多,特别是对婴幼儿。

第三类是学龄前早教项目(Pre-school Early Education Programmes)。指的是以中心化设施(学校)为基础,面向将要进入小学义务教育阶段的孩子提供早教服务,譬如公立或私立幼儿园与学前班等。一般而言,这类托育服务中包含一半以上的教育内容,配备有专业资质的人员。在一些国家中,这类早教项目提供全天候服务,并设置课后活动,以匹配父母工作时间。此外,一些发达国家将一年或两年的学前早教项目纳入小学义务教育范畴中。具体地,各国学龄前儿童保育设施与服务比较情况如表9-2所示。

表 9-2　各国儿童保育设施与服务一览

年龄	托幼中心、家庭式日托				学前教育		义务教育	
	0	1	2	3	4	5	6	7
挪威	公立全日制幼稚园（40 小时），覆盖农村地区						义务教育	
瑞典	公立全日制幼稚园（30 小时），部分家庭式幼稚园覆盖农村地区						义务教育	
法国	公立托儿所、家庭日托、居家保育员				公立学前班		义务教育	
德国	婴幼儿托寄中心				公立学前班、幼稚园		义务教育	
	混合年龄段的日托中心、家庭日托（主要面向 2 岁以下婴幼儿）、注册登记津贴保育员，财政支持的非营利、营利私人保育机构							
英国	私立的育婴室、保育员、托儿所				公立幼稚园、游戏组	公立学前班、预备班	义务教育	
美国	私立的托幼中心、家庭日托				学前教育项目、私立幼儿园、启蒙计划、公立幼儿园		义务教育	
意大利	公立托儿所，全日制（<50 小时）、非全日制（20 小时）				公立学前班、幼儿园		义务教育	
西班牙	公立第一周期婴儿保育项目（自愿入托）				公立第二周期儿童保育项目（自愿、全覆盖以及免费）		义务教育	
日本	公立全日制幼稚园、幼儿园，约占 2/5						义务教育	
	私立全日制幼稚园、幼儿园，约占 3/5							
	私立家庭日托				幼儿园（公立 1/3、私立 2/3，20 小时，部分提供课外托幼）			

续表

	托幼中心、家庭式日托	学前教育	义务教育
韩国	公立托幼中心	—	义务教育
	—	公立幼儿园、幼稚园	
		私立学前班（Hakwon）	
新加坡	婴幼儿护理中心	托幼中心、幼稚园	义务教育
中国	家庭日托（代际间育儿支持、保姆）	公立、私立幼儿园	义务教育

注：小时数为托幼中心最长托管时间；OECD 家庭资料库，http：//www.oecd.org/social/family/database.htm。

　　从表9-2中可以看出，大部分发达国家已经建立起面向0~6岁全年龄段的托育照料服务体系，相比较而言，虽然我国于2006年修订《中华人民共和国义务教育法》全面贯彻实施免费义务教育，"不收学费、学杂费"等，但是在学龄前儿童保育设施与服务供给方面远未成熟。一方面，针对3~6岁儿童的托育照料需要，由公立与私立幼儿园或学前班提供，但是公立托育设施覆盖率不足，私立托育服务又存在费用高与质量参差不齐的问题，使父母承担比较大的经济压力；另一方面，在0~3岁以下婴幼儿托管照料服务严重不足，当前主要以来自祖辈、家人以及朋友的非正式育儿支持为主，雇用保姆照顾为辅，但相比正式的中性化托幼机构，非正式的育儿支持效率低下而且因健康、理念冲突等问题无益于育龄年轻人的多生多育。此外，即使是小学义务教育阶段，儿童在校时间上不够灵活，多数省市下午3点左右即放学，且以课外活动形式提供临时性托育并不多见，如此与在职父母工作时间不相匹配，从而只是部分解决了日间照料需要与工作的冲突。

　　鉴于此，当下我国生育支持政策应着力解决学龄前儿童的照料托育问题，以增强父母工作与家庭的兼容性。考虑到我国国情中祖辈有意愿照料孙子孙女，因此我国完善儿童托育体系可以阶段性推进：首先，完善小学义务教育阶段在校时间灵活性，鼓励并支持学校提供课外活动等形式的临时性托育，以满足部分无法获得家人帮助的夫妇下班后接送孩子。其次，完善3~6岁的儿童托育设施与服务，加大公立托育机构的资金支持力度，提高公立托育服务的覆盖率与可及性，同时以财政津贴的形式支持私立托育行业发育，提供价廉质优的多元化托育服务选择，建立严格的市场准入、行业标准以及评估体系，切实提高民众的认可度与信任感。最后，需要着力解决 3 岁以下婴幼儿托管照料"瓶颈"，这对于鼓励多生多育至关重要。（外）祖父母照料婴幼儿存在生理健康局限且代际间育儿理念存在冲突，如此严重限制育龄夫妇的多生多育的积极性，而建立中心化、社会化的正式托幼服务体系，辅之以培训资质合格的儿童保育员进行家庭式、社区日托服务，在效率上优于非正式的代际间育儿支持，可以有效提高父母的生养积极性。

第四节　其他措施：企业单位、社区组织育儿角色

建立家庭友好型社会环境，是需要各级政府、社区、企业以及家庭共同协调努力的一项系统工程。其中，家庭友好型环境必然包括家庭型友好型的工作环境与社区邻里环境，如此就需要企业、社区组织积极介入育儿支持体系中，具体而言有以下措施：

对于企业而言，应根据自身条件给予育龄期员工合理的育儿支持，譬如配套育儿设施与灵活工作安排。一是政府出台政策鼓励有能力的大中型企业或单位建设配套的育儿设施，如独立的哺乳室，或临时托育设施，满足员工上班时间的儿童照料需要；中小型企业则可以彼此或者与地方性托育机构合作，为工作时间内员工提供儿童照料便利。同时，为避免加重企业经营负担而影响经济增长，政府应通过收费抵扣、财政津贴等形式支持企业或单位的亲生育行动，并且设立评优评奖机制，对积极支持员工生育的企业颁布荣誉证书或特殊标识，以增强企业的社会责任感与消费者认可度。二是政策鼓励企业单位允许在职父母工作日内享受一定时间（譬如半小时、一小时）休息，用于哺乳、照料婴幼儿，或者早退接送入托孩子；同时鼓励企业灵活安排处于育儿期的员工工作时间，譬如缩短工作时长、可更换岗位、不安排夜间加班等。总而言之，尽量在不加重企业经营负担的情况下，鼓励企业与员工自主协商建立有益于照料儿童的工作环境。

对于社区而言，应积极培训社会组织与基层政府合作，构建家庭友好型

社区环境。考虑到现代化进程中，享受较高教育水平的新生代与祖辈家人间关于育儿方法与理念上存在较大的冲突可能性，并且祖辈照料儿童不可避免与子女住在一起，从而加剧代际间家庭事务的冲突可能性。此外，居高不下的离婚率也说明夫妻间理念冲突。上述因素严重影响婚姻质量、稳定性与家庭和谐气氛，从而不利于家庭生育。对此，可以效仿韩国的做法（Lee and Choi，2015），在社区内建立公共财政支持的家庭事务咨询中心，配备经过培训的合格职员，提供家庭矛盾解决、调解等咨询服务，并且积极从事健康育儿理念的宣传工作，形成邻里间互动、信息共享、彼此帮扶的有效机制，从而建立生育友好型的社区环境。

综上可知，由于研究表明企业单位持有支持员工育儿的积极态度，有助于鼓励鼓励，因此，政策体系中应重视对亲生育的各类型企业予以有效的税收优惠、财政津贴、荣誉奖励等支持手段，从而建立家庭友好型工作环境。进一步，结合当下我国城乡基层管理体制，充分发挥社区或乡村基层政府与社会组织的能动性，积极宣传健康的育儿理念，强化家庭事务中性别平等，推动价值观念的转变，从而建构一个有益于家庭和谐、儿童生养的观念气氛。

第十章 再论生育支持政策的目标定位

至此，本书完成以下工作：当前制约我国城乡居民生育意愿与行为的影响因素，譬如生育成本、生育收益以及文化观念因素等；分析欧美与东亚发达国家的不同生育趋势与现状，介绍主要发达国家的生育支持政策体系，归纳不同的政策逻辑、类型以及工具模式，发现可以有效鼓励生育的政策逻辑与工具特征所在，乃是保障女性就业权益与强化性别平等，并结合统计资料予以实证检验；结合东亚特有的文化传统特征，指出东亚社会鼓励生育所需面临的两个文化"障碍"："教育狂热"与性别不平等；基于已有关于政策效果评估文献，比较不同政策工具鼓励生育的效果大小，在此基础上结合发达国家政策实践的有益经验，提出建构契合我国发展阶段与社会文化特征的生育支持政策的多方面意见。作为全书的总结，也可以视作对我国生育支持政策的目标定位的再讨论，将本书核心观点总结如下：

一、生育政策乃是家庭支持政策的一个维度

生育支持政策应归属于家庭福利政策的一部分，以构建儿童、家庭友好型社会环境为目的，而不应以"鼓励生育"作为直接目的。据社会调查资料显示，一般而言，各国民众理想生育数量要远高于实际生育水平，这种理想与现实的差距意味着现实世界中存在诸多制约生育意愿实现的因素，包括物质的与情感的环境。事实上，出现生育回潮的发达国家中生育支持体系正是关注长期的儿童福利保障以提供有益于生育的物质环境，同时也关注政策安排与公众观念上保障女性就业权益与强化性别平等，从而提高工作与家庭生活的兼容性，营造一个有益于生育的社会情感环境。相反，在生育持续低迷的地区，往往在物质环境建设中逐步与生育回潮国家看齐，但在强化性别平等的情感环境建设中投入不足，双职工家庭难以平衡工作与家庭的双重压力，其中既有与生育相关的假期政策等制度安排上的缺陷，也有根植于文化传统

中的障碍，譬如南欧、东亚地区社会文化心态上的"重男轻女"，很大程度上决定了公共政策制定思路与逻辑中缺乏对性别平等的关注。也就是说，在现代化进程中，个体自我实现价值不断凸显，依靠工程学的调控思维，而缺乏对个体情感的关注，难以有效调动生育积极性。譬如，长年以来新加坡承袭计划生育时期以经济手段为主的调控思维，尝试以非常慷慨的经济激励与优待措施的方式来刺激新加坡人多生多育，并提出"三个远远不够"的口号，却未扭转生育率继续下滑的势头，成为当前世界生育率最低的国家。因此，正如2008年欧洲人口会议达成的共识所主张的，为应对低生育、老龄化问题，应将生育政策作为家庭支持政策体系的一个维度，主要目的在于创造一个家庭友好型、儿童友好型的物质与情感环境，从而间接地实现生育回暖。其中，关键在于建立强化家庭内外性别平等的制度保障与观念共识。

二、兼顾直接经济负担与间接机会成本的全方位生育支持政策体系

生育支持政策不应仅关注经济激励与优待措施，而应注重儿童成长期内全方位育儿支持。本书研究表明，单纯依靠经济激励的手段，着重于短期的生育刺激，难以实现鼓励生育的目标。自20世纪90年代至今，以意大利、西班牙为代表的南欧地区，生育支持政策呈现碎片化、不成系统的特征，而作为结果南欧地区生育率也一直处于世界范围内最低水平，再也没恢复到低生育陷阱线之上。因此，生育支持政策需要顶层设计的视角，以为儿童成长期内提供长期持续性的福利保障为目的，切实降低生养孩子的长期成本与焦虑，从现金津贴、假期政策优化、学龄前儿童照料服务供给等多方面，构建一个组织架构明确而完备、法律政策系统而完善的生育支持政策体系，尤其是在当下全面二孩政策实施效果不佳的情况下，应尽早将生育支持政策体系建构提上议程。

三、营造家庭友好型社会环境是一项需要社会各界共同参与的系统工程

构建家庭友好型社会环境是一项系统工程，需要社会各界的共同努力。在老龄化与现实育儿成本高企的情况下，生育问题逐渐成为一个具有外部性

的社会问题，生养孩子的责任也应逐步"去家庭化"而在其中强化社会责任属性。如此，构建有益于生育的家庭友好型社会环境，则自然也必须需要各级政府、企业、社会组织与家庭的协调努力。在中央政府统筹牵头下，各级政府依据自身财政、经济与社会条件，打造有利于儿童成长与提高工作与生活兼容性的政策与福利环境；各企业单位则应配合支持生育的政策导向，为育龄期员工创建一个家庭友好型的工作环境，譬如配套必要的托育设施、灵活安排工作时间等；社会组织则应发挥专业能力，与基层政府合作，传播健康的育儿理念，提供家庭事务咨询服务，为营造有益于婚姻稳定、家庭和谐的社区环境做出专业贡献。

综上所述，本书采用理论建构、资料收集与计量检验的科学方法，从生育成本、生育收益以及文化价值观念等方面，探索制约我国城乡居民生育意愿与水平的影响因素，并在"全面二孩"政策背景下研判当下与未来我国严峻的人口趋势，亟待顶层设计以鼓励生育为导向建构全方位育儿支持政策体系与制度保障，从而营造一个儿童、家庭友好型的社会环境，充分调动各类人群的生育积极性，带动我国总和生育率稳定在更替水平上下，这无疑对缓解劳动力短缺、老龄化以及保持社会经济可持续发展具有重要意义。

参考文献

[1] Aassve A, Lappegård T. Childcare Cash Benefits and Fertility Timing in Norway [J]. European Journal of Population, 2009, 25 (1): 67-88.

[2] Aassve A, C. Billari, and L. Pessin. Trust and Fertility Dynamics [J]. Social Forces, 2016, 95 (2): 663-692.

[3] Akerlof, A. G., and E. R. Kranton. Economics and Identity [J]. Quarterly Journal of Economics, 2000, 115 (3): 715-753.

[4] Andersson G, Duvander A Z, Hank K. Do child-care characteristics influence continued child bearing in Sweden? An investigation of the quantity, quality, and price dimension [J]. Journal of European Social Policy, 2004, 14 (4): 407-418.

[5] Anderson, T. M., & Kohler, H. -P. Education fever and the east asian fertility puzzle: A case study of the low fertility in South Korea [J]. Asian Population Studies, 2013, 9 (2): 196-215.

[6] Andersen, N., Drange N, Trude Lappegård. Can a cash transfer to families change fertility behaviour? [J]. Demographic Research, 2018, 38 (1): 897-928.

[7] Arpino B, Esping-Andersen G, Pessin L. How Do Changes in Gender Role Attitudes Towards Female Employment Influence Fertility? A Macro-Level Analysis [J]. European Sociological Review, 2015, 31 (3): 370-382

[8] Baizán, Pau. Regional Child Care Availability and Fertility Decisions in Spain [J]. Demographic Research, 2009, 17 (3): 32-41.

[9] Baizan P, Arpino B, Delclòs, Carlos Eric. The Effect of Gender Policies on Fertility: The Moderating Role of Education and Normative Context [J]. European Journal of Population, 2016, 32 (1): 1-30.

［10］Balbo N, Mills M. The effects of social capital and social pressure on the intention to have a second or third child in France, Germany, and Bulgaria ［J］. Population Studies, 2011, 65（3）：335-351.

［11］Baudin T. Family Policies: What Does the Standard Endogenous Fertility Model Tell Us? ［J］. Journal of Public Economic Theory, 2011, 13（4）：555-593.

［12］Bauernschuster S, Hener T, Rainer H. Children of A（Policy）Revolution: The Introduction of Universal Childcare and It's Effect on Fertility ［J］. Journal of the European Economic Association, 2016, 14（4）：7-14.

［13］Beaujouan E, Brzozowska Z, Zeman K. The limited effect of increasing educational attainment on childlessness trends in twentieth-century Europe, women born 1916-65 ［J］. Population Studies, 2016, 70（3）：1.

［14］Becker G S, Lewis H G. On the Interaction between the Quantity and Quality of Children ［J］. Journal of Political Economy, 1973, 81（1-2）：113.

［15］Becker G S. Altruism in the Family and Selfishness in the Market Place ［J］. Economica, 1981, 48（189）：1-15.

［16］Becker S O, Cinnirella F, Woessmann L. The trade-off between fertility and education: evidence from before the demographic transition ［J］. Journal of Economic Growth, 2010, 15（3）：177-204.

［17］Billingsley S, Ferrarini T. Family Policy and Fertility Intentions in 21 European Countries ［J］. Journal of Marriage and Family, 2014, 76（2）：428-445.

［18］Blanchet D, Ekertjaffe O. The demographic impact of family benefits: evidence from a micro-model and from macro-data ［J］. Family the Market & the State in Ageing Societies, 1994, 49（6）：1389-1418.

［19］Blau and Robins B.. Fertility, Employment, and Child-Care Costs ［J］. Demography, 1989, 26（2）：287-299.

［20］Brewster K L, Rindfuss R R. Fertility and Women's Employment in Industrialized Nations ［J］. Annual Review of Sociology, 2000, 26（26）：271-296.

［21］Brinton, M. C. Intentions Into Actions: Norms as Mechanisms Linking

Macro – and Micro – Levels [J]. American Behavioral Scientist, 2016 (1): 7-14.

[22] Castles, F. G. The World Turned Upside Down: Below Replacement Fertility, Changing Preferences and Family – friendly Public Policy in 21 OECD Countries [J]. University of Edinburgh: Unpublished Manuscript, 2003.

[23] Chen H J. Child allowances, educational subsidies and occupational choice [J]. Journal of Macroeconomics, 2015 (44): 327-342.

[24] Chang, L. Gender Role Egalitarian Attitudes in Beijing, Hong Kong, Florida, and Michigan [J]. Journal of Cross – Cultural Psychology, 1999, 30 (6): 722-741.

[25] Cigno A. Intergenerational transfers without altruism: Family, market and state [J]. European Journal of Political Economy, 1993, 9 (4): 505-518.

[26] Cigno A, Rosati F C. Jointly determined saving and fertility behaviour: Theory, and estimates for Germany, Italy, UK and USA [J]. European Economic Review, 1996, 40 (8): 1561.

[27] Croix D D L, Doepke M. Public versus private education when differential fertility matters [J]. Ucla Economics Working Papers, 2002, 73 (2): 607-629.

[28] Del Boca D. The effect of child care and part time opportunities on participation and fertility decisions in Italy [J]. Journal of Population Economics, 2002, 15 (3): 549-573.

[29] Duvander A Z, Andersson G. Gender Equality and Fertility in Sweden: A Study on the Impact of the Father's Uptake of Parental Leave on Continued Childbearing [J]. Mpidr Working Papers, 2006, 39 (1-2): 121-142.

[30] Duvander A Z, Trude Lappegård, Andersson G. Family policy and fertility: fathers' and mothers' use of parental leave and continued childbearing in Norway and Sweden [J]. Journal of European Social Policy, 2010, 20 (1): 45-57.

[31] Ehrlich I, Kim J. Social security and demographic trends: Theory

and evidence from the international experience ［J］. Nber Working Papers, 2007, 10 (1): 55-77.

［32］ Esping-Andersen, G. The Three Worlds of Welfare Capitalism ［M］. Oxford: Polity Press. 1990.

［33］ Esping-Andersen G, Billari F C. Re-theorizing Family Demographics ［J］. Population & Development Review, 2015, 41 (1): 1-31.

［34］ Fanti L, Gori L. Child policy ineffectiveness in an overlapping generations small open economy with human capital accumulation and public education ［J］. Economic Modelling, 2011, 28 (1): 404-409.

［35］ Fogli A, Fernandez R. Culture: An Empirical Investigation of Beliefs, Work, and Fertility ［J］. American Economic Journal: Macroeconomics, 2009 (1): 7-14.

［36］ Feichtinger G, Prskawetz A, Seidl A, et al. A bifurcation analysis of gender equality and fertility ［J］. Journal of Evolutionary Economics, 2017 (1): 7-14.

［37］ Fenge R, Scheubel B. Pensions and fertility: back to the roots ［J］. Journal of Population Economics, 2016, 30 (1): 1-47.

［38］ Frejka T, Sardon J J P. East Asian Childbearing Patterns and Policy Developments ［J］. Population and Development Review, 2010, 36 (3): 579-606.

［39］ Frejka T. Overview Chapter 5: Determinants of Family Formation and Childbearing during the Societal Transition in Central and Eastern Europe ［J］. Demographic Research, 2008, 19 (7): 139-170.

［40］ Fukai, Taiyo. Childcare availability and fertility: Evidence from municipalities in Japan ［J］. Journal of the Japanese and International Economies, 2017, (43): 1-18.

［41］ Gauthier, Anne Hélène, Hatzius J. Family Benefits and Fertility: An Econometric Analysis ［J］. Population Studies, 1997, 51 (3): 295-306.

［42］ Gauthier A H. The impact of family policies on fertility in industrialized countries: a review of the literature [J]. Population Research and Policy Review, 2007, 26 (3): 323-346.

[43] Goldscheider F, Livia Sz. Oláh, Puur A. Reconciling studies of men's gender attitudes and fertility [J]. Demographic Research, 2010, 22 (22): 189-197.

[44] Goldscheider, Frances, Eva Bernhardt, and Maria Brandén. Domestic Gender Equality and Childbearing in Sweden [J]. Demographic Research, 2013 (29): 1097-1126.

[45] Goldscheider F, Bernhardt E, Lappeg? Rd T. The Gender Revolution: A Framework for Understanding Changing Family and Demographic Behavior [J]. Population and Development Review, 2015, 41 (2): 207-239.

[46] Groezen B V, Leers T, Meijdam L. Social security and endogenous fertility: pensions and child allowances as siamese twins [J]. Journal of Public Economics, 2003, 87 (2): 233-251.

[47] Hank K, Kreyenfeld M. A Multilevel Analysis of Child Care and Women's Fertility Decisions in Western Germany [J]. Journal of Marriage and Family, 2004, 65 (3): 584-596.

[48] Hilgeman, C., Butts, C. T., Women's employment and fertility: a welfare regime paradox. Soc. Sci. Res. 2009, 38 (1): 103-117.

[49] Hudde, Ansgar. Societal Agreement on Gender Role Attitudes and Childlessness in 38 Countries [J]. European Journal of Population, 2018 (1): 7-14.

[50] Jang I, Jun M, Lee J E. Economic actions or cultural and social decisions? The role of cultural and social values in shaping fertility intention [J]. International Review of Public Administration, 2017, 22 (3): 257-275.

[51] Kalwij A. The impact of family policy expenditure on fertility in western Europe [J]. Demography, 2010, 47 (2): 503-519.

[52] Kamila C. R, Miriam M. The Effect of Education on Fertility: Evidence from a Compulsory Schooling Reform [J]. Labour Economics, 2013,

25（4）：35-48.

［53］Kan M Y, Hertog E. Domestic division of labour and fertility preference in China, Japan, South Korea, and Taiwan ［J］. Demographic Research, 2017, 36（1）：557-588.

［54］Katharina, W. and Ferrarini, T. Family policies and fertility：Examining the link between family policy institutions and fertility rates in 33 countries 1995 - 2011 ［J］. International Journal of Sociology and Social Policy 2017, 38（11）：1057-1070.

［55］Kato, Tsuguhiko. Associations of gender role attitudes with fertility intentions：a Japanese population-based study on single men and women of reproductive ages ［J］. Sexual & Reproductive Healthcare, 2018（1）：7-14.

［56］Kim Y I. Impact of birth subsidies on fertility：Empirical study of Allowance for Newborn Children, a pronatal policy ［J］. Dissertations & Theses - Gradworks, 2014（1）：7-14.

［57］Lappegård T. Family Policies and Fertility in Norway ［J］. European Journal of Population / Revue Européenne De Démographie, 2010, 26（1）：99-116.

［58］Lappegård, Trude, Gerda Neyer and Daniele Vignoli. Three dimensions of the relationship between gender role attitudes and fertility intentions, Stockholm research report in demography ［EB/OL］. http：//www. suda. su. se/SRRD/SRRD_ 2015_ 9. pdf.

［59］Laroque, Guy, Salanié, et al. Fertility and Financial Incentives in France ［J］. CESifo Economic Studies, 2004, 50（3）：423-450.

［60］Laat J D, Sevilla-Sanz A. The Fertility and Women's Labor Force Participation puzzle in OECD Countries：The Role of Men's Home Production ［J］. Feminist Economics, 2011, 17（2）：87-119.

［61］Lalive R, Zweimüller J. How Does Parental Leave Affect Fertility and Return to Work? Evidence from Two Natural Experiments ［J］. Quarterly Journal of Economics, 2009, 124（3）：1363-1402.

［62］ Lee D. The evolution of family policy in South Korea：From Confucian familism to Neo‐familism ［J］. Asian Social Work and Policy Review，2018，12（Suppl.）：7-14.

［63］ Lee S，Choi H. Lowest-Low Fertility and Policy Responses in South Korea ［M］// Low and Lower Fertility. Springer International Publishing，2015.

［64］ Lee G H Y，Lee S P. Childcare availability，fertility and female labor force participation in Japan ［J］. Journal of the Japanese and International Economies，2014（32）：71-85.

［65］ Lesthaeghe R. The Unfolding Story of the Second Demographic Transition ［J］. Popul Dev Rev，2010，36（2）：211-251.

［66］ Li H，Zhang J，Zhu Y. The quantity-Quality trade-Off of children In a developing country：Identification using chinese twins ［J］. Demography，2007，45（1）：223-243.

［67］ Luci-Greulich A，Thévenon O. The Impact of Family Policies on Fertility Trends in Developed Countries ［J］. European Journal of Population，2013，29（4）：387-416.

［68］ Lutz W，Testa S M R. Postponement of Childbearing in Europe ‖ The Low-Fertility Trap Hypothesis：Forces that May Lead to Further Postponement and Fewer Births in Europe ［J］. Vienna Yearbook of Population Research，2006（4）：167-192.

［69］ Manski，Charles F. Economic Analysis of Social Interactions ［J］. Journal of Economic Perspectives，2000，14（3）：115-136.

［70］ Mason K O，Kuhlthau K. The perceived impact of child care costs on women's labor supply and fertility ［J］. Demography，1992，29（4）：523-543.

［71］ Mathews，P.，Sear，R.. Family and Fertility：Kin Influence on the Progression to a Second Birth in the British Household Panel Study ［J］. PLoS ONE，2013，8（3）：e56941.

［72］ Mcdonald P. Gender equity，social institutions and the future of fertility

[J]. Journal of the Australian Population Association, 2000, 17 (1): 1-16.

[73] Mcdonald P. Societal foundations for explaining fertility: Gender equity [J]. Demographic Research, 2013, 28 (34): 981-994.

[74] Miettinen A, Gietel-Basten S, Rotkirch A. Gender equality and fertility intentions revisited [J]. Demographic Research, 2011, 24 (24): 469-496.

[75] Melinda M. Gender Roles, Gender (In) equality and Fertility: An Empirical Test of Five Gender Equity Indices [J]. Canadian Studies in Population, 2010, 37 (3-4): 445.

[76] Miyake A, Yasuoka M. Public Education and Child-Care Policies with Pay-As-You-Go Pension [J]. Mpra Paper, 2016 (1): 7-14.

[77] Mörk, E., Anna Sjögren, Svaleryd H. Cheaper Child Care, More Children [J]. Social Science Electronic Publishing, 2008, (2): 1-11.

[78] Myrskyl M, Kohler H P, Billari F C. Advances in development reverse fertility declines [J]. Nature, 2009, 460 (7256): 741-743.

[79] Myrskyla, M., F. Billari, and H. Kohler. High Development and Fertility: Fertility at Older Reproductive Ages and Gender Equality Explain the Positive Link [D]. Max Planck Institute for Demographic Research, Working Papers. 2011.

[80] Myrskylä M, Goldstein J R, Cheng Y A. New Cohort Fertility Forecasts for the Developed World: Rises, Falls, and Reversals [J]. Population & Development Review, 2013, 39 (1): 31-56.

[81] Neyer G, Trude Lappegård, Vignoli D. Gender Equality and Fertility: Which Equality Matters? [J]. European Journal of Population / Revue européenne de Démographie, 2013, 29 (3): 245-272.

[82] Oláh, Livia Sz.. Gendering fertility: Second births in Sweden and Hungary. Population Research and Policy Review [J]. Population Research and Policy Review, 2003, 22 (2): 171-200.

[83] Oláh L S, Fahlén S. Introduction: Aspirations and Uncertainties. Childbearing Choices and Work-Life Realities in Europe [M] // Childbearing,

Women's Employment and Work – Life Balance Policies in Contemporary Europe. 2011.

[84] Omori T. Effects of public education and social security on fertility [J]. Journal of Population Economics, 2009, 22 (3): 585-601.

[85] OECD Fertility rates (indicator) [R]. 2019.

[86] Palermo T, Handa S, Peterman A, et al. Unconditional government social cash transfer in Africa does not increase fertility [J]. Journal of Population Economics, 2016, 29 (4): 1083-1111.

[87] Philipov D. Family-related Gender Attitudes [M] //People, Population Change and Policies. Springer Netherlands, 2008.

[88] Philipov D, Thévenon, O, Klobas J, et al. Reproductive decision-making in a macro-micro perspective (REPRO): state-of-the-art review [M] // Reproductive Decision – Making in a Macro – Micro Perspective. Springer Netherlands, 2015.

[89] Presser H B, Baldwin W. Child Care as a Constraint on Employment: Prevalence, Correlates, and Bearing on the Work and Fertility Nexus [J]. Ajs, 1980, 85 (5): 1202-1213.

[90] Puur A, Livia Sz. Oláh, Tazi-Preve M I, et al. Men's childbearing desires and views of the male role in Europe at the dawn of the 21st century [J]. Demographic Research, 2008, 19 (56): 1883-1912.

[91] Raute A. Can Financial Incentives Reduce the Baby Gap? Evidence from a Reform in Maternity Leave Benefits [J]. Social Science Electronic Publishing, 2017 (1): 7-14.

[92] Rindfuss R R, Guilkey D, Morgan S P, et al. Child care availability and first-birth timing in Norway [J]. Demography, 2007, 44 (2): 345-372.

[93] Rindfuss R, Guilkey D K, Morgan S P, et al. Child-care availability and fertility in Norway [J]. Population & Development Review, 2011, 36 (4): 725-748.

[94] Rosenzweig M R, Zhang J. Do Population Control Policies Induce More

Human Capital Investment? Twins, Birth Weight and China's "One-Child" Policy [J]. Review of Economic Studies, 2009, 76 (3): 1149-1174.

[95] Salvini, Silvana and Daniele Vignoli. Things change: Women's and men's marital disruption dynamics in Italy during a time of social transformations, 1970-2003 [J]. Demographic Research. 2011, 24 (5): 145-174.

[96] Schoonbroodt A, Tertilt M. Property rights and efficiency in OLG models with endogenous fertility [J]. Journal of Economic Theory, 2014, 150 (1): 551-582.

[97] Siordia C. On the Relationship between Gender Roles Attitudes, Religious Ideology and Familism in a Sample of Adults in the United States [J]. Journal of International Womens Studies, 2016, 17 (4): 229-244.

[98] Sobotka, Tomá?, Beaujouan, éva. Two Is Best? The Persistence of a Two-Child Family Ideal in Europe [J]. Population and Development Review, 2014, 40 (3): 391-419.

[99] Takeuchi M, Tsutsui J. Combining Egalitarian Working Lives with Traditional Attitudes: Gender Role Attitudes in Taiwan, Japan, and Korea [J]. International Journal of Japanese Sociology, 2016, 25 (1): 100-116.

[100] Tan P L, Morgan S P, Zagheni E. A Case for "Reverse One-Child" Policies in Japan and South Korea? Examining the Link Between Education Costs and Lowest-Low Fertility [J]. Population Research & Policy Review, 2016, 35 (3): 327-350.

[101] Thévenon O. Family Policies in OECD Countries: A Comparative Analysis [J]. Population & Development Review, 2011, 37 (1): 57-87.

[102] Thévenon, O. and A. Solaz, Labour Market Effects of Parental Leave Policies in OECD Countries, OECD Social, Employment and Migration Working Papers [EB/OL]. http://dx. doi. org/10. 1787/5k8xb6hw1wjf-en .

[103] Testa, Rita M. On the positive correlation between education and fertility intentions in Europe: Individual- and country-level evidence [J]. Advances

in Life Course Research, 2014 (21): 28-42.

[104] Westoff C F, Higgins J. Relationships between men's gender attitudes and fertility: Response to Puur et al. "Men's childbearing desires and views of the male role in Europe at the dawn of the 21st century" [J]. Demographic Research, 2011, 21 (6): 65-74.

[105] Unterhofer U, Wrohlich K. Fathers, Parental Leave and Gender Norms [J]. Social Science Electronic Publishing, 2017 (1): 7-14.

[106] Vainio A. Japan's Family Friendly Policies : Why Fathers Matter [J]. 2017 (1): 7-14.

[107] Won E K H, Won E K H. Division of Domestic Labour and the Lowest-Low Fertility in South Korea [J]. Demographic Research, 2017 (37): 743-768.

[108] Yasuoka M, Miyake A. Fertility rate and child care policies in a pension system [J]. Economic Analysis & Policy, 2014, 44 (1): 122-127.

[109] Yasuoka M, Goto N. How is the child allowance to be financed? By income tax or consumption tax [J]. International Review of Economics, 2015, (3): 7-14.

[110] Yoon, Soo-Yeon. Is gender inequality a barrier to realizing fertility intentions? Fertility aspirations and realizations in South Korea [J]. Asian Population Studies, 2016, 12 (2): 203-219.

[111] Zeman K, Éva Beaujouan, Brzozowska Z, et al. Cohort fertility decline in low fertility countries: Decomposition using parity progression ratios [J]. Demographic Research, 2018, 38 (1): 651-690.

[112] Zhang J, Zhang J S. How does Social Security Affect Economic Growth? Evidence from Cross-country Data [J]. Journal of Population Economics, 2004 (3): 7-14.

[113] 曹艳春. 全面二孩政策背景下从生育意愿到生育行为：基于 SSM 的影响因素及激励机制分析 [J]. 兰州学刊, 2017 (2): 166-177.

[114] 程超, 温兴祥. 家庭内部相对收入、性别身份认同与中国居民

生活幸福感——基于 CGSS 数据的实证研究 [J]. 经济评论, 2018, 214 (6): 129-141.

[115] 丁宏. 增加政府转移支付是否会有助于改善生育率——基于 OECD 国家的门槛回归模型检验 [J]. 南开经济研究, 2017 (4): 59-72.

[116] 方大春, 斐梦迪. 居民二孩生育意愿的影响因素研究——基于 CGSS 2015 年数据的经验研究 [J]. 调研世界, 2018 (9): 9-13.

[117] 风笑天, 沈晖. 应该调查谁? 生育意愿调查的对象选择及其影响 [J]. 人文杂志, 2016a (9): 113-121.

[118] 风笑天, 李芬. 再生一个? 城市一孩育龄人群的年龄结构与生育意愿 [J]. 思想战线, 2016b (1): 88-95.

[119] 郭凯明, 龚六堂. 社会保障、家庭养老与经济增长 [J]. 金融研究, 2012 (1): 78-90.

[120] 郭志刚. 中国低生育进程的主要特征——2015 年 1% 人口抽样调查结果的启示 [J]. 中国人口科学, 2017 (4): 2-14.

[121] 韩振燕, 王中汉. 妇女福利政策对城市女性二孩生育意愿的影响研究——基于全国十地区城市育龄女性的调查 [J]. 中国人力资源开发, 2017 (9): 139-146.

[122] 何亚丽, 林燕, 张黎阳. 教育及社保投入对生育率和教育水平的影响 [J]. 南开经济研究, 2016 (3): 133-152.

[123] 洪秀敏, 朱文婷. 二孩时代生还是不生?——独生父母家庭二孩生育意愿及影响因素探析 [J]. 北京社会科学, 2017 (5): 71-80.

[124] 黄少安. 生育成本外部化与生育的"公地悲剧"——基于中国家庭养老体制的分析 [J]. 财经问题研究, 2017 (10): 3-10.

[125] 姜全保. 中国生育水平预测与生育政策展望 [J]. 公共管理学报, 2010, 7 (4): 67-75.

[126] 靳永爱, 赵梦晗, 宋健. 父母如何影响女性的二孩生育计划——来自中国城市的证据 [J]. 人口研究, 2018, 42 (5): 19-31.

[127] 靳卫东, 宫杰婧, 毛中根. "二孩"生育政策"遇冷": 理论分析

及经验证据 [J]. 财贸经济, 2018, 39 (4): 132-147.

[128] 金敏子, 金亨锡. 韩国的超低生育水平及区域差异 [J]. 中国人口科学, 2014 (2): 44-54.

[129] 康传坤, 楚天舒. 人口老龄化与最优养老金缴费率 [J]. 世界经济, 2014 (4): 139-160.

[130] 康传坤, 孙根紧. 基本养老保险制度对生育意愿的影响 [J]. 财经科学, 2018 (3): 67-79.

[131] 李峰. 宗教信仰影响生育意愿吗? 基于 CGSS 2010 年数据的分析 [J]. 世界宗教研究, 2017 (3): 7-9.

[132] 李建民. 中国的生育革命 [J]. 人口研究, 2009, 33 (1): 1-9.

[133] 李建新. 中美印三国人口变化趋势及其影响 [J]. 中国国情国力, 2015 (5): 14-16.

[134] 李静雅. 已育一孩职业女性的二孩生育意愿研究——基于生育效用感和再生育成本的实证分析 [J]. 妇女研究论丛, 2017, 141 (3): 27-39.

[135] 李潇晓, 周东洋. 性别角色态度对城镇育龄女性意愿生育数量的影响 [J]. 武汉科技大学学报 (社会科学版), 2018, 20 (2): 198-204.

[136] 梁宏. 从生育意愿到生育行为: "全面两孩" 政策背景下二孩生育决策的影响因素分析 [J]. 南方人口, 2018 (2): 1-14.

[137] 刘章生, 刘桂海, 周建丰, 等. 教育如何影响中国人的 "二孩" 意愿?——来自 CGSS (2013) 的证据 [J]. 公共管理学报, 2018, 15 (2): 104-119.

[138] 刘一伟. 住房公积金、城市定居与生育意愿——基于流动人口的调查分析 [J]. 华东理工大学学报 (社会科学版), 2017, 32 (3): 90-101.

[139] 刘子兰, 陈一格, 沈毓赟. 养老社会保险与生育率: 基于 OLG 模型的理论分析与实证检验 [J]. 湖南师范大学社会科学学报, 2015 (4): 13-21.

[140] 吕碧君. 祖父母支持对城镇妇女二孩生育意愿的影响 [J]. 城市问题, 2018, 271 (2): 50-57.

[141] 穆光宗, 茆长宝. 人口少子化与老龄化关系探究 [J]. 西南民族大学学报 (人文社科版), 2017, 38 (6): 1-6.

[142] 穆滢潭, 原新. "生"与"不生"的矛盾——家庭资源、文化价值还是子女性别? [J]. 人口研究, 2018, 42 (1): 90-103.

[143] 乔晓春. 实施"普遍二孩"政策后生育水平会达到多高? ——兼与翟振武教授商榷 [J]. 人口与发展, 2014, 10 (6): 2-15.

[144] 卿石松. 中国性别收入差距的社会文化根源——基于性别角色观念的经验分析 [J]. 社会学研究, 2019, 34 (1): 110-135.

[145] 沈政, 杨华磊, 张文超. 生育保险能促进家庭生育吗 [J]. 财经科学, 2019 (3): 52-65.

[146] 石贝贝, 唐代盛, 侯蔺. 中国人口生育意愿与男孩偏好研究 [J]. 人口学刊, 2017, 39 (2): 28-36.

[147] 宋德勇, 刘章生, 弓媛媛. 房价上涨对城镇居民二孩生育意愿的影响 [J]. 城市问题, 2017 (3): 69-74.

[148] 任忠敏, 李青, 张欣. 全面二孩政策下承德市二孩生育意愿调查 [J]. 山西财经大学学报, 2018 (S1): 39-41.

[149] 汤梦君. 中国生育政策的选择: 基于东亚、东南亚地区的经验 [J]. 人口研究, 2013, 37 (6): 77-90.

[150] 田立法, 荣唐华, 张馨月. "全面二孩"政策下农村居民二胎生育意愿影响因素研究——以天津为例 [J]. 人口与发展, 2017, 23 (4): 104-112.

[151] 王广州, 张丽萍. 到底能生多少孩子? ——中国人的政策生育潜力估计 [J]. 社会学研究, 2012 (5): 119-140.

[152] 王浩名, 柳清瑞. 社会保障水平对人口结构的影响——理论与实证的分析 [J]. 人口与经济, 2015 (6): 114-122.

[153] 王晓宇, 原新, 韩昱洁. 家庭生育决策与全面两孩政策——基于流动人口的视角 [J]. 南开经济研究, 2018, 200 (2): 95-111.

[154] 吴帆. 欧洲家庭政策与生育率变化——兼论中国低生育率陷阱的风险 [J]. 社会学研究, 2016 (1): 49-72.

[155] 吴帆, 王琳. 中国养老抚幼家庭政策框架与政策系统——基于多维制度视角的分析 [J]. 人口研究, 2017, 41 (4): 83.

[156] 熊娟. 社会变革下政策与妇女生育研究 [M]. 社会科学文献出版社, 2012.

[157] 杨蕾. 全面二孩政策下生育对女性就业的影响问题研究 [J]. 人口与经济, 2017 (4): 108-118.

[158] 杨菊华. 数据管理与模型分析: STATA软件应用 [M]. 中国人民大学出版社, 2012.

[159] 杨华磊, 陈建伟, 崔燚超. 教育政策、家庭教育支出与人口生育 [J]. 经济学报, 2013 (3): 48-55.

[160] 於嘉, 谢宇. 生育对我国女性工资率的影响 [J]. 社会, 2014, 34 (2): 166-192.

[161] 余树霄, 郑立冬. 幸福感与居民的生育意愿——基于CGSS 2013调查数据的经验研究 [J]. 经济经济研究, 2017 (3): 54-63.

[162] 张川川, 陈斌开. "社会养老"能否替代"家庭养老"? ——来自中国新型农村社会养老保险的证据 [J]. 经济研究, 2014 (11): 102-115.

[163] 张樨樨, 杨蓉蓉. 基于子女教育成本考虑的生育意愿问题研究——以青岛市某区为例 [J]. 城镇行政学院学报, 2017, 110 (2): 79-84.

[164] 郑晓冬. "全面二孩"政策实施现状的评估与优化策略——基于"双非"家庭生育意愿的测量 [J]. 中国行政管理, 2016, 373 (7): 127-131.

[165] 郑晓冬, 靳媛媛. 人口政策认知转移、女性生育意愿与生育行为——"全面二孩"下中国家庭的代际养育与儿童照顾 [J]. 探索与争鸣, 2017 (7): 81-87.

[166] 周文峰, 周庆滨, 赵忠起. 生育政策调整与中国经济发展增长 [J]. 审计与经济研究, 2016, 31 (6): 93-101.

[167] 朱国亮, 陈万方. "全面二孩"政策实施中面临的问题与对策 [J]. 中国行政管理, 2017, 288 (10): 128-131.